U0578589

本论文为教育部人文社会科学研究青年基金项目"中国古代的北斗信仰"（项目编号 13YJC730010）成果。图书的出版得到了国家社科基金重大项目"宋元明清道教与科学技术研究"（项目编号 13&ZD078）的资助。

考 古 新 视 野 丛 书

中国古代的北斗信仰研究

◉ 朱磊 著

文物出版社

图书在版编目（CIP）数据

中国古代的北斗信仰研究／朱磊著.—北京：文物出版社，2018.8（2019.7重印）

（考古新视野丛书）

ISBN 978－7－5010－5594－4

Ⅰ.①中…　Ⅱ.①朱…　Ⅲ.①信仰－研究－中国－古代　Ⅳ.①B933

中国版本图书馆 CIP 数据核字（2018）第 111626 号

中国古代的北斗信仰研究

著　　者：朱　磊

责任编辑：陈　峰
责任印制：陈　杰

出版发行：文物出版社
地　　址：北京市东直门内北小街 2 号楼
邮　　编：100007
网　　址：http：//www.wenwu.com
邮　　箱：web@ wenwu.com
经　　销：新华书店
印　　刷：北京京都六环印刷厂
开　　本：850mm×1168mm　1/32
印　　张：9.625
版　　次：2018 年 7 月第 1 版
印　　次：2019 年 7 月第 2 次印刷
书　　号：ISBN 978－7－5010－5594－4
定　　价：78.00 元

地斗考（代序）

北斗高悬夜空之上，世享人类膜拜，可谓神奇之至。记得儿时夏夜屋顶纳凉，听神话传说，望璀璨星空，寻牛郎织女、扁担星、北斗星……长者会瞬间捉住那指点北斗的小手，诚为大不敬，呵曰手指头会烂掉……北斗的神威，在幼小的心灵中瞬间生根。

事实上，北斗信仰远远超出一般知识经验，而充斥于传统文化。北斗虽只一个，但汉人相信北斗之神有雌雄，如《淮南子》谓"北斗之神有雌雄，十一月始建于子，月从一辰，雄左行，雌右行"云云。北斗之雌雄，犹人之魂魄乎！这种将北斗分别雌雄阴阳的信仰，汉后文献鲜有传递，但在一些考古资料中有所显现。吐鲁番阿斯塔那一座晋墓出土的一幅纸画上，高冠人物上方左右绘有两个北斗；集安长川一号高句丽墓内顶部亦画两个北斗；后世道门更有步阴斗与步阳斗之术。

类似的北斗"分身"法，亦见于汉晋道教的"地斗"信仰。

初期道教鬼神谱系中有"鬼官北斗君"，此鬼官之名实为"地斗"，称"鬼官地斗君"，为天上七辰北斗派出"以司生杀"的考官，并隶属于北极摄命之府。汉晋道门传之甚秘，后因信仰结构变迁而被遗忘、消失，致使后世不得其旨，难免误解。兹就

"地斗"问题略为考解以正其说。

京都大学人文科学研究所"六朝道教研究"课题共同研究班的成果《〈真诰〉研究（译注篇）》，对卷十五"阐幽微第一"论罗酆山六天宫之第四天宫的文本校订整理为：

> 祸福吉凶，续命罪害，由恬昭第四天宫，鬼官〔地〕（北）斗君治此中。鬼官之北斗"非道家之北斗也。鬼官别有北斗君，以司生杀尔。……"

这段文本，订正了《真诰》的一处错简；但特别引人注意的则是，其中的"鬼官地斗君"一句，据宫内厅藏《正统道藏》本，"地斗"被判为讹误，校改为"鬼官北斗君"。因其有明确的版本依据，且改订之后文从字顺，中国同行亦予认同。

此前，明俞安期、文渊阁《四库全书》、清张海鹏的校订本，"地斗"均被改作"北斗"。

然而历史上本有"地斗"概念，与北斗信仰并行不悖，出土的墓葬数据堪为其证；初期道教乃以北斗、"地斗"标别天上、地下相对之仙、鬼两界。

后世道书中亦偶尔可见"地斗"概念，如《灵宝无量度人上品妙经》卷三十七"七星除妖品"云：北极帝君"说经三遍，西方无极无量品地斗七星除袄大神，无鞅之众，浮空而至"。《金锁流珠引》卷四"五等礼师引诀"曰："金箓、玉箓引法，皆解脱大道，内心印诀，蹑履天地斗，服星，回天转地，纲纪天关，此是正真之道。"《道法会元》卷四十三"清微保生文检"有上奏"中天大圣地斗九皇解厄星君"之章。不过，在这些后世道书中，"地斗"的内涵显然已经非同昔比，不足与论。

考"地斗"之原本含义，实为"鬼官之北斗"。略为疏证之。

按诸上文，"鬼官地斗君"所治的"恬昭第四天宫"，乃坐落在北方癸地的罗酆山中。可能属南朝顾欢《道迹经》残卷之《道迹灵仙记》"六宫名第一"云：

> 人初死，皆先诣纣绝阴天宫中受事……祸福、吉凶、宿命、罪害，由恬照第四天宫，鬼官北斗君治此中。鬼官之北斗，非天上之北斗也，鬼官别有北斗君以司生杀耳……
>
> 鬼官北斗君乃是道家七辰北斗之考官耳，此鬼一官又隶九星之精，上属北辰玉君。

可见"鬼官之北斗"是在地下，隶天上北斗九星之精，同时上属北极星君。对此，《真诰》卷十三"稽神枢第三"之表述为：

> 鬼官北斗君，乃是道家七辰北斗之考官。此鬼一官，又隶九星之精，上属北晨玉君府耳，未必尽径来也，别更一二，密可示尔同气，令知斗处幽间之泰也，道业可不勖哉。

陶弘景注：

> 天上北斗有所司察，故鬼官亦置此职，以精象相应，统领既关琁玑，是以仰隶太上之曹也。

按此段文字，鬼官之北斗乃是道家七辰北斗下属的考官；两者在各自天地之中乃"以精象相应"。所谓"斗处幽间"，即斗在阴间，可见鬼官北斗之职司是在阴间。在陶弘景《真灵位业图》整理的道教仙鬼谱系中，"鬼官北斗君周武王"排在第七级左位第十七神之位。

烦琐地引证以上内容是为了说明，"地斗"之说在早期道教知识体系中，可以找到合理的信仰逻辑依据，而并非错讹之辞。虽然从紧接其下的文句看，"北斗"之说似乎合理，然而"地"与"北"在字形和字音上皆相距甚远，如此由字形、字音而致文本发生错讹的可能当可排除，而"地斗"之说从文句和当时之道教知识体系上，又能圆通，则此中的最大可能即是：该句中，"地斗"与"北斗"基本语义一致，完全能够替代互换；"地斗"的外延小于"北斗"，它是作为天上"北斗"体系之派出机构而存在。所以，"北斗"固然文从字顺，"地斗"之指向则更清晰、明确；它们之间的这层关系，相信在拥有特定知识背景的当时人看来，是不成问题的。故陶弘景在《真诰》卷十三"稽神枢第三"的"非道家之北斗也，鬼官别有北斗君，以司生杀尔"句下，注云："按孙皓败将张悌军人柳荣病死，已三日，且忽起大呼云：'至北斗门下，见人缚悌来。'因是惊误（寤）。尔日晚，悌战死。如此即应是第四宫也。今第五第六宫不显所主者，恐是考责之府也。"陶注实指此"北斗"为幽间"鬼官地斗君"。

　　除了上述《真诰》文本所见，出土数据亦可证汉晋时期确有"地斗"信仰。

　　陕西长安县三里村出土的一件建和元年（147）朱书陶瓶所绘北斗的斗杓内书"北斗君"三字，应指地下北斗君。江苏高邮邵家沟东汉墓出土的木简，顶部画北斗，斗杓内写"北斗君"；斗杓下方画五字符文，则应识读为"天帝煞鬼简"；其中，"天"字为左右结构的四重"复文"符，"帝"字减笔，"煞"字减攵旁。墓中还出土有"天帝使者"封泥，可证五字符文之确然。

　　山东滕州出土的三角形汉画像石，很可能是叠涩式穹顶墓室顶部四隅的垫石之一，画面朝下。画面上刻北斗，顶部出现一大鱼，表示此处为水府（九泉之下）即冥界；斗杓内刻刀、斧，象征生杀之威权。此北斗应即地下之北斗——地斗。斗柄上站立的人物，是否即《真诰》卷十五"阐幽微第一"所说"武王发今为鬼官北斗君"，待考。

　　嘉祥武氏祠画像石，后壁上刻画一个巨大的北斗，乘斗的大人物佩大冠，冠式与上述滕州三角形画像石上乘斗人物相似，应同属"地斗君"。这部分画面描绘的应是"地斗君"出巡、人头落地的情景。

更明确的证据，来自比《真诰》早约 70 年的一座晋墓。1987 年陕西省考古研究所在西安东郊清理五座晋墓，发现其中一墓顶部的北壁及甬道口上部墙壁 0.7 米范围内，画有北斗七星图，并有隶书题记："元康四年。地下（之）北斗。"按"元康四年"为西晋惠帝司马衷之年号，当公元 294 年。

在北斗图旁书写题记"地下（之）北斗"，意在特别强调其在地下，以别于常识中的天上北斗。这说明，地下世界也有"天"的结构（姑称之"冥天"），其中心即是"地斗"——地下之北斗，亦甚符合时人斗居天空之正的知识体系与宗教想象。

发现于汉晋墓葬之中的北斗图像尚有更多，主要见于棺盖或墓室壁画；非独汉地，远在新疆亦有之。按照同样的思路，汉墓画像中屡见的星图（南阳墓葬星图最多最典型），亦当地下（冥界）之宇宙时空的图像显示。虽然见诸墓葬的相关星图由于宗教想象的加入，不一定完全符合世俗的天学知识体系，却相当程度上对其进行了搬用。这与"地下北斗"的出现再次为证，应该成为我们判断、认识此类出土数据的重要维度。

要之，天上地下皆有"北斗"，乃汉晋宗教宇宙观之表现。"地斗"说堪与汉晋时期的知识、信仰背景有效契合，乃道教仙—鬼体系之映衬，"地斗"之成立，当无疑义；且晋墓出土数据提供了有力的证据。

由是可知，古人说北斗司生杀，乃统而言之；具体地说，应是天上、地下各有北斗，各司其职。天上北斗即陶弘景注文所谓"道家七辰北斗"，即存思北斗覆人头上，可保护生人，不畏刀兵之灾；地下北斗则主杀。《搜神记》卷三：

> 管辂至平原，见颜超貌主夭亡。颜父乃求辂延命。辂曰："子归，觅清酒一榼，鹿脯一斤，卯日，刈麦地南大桑

树下，有二人围棋次。但酌酒置脯，饮尽更斟，以尽为度。若问汝，汝但拜之，勿言。必合有人救汝。"颜依言而往，果见二人围棋。颜置脯斟酒于前。其人贪戏，但饮酒食脯，不顾。数巡，北边坐者忽见颜在，叱曰："何故在此？"颜唯拜之。南边坐者语曰："适来饮他酒脯，宁无情乎？"北坐者曰："文书已定。"南坐者曰："借文书看之。"见超寿止可十九岁。乃取笔挑上，语曰："救汝至九十年活。"颜拜而回。管语颜曰："大助子，且喜得增寿。北边坐人是北斗，南边坐人是南斗。南斗注生，北斗注死。凡人受胎，皆从南斗过北斗。所有祈求，皆向北斗。"

可见"主死"实乃北斗之阴性角色——地下北斗即"地斗君"之职司。且桑本身属阴，俗以桑为不吉，故传统庭院景观有前不栽桑、后不栽柳之忌。

较之一般文献，古道经传承中可能更多地受到了信仰结构变迁的支配。当早期某些信仰内容被"清整"、淘汰后，许多道书不传或暗传，遂致后代道士不解先辈信仰。要言之，道经校订实非小事，须经多方证明才能决定某些可疑文本的处理问题；在此过程中更早时期的传本当更受重视，而不应轻易改动某些疑惑点，这一点对校注者来说尤其重要。

以上就古代北斗信仰问题，略书偶获。

戊子年中，朱磊考入山东大学"道教与考古研究"方向攻读博士学位，不久乃定北斗信仰为其选题。研学互动中，老师和同学们不仅偶有机会从这个小学究的魔术中体会苦读中深藏的一分愉悦，也从他的勤恳专注中看到了时而闪现的思维"独角"。这分愉悦和这点闪现，内在是分不开的。没有那分天赋将何以遁入古史而找到自己的路？不得此路又焉得往返古今之间、体味其中之乐？诚然，此乐得之非易。身被"青教"之名，上承教学科研重任，下尽家庭孝慈之义，固已苦极；然而就吾所知，毕业至今朱磊用心书稿之完善，搜求探索，未有辍耕。对于一位青年学者而言，是虽平生首梓，却乃心血之作。其研究依"从宗教研究认知古史"之方法，严守学术规范，检讨古来文献及考古所见北斗信仰，其成果对于合理理解传统文化中的北斗，实有辟径开先之功。闻其付梓之喜，乃搜小稿，复赘数言，与诸君共焉。

丁酉岁末记于成都

目　录

绪　论

　　星辰信仰是世界范围内普遍存在的原始自然信仰之一。18世纪德国的著名学者康德说过："世界上有两种事情能够震撼人们的心灵：一件是我们心中崇高的道德标准，另一件是我们头上灿烂的星空。"在人类诞生之初，人们就对可望而不可即的神秘星空产生了浓厚的兴趣，并且开始了有目的的天文观测。通过天文观测，"人们获得了对自然界和对人类生活、生产方面的有用知识，并进一步总结出一些天体视运行的规律，并将之与其他自然现象联系起来，考察自然界更为广泛的、带普遍意义的规则"①。

　　在满天的繁星中，中国古人最为尊崇北斗。在现代天文学中，北斗七星是属大熊座的一部分恒星。七颗亮星在北部天空排列成斗（或勺）形。由于较易被观星者辨认，常被当作指示方向和认识星座的重要标志。上古时期，中国古代先民就已经十分重视北斗七星，并且能够通过观测斗杓指向来定节候。先秦古籍《鹖冠子》记载："斗杓东指，天下皆春；斗杓南指，天下皆夏；斗杓西指，天下皆秋；斗杓北指，天下皆冬。"按汉

---

① 　卢央：《易学与天文学》，中国书店，2003年，自序第1页。

纬《春秋运斗枢》的说法，北斗七星各自拥有固定的星名：
"北斗七星，第一天枢，第二旋，第三玑，第四权，第五玉衡，
第六开阳，第七摇光。第一至第四为魁，第五至第七为杓，合
为斗"①。此外，中国古代亦有北斗九星之说，即在北斗七星之外
加上辅星和弼星二颗暗星。有关北斗更为详细的天文数据，请参
看表1。

表1　　　　　　　　　北斗星名对照表②

星名		赤经 α		赤纬 δ		星座
中名	西名	(2000.0) h　m　s	百年差 m　s	(2000.0) °　′　″	百年差 ′	(V)
北斗一天枢	50 α UMa	11 03 43.6	+6　10	+61 45 03	-32	1.79
北斗二天璇	48 β UMa	11 01 50.4	+6　02	+56 22 56	-32	2.37
北斗三天玑	64 γ UMa	11 53 49.7	+5　15	+53 41 41	-33	2.44
北斗四天权	69 δ UMa	12 15 25.5	+4　57	+57 01 57	-33	3.31
北斗五玉衡	77 ε UMa	12 54 01.7	+4　24	+55 57 35	-33	1.77
北斗六开阳	79 ζ UMa	12 23 55.5	+4　02	+54 55 31	-31	2.27
［附］辅	80　 UMa	13 25 13.4	+4　00	+54 59 17	-31	4.01
北斗七摇光	85 η UMa	13 47 32.3	+3　56	+49 18 48	-30	1.86

　　说明：▲北斗七星的编号始于晚明。
　　　　　▲辅星属北斗的附座，但实则专附于开阳；据清代星表，辅星的对照星为
　　　　　　81UMa，是依据传承星图所给的一个错误位置，本表已改正。
　　　　　▲西名 UMa，为大熊座拉丁名缩写。
　　　　　▲星等（V）为视星等。

①　［日］安居香山、中村璋八：《纬书集成》，河北人民出版社，1994年，第713页。
②　采自伊世同：《北斗祭——对濮阳西水坡45号墓贝塑天文图的再思考》，《中原文
　　物》1996年第2期，第23页。

一　记载北斗信仰的有关文献

在历代文献中都能够看到古人对于北斗信仰的记载。并且在不同的时期、不同的地域和文化背景下还会呈现出不同的面貌。根据甲骨文的资料显示，中国人祭祀北斗的风俗可以上溯到殷商时期。先秦的诸多文献如《楚辞》中的《九歌》、《远游》、《招魂》等篇，以及《鹖冠子》、《山海经》、《尚书》、《诗经》、《国语》、《夏小正》、《竹书纪年》、《世本》、《左传》、《论语》、《庄子》、《荀子》、《墨子》、《韩非子》、《周礼》、《礼记》、《周易》、《易传》、《吕氏春秋》等篇章中都有不同程度涉及北斗信仰的文字记载。

到了秦汉时期，随着社会的发展，文化的进步，北斗信仰进一步成熟。在文献中也大量出现描述当时人们思想意识中有关北斗信仰的记载。汉人将北斗视为"太一"天帝之车，"运于中央，临制四乡"。此时期大量文献如《淮南子》、《史记》及东汉的纬书中对秦汉时期的北斗信仰都有着较为详细的记载。据《史记·封禅书》载，秦时已建有专门的南北斗庙，进行祭祀："及秦并天下，令祠官所常奉天地名山大川鬼神可得而序也。……雍有日、月、参、辰、南北斗、荧惑……百有余庙"①。西汉以降，不管是国家祭祀还是宗教祭祀逐渐增多。庙祭大盛时，北斗与"黄灵"、"后土"受到同样的尊崇②。即使在各种杂祀大为缩减、禁止时，对星辰的祭祀仍然被保留下来，足见其重要程度③。可以说，北斗在汉代一直都是立庙祭祀的对象。王莽尤其迷信北斗，

---

① 《史记》卷二十八《封禅书》，中华书局，1959 年，第 1371、1375 页。
② 《汉书·郊祀志下》："中央帝黄灵后土及日庙、北辰、北斗、填星、中宿中宫于长安城之未兆。"
③ 《汉书·郊祀志下》："本雍旧祀二百三所，唯山川诸星十五所为应礼也。"

认为只要效法北斗便可得天命，合天道，平定内乱，稳固政权。甚至在性命攸关的生死关头，依然固执地认为，只要自己的座席与北斗斗杓的方向相同，便能够化险为夷，遇难成祥。也正是在王莽时期，开始产生以神学理论附会儒家经典的纬书①。其中《春秋感精符》、《春秋合诚图》、《春秋潜谭巴》、《春秋说题辞》、《春秋纬》、《春秋文耀钩》、《春秋元命包》、《春秋运斗枢》、《春秋佐助期》、《河图》、《河图宝录》、《河图帝览嬉》、《河图始开图》、《尚书大传》、《尚书帝命验》、《尚书说》、《尚书正义》、《尚书中候》、《诗含神雾》、《礼纬》、《礼斗威仪》、《孝经雌雄图三光占》、《孝经钩命决》、《孝经纬》、《孝经援神契》、《易坤灵图》、《易纬通卦验》、《鸿范五行传》等多篇纬书中存在对北斗神奇能力的大加附会，并将之与人皇之祖的黄帝联系起来，视黄帝为北斗之精。此外，北斗主杀的观念在东汉开始萌芽，拜斗求长生已然成风，是为魏晋之时北斗注死信仰之滥觞。根据这些文献的记载，似乎在汉人的宗教意识中，北斗兼具主寿、司杀、王权、厌胜、辟兵、星占等多重宗教职能。在星占学上，北斗的作用极其重要，与人间君王相互感应。中国历朝历代，几乎均设有专人负责记录天象，并通过天象判断成败得失、吉凶祸福。

    魏晋南北朝时期是原始道教逐渐走向成熟的时期。伴随着信仰传统的巨大改变，道教不但继承并发展了秦汉以来北斗信仰所承载的种种宗教意义，而且配合崇道、修道的宗教需要，逐渐开始转型，在道教修炼中占据更加重要的地位。随着道教神仙谱系的建立和完善，北斗的形象出现神君化的演变，甚至衍生出鬼官北斗的新观念以及"南斗注生、北斗注死"的北斗司命神信仰。

---

①   相关研究参见贾立霞著《谶书和纬书的产生》，《管子学刊》2003 年第 1 期，第 79 页。

　　唐初，李唐政权提倡三教并尊，以道为大。道教得到政府扶持，北斗信仰也随之发展完善，出现了系统而完备的北斗道经和拜斗科仪。在宋元之际已发展完成"斗姆—九皇"的整个信仰体系，将北斗九皇与斗姆塑造成化育万物、法力无边的万能神祇，在宫观中立像祭祀。时人认为北斗掌管人之寿命福禄，崇祠北斗可以消灾去厄，延命致福，甚至认为"万法皆从斗出，万律皆从斗役"。佛教也深受道教北斗信仰的影响，视北斗君为佛或观音，顶礼膜拜。蒙元时期，随着道教的被打压，北斗信仰也经历了短暂的衰落。明代建国之初，北斗信仰又重新复兴，南京城的城墙和明太祖的孝陵均仿北斗之形营建，可见汉人观念中的北斗情结是何等强烈。

　　道经中与北斗有关的经典甚多，例如：《抱朴子》、《北帝七元紫庭延生秘诀》、《北帝说豁落七元经》、《北斗本命延寿灯仪》、《北斗牿法武威经》、《北斗九星隐讳经》、《北斗七元金玄羽章》、《北斗七元星灯仪》、《北斗延生经》、《北斗治法武威经》、《赤松子章历》、《大洞玉经》、《道门定制》、《道门科范大全集》、《洞神八帝元变经》、《洞玄灵宝真灵位业图》、《洞真三天秘讳》、《洞真上清开天三图七星移度经》、《洞真太上飞行羽经九真升玄上记》、《洞真太上素灵洞元大有妙经》、《洞真太上紫度炎光神元变经》、《黄帝内经》、《黄老经》、《金锁流珠引》、《老子中经》、《灵宝无量度人上品妙经》、《盘天经》、《七元璇玑召魔品经》、《七元召魔伏六天神咒经》、《七元真诀语驱疫秘经》、《七元真人说神真灵符经》、《上清大洞真经》、《上清河图内玄经》、《上清金阙帝君五斗三一图诀》、《上清洞真九宫紫房图》、《上清化形隐景登升保仙上经》、《上清金阙帝君五斗三一图诀》、《上清太上九真中经绛生神丹诀》、《上清天关三图经》、《四斗二十八宿天帝大箓》、《太平经》、《太上北斗二十八章经》、《太上洞玄灵宝天地运度自然妙经》、《太上飞步五星经》、《太上老君说长生益算妙经》、《太上老君说五斗金章受生经》、《太上老君说益算神符妙经》、《太上七星神咒经》、《太上三五正一盟威箓》、《太上五星七元空常诀》、《太上玄灵北斗本命长生妙经》、《太上玄灵北斗本命延生真经》、《太上玄灵北斗本命延生真经注》、《太上紫微中天七元真经》、《太上感应篇》、《太玄金锁流珠引》、《无上黄箓大斋立成仪》、《无上三天玉堂正宗高奔内景玉书》、《无上玄元三天玉堂大法》、《玉清无上灵宝自然北斗本生真经》、《云笈七签》、《真诰》、《周氏冥通记》、《周易参同契》等。

受道教北斗信仰的影响，佛教也逐渐产生了对北斗的崇拜。敦煌所见受道教星斗崇拜影响的佛经，主要有：《诸星母陀罗尼经》、《摩登伽经》、《舍头谏太子二十八宿经》、《宝星陀罗尼经》、《佛说七千佛神符益算经》、《佛说提谓经》、《药师琉璃光如来本愿德功德经》、《佛说普贤菩萨说证明经》、《佛说咒魅经》、《佛说安宅神咒经》、《佛说大威德炽盛光如来吉祥陀罗尼经》、《佛说大威德金轮佛顶炽盛光如来消除一切灾难陀罗尼经》、《二十八宿真言、文殊破宿曜真言》、《结坛散食回向发愿文》、《密宗神咒》、《十一曜见生图等历算玄文》等。其中有些是直接以星斗之名为题，有些仅是经中偶尔提及。内容上多是讲述祀斗之法，以为祀星可以避灾解难①。

而据《大正藏》所收录之佛经，受道教星斗崇拜影响者有：《文殊师利菩萨及诸仙所说吉凶时日善恶宿曜经》、《七曜攘灾决》、《七曜星辰别行法》、《北斗七星护摩法》、《梵天火罗九曜》、《宿曜仪轨》、《北斗七星念诵仪轨》、《北斗七星护摩秘要仪轨》、《佛说北斗七星延命经》、《七星如意轮秘密要经》、《佛说大孔雀咒王经》、《佛母大孔雀明王经》、《大方等大集经·日月藏分》、《供养护世八天法》、《七佛八菩萨所说大陀罗尼神咒

---

① 　参见萧登福：《道教星斗符印与佛教密宗》，新文丰出版公司，1993 年，第 12 页。

经》、《大威德陀罗尼经》、《龙树五明论》、《佛说炽盛光大威德
消灾吉祥陀罗尼经》、《大圣妙吉祥菩萨说除灾教令法轮》、《大方
广菩萨藏文殊师利根本仪轨经》、《诸星母陀罗尼经》、《摩登伽
经》、《舍头谏太子二十八宿经》、《宝星陀罗尼经》等等。在
《大正藏·图像部七》所收日人撰《白宝口抄·卷百五十五·北
斗法》中，所载佛教星斗祈供之书甚多，而今已佚者，亦复不
少，如：《大唐祭北斗法》、《北斗供次第》、义净撰《属星秘法》
等等，今皆已佚①。

其他史书中或历史文献中也有大量关于北斗信仰的记载，
如：《淮南子》、《论衡》、《周髀算经》、《甘石星经》、《独异
志》、《步天歌》、《搜神记》、《灵宪》、《三辅黄图》、《孔子家
语》、《西京杂记》、《广轩辕本纪》、《老子铭》、《灵枢》、《说
苑》、《太平御览》、《观象玩占》、《开元占经》、《五行大义》、
《天官星占》、《钦定授时通考》、《玉烛宝典》等等，为我们系统
研究北斗信仰提供了全方位的参考。

二　考古发现的有关北斗遗存

文献记载的北斗信仰形形色色，其内容是否真实可信？如何
证实？最有力的证据就是考古发掘所揭露的古代实物遗存。迄今
为止，已经发现有大量的文化遗存中包含有代表中国古代北斗信
仰文化面貌的内容，为我们进一步了解中国古代的北斗信仰提供
了丰富的实物资料。

有关北斗信仰的遗存最早见于新石器时代。直到如今某些地

---

① 参见萧登福：《〈太上玄灵北斗本命延生真经〉探述（下）》，《宗教学研究》1997
年第 4 期，第 30 页。

区的丧葬习俗中依然保存有北斗文化葬俗，可谓贯穿整个中国历史未曾中断。考古资料表明，在距今五六千年前的濮阳西水坡45号墓中，考古工作者发现了由蚌壳堆塑的三角形与两根人胫骨构成的北斗形象，似乎已经出现北斗信仰的雏形。殷商甲骨文中多处保留了殷人祭北斗的记载，可见殷商之时，人们已经把北斗看作是重要的神明。周代某些思想流派开始注意到北斗在天空中的独特地位，并逐渐衍生出了"魂归斗极"的死后世界观。战国初期的曾侯乙墓中使用有朱书"斗"字及二十八宿的漆木衣箱作为随葬。汉代以降，北斗题材的壁画、石刻、墓砖及随葬品更加普遍。如山东嘉祥武氏祠北斗"帝车"石刻，河南南阳市麒麟岗汉代"诸神及南斗、北斗"画像石，绘有北斗图案并书"黄神北斗"、"北斗君"等字样的解注瓶，后世墓葬中经常使用在棺材底部的"七星板"……诸多的北斗遗存都在不同程度上反映了当时人们的北斗信仰。

　　除了这些直观的北斗形象之外，还存在一些北斗信仰的变体形式。如随葬品的摆放（是否按北斗形状排列），随葬品的数量（是否7或7的倍数），名称中带"斗"字的器物（斗瓶），形状像斗的器物，以及一些俑或人像（北斗星君）……都值得我们重点关注和重新审视。

　　笔者统计，与北斗信仰直接或间接相关的考古报告主要有：《山西吉县柿子滩中石器文化遗址》[1]、《将军崖岩画遗迹的初步探索》[2]、《濮阳西水坡遗址发掘简报》[3]、《濮阳西水坡遗址试掘

---

[1]　山西省临汾行署文化局：《山西吉县柿子滩中石器文化遗址》，《考古学报》1989年第3期。

[2]　李洪甫：《将军崖岩画遗迹的初步探索》，《文物》1981年第1期。

[3]　孙德萱、丁清贤、赵连生、张相梅：《濮阳西水坡遗址发掘简报》，《华夏考古》1988年第1期。

简报》①、《河南濮阳西水坡遗址发掘简报》②、《浙江河姆渡遗址第二期发掘的主要收获》③、《潜山薛家岗新石器时代遗址》④、《莒县大朱家村大汶口文化墓葬》⑤、《论新出土大汶口文化陶器符号》⑥、　《北阴阳营——新石器时代及商周时期遗址发掘报告》⑦、《安徽含山凌家滩新石器时代墓地发掘简报》⑧、《延安市发现的古代玉器》⑨、《山西襄汾县陶寺中期城址大型建筑ⅡFJT1基址 2004～2005 年发掘简报》⑩、《山西襄汾县陶寺城址发现陶寺文化大型建筑基址》⑪、《二里头遗址出土的铜器和玉器》⑫、《曾侯乙墓》⑬、《湖北省随县曾侯乙墓发掘简报》⑭、《曾侯乙墓出土

① 孙德萱、丁清贤、赵连生、张相梅：《濮阳西水坡遗址试掘简报》，《中原文物》1988 年第 1 期。
② 濮阳市文物管理委员会等：《河南濮阳西水坡遗址发掘简报》，《文物》1988 年第3 期。
③ 河姆渡遗址考古队：《浙江河姆渡遗址第二期发掘的主要收获》，《文物》1980 年第 5 期。
④ 安徽省文物工作队：《潜山薛家岗新石器时代遗址》，《考古学报》1982 年第 3 期。
⑤ 山东省文物考古所等：《莒县大朱家村大汶口文化墓葬》，《考古学报》1991 年第2 期。
⑥ 李学勤：《论新出土大汶口文化陶器符号》，《文物》1987 年第 12 期。
⑦ 南京博物院：《北阴阳营——新石器时代及商周时期遗址发掘报告》，文物出版社，1993 年。
⑧ 安徽省文物考古研究所：《安徽含山凌家滩新石器时代墓地发掘简报》，《文物》，1989 年第 4 期。
⑨ 姬乃军：《延安市发现的古代玉器》，《文物》，1984 年第 2 期。
⑩ 何驽：《山西襄汾县陶寺中期城址大型建筑ⅡFJT1 基址 2004～2005 年发掘简报》，《考古》2007 年第 4 期。
⑪ 中国社会科学院考古研究所山西工作队、山西省考古研究所、临汾市文物局：《山西襄汾县陶寺城址发现陶寺文化大型建筑基址》，《考古》2004 年第 2 期。
⑫ 偃师县文化馆：《二里头遗址出土的铜器和玉器》，《考古》1987 年第 4 期。
⑬ 湖北省博物馆：《曾侯乙墓》，文物出版社，1989 年。
⑭ 随县擂鼓墩一号墓考古发掘队：《湖北省随县曾侯乙墓发掘简报》，《文物》1979 年第 7 期。

的二十八宿青龙白虎图象》①、《山西长治分水岭战国墓第二次发掘》②、《三门峡虢国墓》③、《沣西发掘报告》④、《长沙马王堆一号墓》⑤、《长沙马王堆二、三号墓发掘简报》⑥、《长沙马王堆二、三号汉墓（第一卷）田野考古发掘报告》⑦、《马王堆汉墓出土帛书〈春秋事语〉释文》⑧、《阜阳双古堆西汉汝阴侯墓发掘简报》⑨、《西汉南越王墓》⑩、《洛阳西汉壁画墓发掘报告》⑪、《北斗七星铜带钩与北斗星》⑫、《西汉汝阴侯墓出土的占盘和天文仪器》⑬、《西安交通大学西汉壁画墓》⑭、《西安理工大学西汉壁画墓发掘简报》⑮、《西安曲江翠竹园西汉壁画墓发掘简报》⑯、《洛

① 王健民、梁柱、王胜利：《曾侯乙墓出土的二十八宿青龙白虎图象》，《文物》1979 年第 7 期。
② 山西省文物管理委员会等：《山西长治分水岭战国墓第二次发掘》，《考古》1964 年第 3 期。
③ 河南省文物考古研究所等：《三门峡虢国墓》，文物出版社，1999 年。
④ 中国科学院考古研究所：《沣西发掘报告》，文物出版社，1962 年。
⑤ 湖南省博物馆、中国科学院考古研究所：《长沙马王堆一号墓》，文物出版社，1973 年。
⑥ 湖南省博物馆、中国科学院考古研究所：《长沙马王堆二、三号墓发掘简报》，《文物》1974 年第 7 期。
⑦ 湖南省博物馆：《长沙马王堆二、三号汉墓（第一卷）田野考古发掘报告》，文物出版社，2004 年。
⑧ 马王堆汉墓帛书整理小组：《马王堆汉墓出土帛书〈春秋事语〉释文》，《文物》1977 年第 1 期。
⑨ 安徽省文物工作队等：《阜阳双古堆西汉汝阴侯墓发掘简报》，《文物》1978 年第 8 期。
⑩ 广州市文物管理委员会等：《西汉南越王墓》，文物出版社，1991 年。
⑪ 河南省文化局文物队：《洛阳西汉壁画墓发掘报告》，《考古学报》1964 年第 2 期。
⑫ 徐孝忠：《北斗七星铜带钩与北斗星》，《文物天地》1998 年第 2 期。
⑬ 殷涤非：《西汉汝阴侯墓出土的占盘和天文仪器》，《考古》1978 年第 5 期。
⑭ 陕西省考古研究所等：《西安交通大学西汉壁画墓》，西安交通大学出版社，1991 年。
⑮ 西安市文物保护考古所：《西安理工大学西汉壁画墓发掘简报》，《文物》2006 年第 5 期。
⑯ 西安市文物保护考古所：《西安曲江翠竹园西汉壁画墓发掘简报》，《文物》2010 年第 1 期。

阳西汉壁画墓中的星象图》①、《洛阳浅井头西汉壁画墓发掘简
报》②、《陕西省千阳县汉墓发掘简报》③、《武威磨咀子三座汉墓
发掘简报》④、《关中地区两汉壁画墓初探》⑤、《江苏高邮邵家沟
汉代遗址的清理》⑥、《咸阳窑店出土的东汉朱书陶瓶》⑦、《孝堂
山郭氏墓石祠》⑧、《江苏盱眙东阳汉墓》⑨、《河南三门峡南交口
汉墓（M17）发掘简报》⑩、《三门峡南交口东汉墓镇墓瓶朱书文
考略》⑪、《盱眙汉墓木刻星象图考》⑫、《江苏仪征石碑村汉代木
椁墓》⑬、《江苏仪征烟袋山汉墓》⑭、《山西平陆枣园村壁画汉
墓》⑮、《陕北东汉画像石刻选集》⑯、《西安交通大学西汉壁画
墓》⑰、《邠县雅店村清理一座东汉墓》⑱、《陕西配合基建考古主

①　夏鼐：《洛阳西汉壁画墓中的星象图》，《考古》1965 年第 2 期。
②　吕劲松：《洛阳浅井头西汉壁画墓发掘简报》，《文物》1993 年第 5 期。
③　宝鸡市博物馆、千阳县文化馆：《陕西省千阳县汉墓发掘简报》，《考古》1975 年
　　第 3 期。
④　甘肃省博物馆：《武威磨咀子三座汉墓发掘简报》，《文物》1972 年第 12 期。
⑤　后晓荣、陈晓飞：《关中地区两汉壁画墓初探》，《中国历史文物》2006 年第 4 期。
⑥　江苏省文物管理委员会：《江苏高邮邵家沟汉代遗址的清理》，《考古》1960 年第
　　10 期。
⑦　刘卫鹏、李朝阳：《咸阳窑店出土的东汉朱书陶瓶》，《文物》2004 年第 2 期。
⑧　罗哲文：《孝堂山郭氏墓石祠》，《文物》1961 年第 4 期。
⑨　南京博物院：《江苏盱眙东阳汉墓》，《考古》1979 年第 5 期。
⑩　河南省文物考古研究所：《河南三门峡南交口汉墓（M17）发掘简报》，《文物》
　　2009 年第 3 期。
⑪　郝本性、魏兴涛：《三门峡南交口东汉墓镇墓瓶朱书文考略》，《文物》2009 年第
　　3 期。
⑫　周晓陆：《盱眙汉墓木刻星象图考》，《南京大学学报》1985 年，哲社增刊。
⑬　南京博物院：《江苏仪征石碑村汉代木椁墓》，《考古》1966 年第 1 期。
⑭　南京博物院：《江苏仪征烟袋山汉墓》，《考古学报》1987 年第 4 期。
⑮　山西省文管会：《山西平陆枣园村壁画汉墓》，《考古》1959 年第 9 期。
⑯　陕西省博物馆：《陕北东汉画像石刻选集》，文物出版社，1959 年。
⑰　陕西省考古所等：《西安交通大学西汉壁画墓》，西安交通大学出版社，1991 年。
⑱　陕西省考古所泾水队：《邠县雅店村清理一座东汉墓》，《文物》1961 年第 1 期。

要收获》①、《陕西旬邑发现东汉壁画墓》②、《西安南郊曲江池汉唐墓葬清理简报》③、《唐河针织厂汉画像石墓的发掘》④、《武氏祠汉画像石》⑤、《潼关吊桥汉代杨氏墓群发掘简记》⑥、《咸阳龚家湾一号墓葬清理简报》⑦、《陕西韩城芝川镇东汉墓》⑧、《南阳汉代画像石》⑨、《南阳两汉画像石》⑩、《山东汉画像石选集》⑪、《徐州汉画像石》⑫、《南京大光路孙吴薛秋墓发掘简报》⑬、《敦煌祁家湾西晋十六国墓葬发掘报告》⑭、《甘肃酒泉孙家石滩魏晋墓发掘简报》⑮、《长沙两晋南朝隋墓发掘报告》⑯、《湖南资兴晋南朝墓》⑰、《集安长川一号壁画墓》⑱、《河南洛阳元乂墓调查》⑲、

①　陕西省考古研究所：《陕西配合基建考古主要收获》，三秦出版社，1992年。
②　陕西省考古研究所：《陕西旬邑发现东汉壁画墓》，《考古与文物》2003年第3期。
③　徐进、张蕴：《西安南郊曲江池汉唐墓葬清理简报》，《考古与文物》1987年第6期。
④　周到、李京华：《唐河针织厂汉画像石墓的发掘》，《文物》1973年第6期。
⑤　朱锡禄：《武氏祠汉画像石》，山东美术出版社，1986年。
⑥　陕西省文物管理委员会：《潼关吊桥汉代杨氏墓群发掘简记》，《文物》1961年第1期。
⑦　孙德润、贺雅宜：《咸阳龚家湾一号墓葬清理简报》，《考古与文物》1987年第1期。
⑧　王玉清：《陕西韩城芝川镇东汉墓》，《考古》1961年第8期。
⑨　南阳汉代画像石编委会：《南阳汉代画像石》，文物出版社，1985年。
⑩　王建中等：《南阳两汉画像石》，文物出版社，1990年。
⑪　山东省博物馆：《山东汉画像石选集》，齐鲁书社，1984年。
⑫　徐州博物馆：《徐州汉画像石》，江苏美术出版社，1985年。
⑬　南京市博物馆：《南京大光路孙吴薛秋墓发掘简报》，《文物》2008年第3期。
⑭　戴春阳、张珑：《敦煌祁家湾西晋十六国墓葬发掘报告》，文物出版社，1994年。
⑮　甘肃省文物考古研究所：《甘肃酒泉孙家石滩魏晋墓发掘简报》，《考古与文物》2005年第5期。
⑯　湖南省博物馆：《长沙两晋南朝隋墓发掘报告》，《考古学报》1959年第3期。
⑰　湖南省博物馆：《湖南资兴晋南朝墓》，《考古学报》1984年第3期。
⑱　吉林省工作队等：《集安长川一号壁画墓》，东北考古与历史编辑委员会编《东北考古与历史》第1辑，文物出版社，1982年。
⑲　洛阳博物馆：《河南洛阳元乂墓调查》，《文物》1974年第12期。

《洛阳北魏元乂墓的星象图》①、《济南市马家庄北齐墓》②、《西安东郊田王晋墓清理简报》③、《西安东郊田王西晋墓清理简报》④、《新疆吐鲁番地区阿斯塔那古墓群西区 408、409 号墓》⑤、《吐鲁番阿斯塔那古墓区 65TAM39 墓》⑥、《南京大光路孙吴薛秋墓发掘简报》⑦、《浙江上虞县发现唐代天象镜》⑧、《太原市南郊唐代壁画墓清理简报》⑨、《太原市金胜村第六号唐代壁画墓》⑩、《唐懿德太子墓发掘简报》⑪、《唐章怀太子墓发掘简报》⑫、《唐永泰公主墓发掘简报》⑬、《五代李茂贞夫妇墓》⑭、《杭州、临安五代墓中的天文图和秘色瓷》⑮、《北宋皇陵》⑯、《河北宣化辽壁画墓发

---

①　王车、陈徐：《洛阳北魏元乂墓的星象图》，《文物》1974 年第 12 期。

②　济南市博物馆：《济南市马家庄北齐墓》，《文物》1985 年第 10 期。

③　陕西省考古研究所：《西安东郊田王晋墓清理简报》，《考古与文物》1990 年第 5 期。

④　陕西省考古研究所配合基建考古队：《西安东郊田王西晋墓清理简报》，《考古与文物》1990 年第 5 期。

⑤　吐鲁番地区文物局：《新疆吐鲁番地区阿斯塔那古墓群西区 408、409 号墓》，《考古》2006 年第 12 期。

⑥　新疆社会科学院考古研究所：《吐鲁番阿斯塔那古墓区 65TAM39 墓》，《考古与文物》1983 年第 4 期。

⑦　南京市博物馆：《南京大光路孙吴薛秋墓发掘简报》，《文物》2008 年第 3 期。

⑧　任世龙：《浙江上虞县发现唐代天象镜》，《考古》1976 年第 4 期。

⑨　山西省考古研究所：《太原市南郊唐代壁画墓清理简报》，《文物》1988 年第 12 期。

⑩　山西省文物管理委员会：《太原市金胜村第六号唐代壁画墓》，《文物》1959 年第 8 期。

⑪　陕西省博物馆等唐发掘组：《唐懿德太子墓发掘简报》，《文物》1972 年第 7 期。

⑫　陕西省博物馆等唐发掘组：《唐章怀太子墓发掘简报》，《文物》1972 年第 7 期。

⑬　陕西省文物管理委员会：《唐永泰公主墓发掘简报》，《文物》1964 年第 1 期。

⑭　宝鸡市考古研究所：《五代李茂贞夫妇墓》，科学出版社，2008 年。

⑮　浙江省文物管理委员会：《杭州、临安五代墓中的天文图和秘色瓷》，《考古》1975 年第 3 期。

⑯　河南省文物考古研究所编：《北宋皇陵》，中州古籍出版社，1997 年。

掘简报》①、《宣化辽壁画墓彩绘星图之研究》②、《辽代彩绘星图是我国天文史上的重要发现》③、《宣化辽墓》④ 等等。这些报告主要以客观描述遗迹中的北斗文化现象为主，基本上未做文化层面的研究探讨。

需要注意的是，北斗信仰的遗迹并不只残存于古代墓葬之中。考古资料和文献记载的对照，证明汉长安城、明南京城的城墙设计亦采用了象征南斗、北斗的"斗城"形式，以期获得上天的庇护，达到长治久安的目的。这说明"北斗"并不简单只是一位掌管死亡的神祇。"斗城"现象所反映的当时人们的主流意识形态及更深层次的宗教意义也有待进一步深入研究。

这些所谓的北斗遗迹表现的究竟是不是北斗？满天繁星，为什么会选择北斗作为崇拜的对象？北斗在当时人们的意识中到底代表了什么？地位如何？是什么因素导致了中国古代北斗信仰的产生？北斗信仰经历了哪些阶段？在每个阶段呈现出何等面貌？影响了哪些区域？……这诸多的问题，都期待找到答案。

三　北斗信仰研究综述

（一）研究现状

虽然北斗信仰在中国古代宗教发展中的地位非常重要，但一直以来，该领域却并未得到学者们充分的重视。目前为止，主题探讨中国古代北斗信仰的专著寥寥无几，仅有少量图书和论文有

---

① 河北省文物管理处等：《河北宣化辽壁画墓发掘简报》，《文物》1975 年第 8 期。
② 郑绍宗：《宣化辽壁画墓彩绘星图之研究》，《辽海文物学刊》1996 年第 2 期。
③ 河北省文物管理处等：《辽代彩绘星图是我国天文史上的重要发现》，《文物》1975 年第 8 期。
④ 河北省文物研究所：《宣化辽墓》，文物出版社，2001 年。

所涉及。现将前辈学人的有关研究列述如下，并对其学术贡献和存在的问题作一简要评论：

冯时是较早通过考古遗迹探讨北斗信仰的学者。在论文《中国早期星象图研究》①、《濮阳西水坡45号墓的天文学研究》② 中他首次将由人胫骨和蚌壳组成的铲形图案与北斗发生联想，从而揭示了濮阳西水坡45号墓中蚌塑图案的天文学含义。由于他天文学知识非常丰富且对考古资料特别熟悉，其对北斗问题的研究相当深入。在《星汉流年——中国天文考古录》③、《中国天文考古学》④ 等著作中还多处论及北斗在观象授时中起到的重要作用、北斗与璇玑的关系、北斗与猪母题材遗迹的关系、北斗与天帝、太一的关系，并且识别了许多反映早期北斗信仰的史前遗迹，研究过程可谓细致翔实，是研究早期北斗信仰的重要著作。只不过，在涉及宗教思想层面问题的探讨过程中，往往会因其分析推导过于曲折复杂，而给人以牵强附会之感。

陆思贤与李迪合著的《天文考古通论》⑤ 中归纳整理了从史前至明清许多重要的天文考古资料，其研究重心侧重于天文学方面的解释。书中对北斗研究的一个重要认识是：首次提出从史前遗迹中出现的漩涡形图案，到后来墓葬中常见的随葬品玉璇玑，再到后世的太极图所表现的均是北斗的绕极旋转。虽然笔者并不认同这种观点，但是其独特的视角和思维方法还是对笔者的研究工作有所启发。

葛兆光所著《众妙之门——北极、太一、太极与道》⑥ 一文

① 冯时：《中国早期星象图研究》，《自然科学史研究》1989年第2期。
② 冯时：《濮阳西水坡45号墓的天文学研究》，《文物》1990年第3期。
③ 冯时：《星汉流年——中国天文考古录》，四川教育出版社，1996年。
④ 冯时：《中国天文考古学》，社会科学出版社，2001年。
⑤ 陆思贤、李迪：《天文考古通论》，紫禁城出版社，2000年。
⑥ 葛兆光：《众妙之门——北极、太一、太极与道》，《古代中国的历史、思想与宗教》，北京师范大学出版社，2006年。

中重点从哲学角度探讨中国古代的北极（北辰）信仰及其与太一、太极、道等信仰概念之间的关系。并且将北斗信仰作为北辰信仰的一个旁支进行了简要的研究讨论。

马来西亚学者王琛发的《从北斗真君到九皇大帝——永不没落的民族意向》①则较为系统地论述了北斗信仰在中国历史上各个阶段的发展演变情况，并探讨了道教北斗信仰中的有关巫祝与神仙术，揭示了九皇信仰、斗姆信仰跟北斗信仰的源流关系，可说是目前所见专题介绍北斗信仰颇为全面的著作。尤其是，详细介绍了南洋民间的拜斗仪式，对于北斗信仰的知识普及起到了重要的作用。

台湾学者萧登福也是一位北斗文化研究的专家。所著《〈太上玄灵北斗本命延生真经〉探述》②、《〈太上玄灵北斗本命延生真经〉探述（下）》③，详细论述了道家经典《北斗经》中对北斗崇拜的相关记载，对比研究了其他道经中的北斗信仰。并对《北斗经》的作者、撰写年代等问题给出了自己的解释。在《道教星斗符印与佛教密宗》④中对佛教中北斗信仰也有较为详细的归纳。而在《太岁元辰与南北斗星神信仰》⑤一书中，将关于北斗信仰、南斗信仰与太岁信仰的道经内容进行了分类梳理与总结，介绍北斗信仰的种种表现形式及其在道教中的相关道法，为我们研究北斗信仰提供了重要的文献依据。

韦兵撰写的硕士论文《斗极观与晚周秦汉的黄老之学——兼

---

① 王琛发：《从北斗真君到九皇大帝——永不没落的民族意向》，马来西亚道教组织联合总会宗教文化研究中心，2002 年。
② 萧登福：《〈太上玄灵北斗本命延生真经〉探述》，《宗教学研究》1997 年第 3 期。
③ 萧登福：《〈太上玄灵北斗本命延生真经〉探述（下）》，《宗教学研究》1997 年第 4 期。
④ 萧登福：《道教星斗符印与佛教密宗》，新文丰出版公司，1993 年。
⑤ 萧登福：《太岁元辰与南北斗星神信仰》，啬色园出版，2011 年。

论楚简"天心"》① 重点从古代文献的角度探讨了中国古代以北斗作为"天心"的宇宙观模式及这种宇宙观对晚周秦汉学术、宗教与政治的影响。文章中所收集的北斗信仰方面的文献资料比较翔实，对晚周秦汉时期的北斗信仰之研究也颇为深入。但是缺乏对北斗文化遗迹、遗物方面的相关印证。而其随后发表的《道教与北斗生杀观念》② 一文中涉及一些考古资料，但依然未做深入的剖析，主要仍是通过文献论证北斗主生杀的观念及其对道教的影响，文章论述较为简略。

陈勇的硕士论文《道教北斗九皇信仰研究》③ 重点以宗教学的角度对道教北斗九皇信仰的源流及其演变做了详细的梳理，并分别介绍了道教及中日佛教中九皇信仰的斋醮仪轨。资料综述的成分多，学术研究的内容少。

张鲁君在其博士论文《〈道藏〉人物图像研究》④ 中对道经中的北斗图像进行了非常细致的归纳汇总。其侧重点在图像的分析和断代。

牟海芳的《中国古代北斗信仰与猪神崇拜之关系论考》⑤ 和董家宁的《史前北斗信仰与猪神崇拜之关系初探——从红山文化礼器中的猪母题说起》⑥，主要论述北斗信仰与猪神崇拜，甚至与密教的摩利支天神之间的源流关系，观点颇有些新意，但证据不

①　韦兵：《斗极观与晚周秦汉的黄老之学——兼论楚简"天心"》，硕士学位论文，四川大学，2003 年。

②　韦兵：《道教与北斗生杀观念》，《宗教学研究》2005 年第 2 期。

③　陈勇：《道教北斗九皇信仰研究》，硕士学位论文，四川省社会科学院，2009 年。

④　张鲁君：《〈道藏〉人物图像研究》，博士学位论文，山东大学，2009 年，第 133 ~ 147 页。

⑤　牟海芳：《中国古代北斗信仰与猪神崇拜之关系论考》，《西南民族大学学报（人文社科版）》2005 年第 2 期。

⑥　董家宁：《史前北斗信仰与猪神崇拜之关系初探——从红山文化礼器中的猪母题说起》，《社会科学论坛》2013 年第 8 期。

够充分，似有牵强附会之感。

张黎明的《汉代的北斗信仰考》①归纳了汉代的北斗信仰中最有代表性的观念，并且分析了汉代人崇祀北斗的原因。但其论证过程并不清晰，结论仓促，缺乏新意。

韩湖初的《论我国古代的"北斗崇拜"和太阳神崇拜》②对比论述了中国古代的"北斗崇拜"和"太阳神崇拜"的产生与发展情况，分析了"北斗"演变成为宗教神，"太阳神"则成为农业神的成因；祝秀丽在《北斗七星信仰探微》③中简要地介绍了一些至今仍然残存在汉族及少数民族地区民俗中的北斗信仰；王红梅的《元代畏兀儿北斗信仰探析——以回鹘文〈佛说北斗七星延命经〉为例》④也是一篇探讨西北边疆维吾尔族北斗信仰的文章；程治洪的《武当山道教的拜斗》则是介绍道教的拜斗科仪的综述性文章；吴慧的《"北斗八女"考——另附汉译密教佛经中南斗北斗之汉化分析》⑤主要探讨道教的北辰北斗崇拜对密教的影响……

此外，在一些并非专题探讨北斗信仰的文章中也会见到对北斗信仰问题较为深刻的论述。值得一提的是姜生所撰写的《长沙金盆岭晋墓与太阴炼形——以及墓葬器物群的分布逻辑》⑥，以宗

---

① 张黎明：《汉代的北斗信仰考》，《北京科技大学学报（社会科学版）》2009 年第 2 期。

② 韩湖初：《论我国古代的"北斗崇拜"和太阳神崇拜》，《复旦学报（社会科学版）》1999 年第 3 期。

③ 祝秀丽：《北斗七星信仰探微》，《辽宁大学学报（哲学社会科学版）》1999 年第 1 期。

④ 王红梅：《元代畏兀儿北斗信仰探析——以回鹘文〈佛说北斗七星延命经〉为例》，《民族论坛》2013 年第 5 期。

⑤ 吴慧《"北斗八女"考——另附汉译密教佛经中南斗北斗之汉化分析》，《世界宗教研究》2008 年第 2 期。

⑥ 姜生：《长沙金盆岭晋墓与太阴炼形——以及墓葬器物群的分布逻辑》，《宗教学研究》2011 年第 1 期。

教学的独特视角重新审视长沙金盆岭 M21 晋墓，并根据墓葬中器物群的分布逻辑论证出整个墓的空间结构是按照北斗形状设计，墓室被布置成斗魁形状，其用意就是为了使墓主完成"太阴炼形"的修仙过程。此种研究方法非常新颖，值得借鉴，能够为我们重新认识古代文化遗迹中的北斗信仰提供新的思路。

令人欣喜的是，在 2012 年 12 月，由广州市道教协会和香港道教学院共同举办了"道教与星斗信仰学术研讨会"，邀请了国内外近百位道教研究的学者参与到道教与星斗信仰的学术研究当中，撰写相关的学术论文。至今已经成功举办了三届，其会议论文集《道教与星斗信仰》也都陆续出版。其论文内容涉及礼斗仪式、道术理论、道经辨析、星神考述等诸多方面，掀起了星斗信仰研究的新高潮。

考察前贤对北斗信仰问题的学术贡献，虽然取得了一定的成果，但是相比其他发展较为成熟的学术领域而言，尚处于初级阶段。诸多的问题需要解决，而已经研究过的内容也有待进一步深入和加强。

（二）研究中出现的问题

现将前贤在北斗信仰研究过程中较为明显的问题总结如下：

1. 文章的论据多为古代文献记载的堆砌，论证逻辑不够清晰，流于空洞，缺乏说服力；

2. 较少使用考古资料。即使使用考古材料，也都是拿来主义，直接使用考古报告中的观点，对考古资料的分析和理解不够深入；

3. 研究的视角往往执着于世俗文化背景，只注重价值而缺乏对意义系统的关注，对相关北斗文化现象背后所隐藏的宗教思想之考察流于表面；

4. 篇幅较小，涉及面狭窄，对北斗信仰的相关问题只能浅尝辄止，无法深入系统地进行论证；

5. 以后证前。用后世的文献来说明前代的问题。虽然文化的历史是具有延续性的，但是其在传承的过程中会不断发展变化。因此在使用后世的文献去论证早期的现象时要格外慎重；

6. 以偏概全。企图通过建立一个普适性的思维标准，来解释所有北斗文化现象。忽略了文化的地域性和特殊性；

7. 过度附会。以一种先入为主的假设来对遗迹现象做出分析，并运用十分繁复的逻辑对某考古资料进行层层推导，最终将其强行解释成某种文化现象的研究方法①。

四　本文的研究目的、方法及意义

（一）研究目的

由于目前学界对于北斗信仰课题的相关研究开展较少，而北斗信仰对于中国古代宗教和思想文化等方面的意义又举足轻重。上至国家政治、军事决策、官方祭祀、建筑布局，下致宗教巫术、丧葬仪式、算命占卜、生活习俗……方方面面的内容均在不同程度上受到北斗信仰的影响。因此，如果北斗信仰的问题不及时解决，势必会影响我们对中国古代历史文化面貌的整体把握。相反，如果厘清了北斗信仰的来龙去脉，了解了北斗信仰的宗教意义和文化内涵，许多过去无法理解的文化现象和考古遗存或许有可能找到合理解释的突破口。鉴于北斗信仰课题的学术重要性

---

① 　如：段邦宁在《濮阳西水坡第45号墓星象年代考》（《中华易学》1993年第7～10期）中根据墓中蚌塑北斗的形状结合北斗七星的自行和黄道岁差等天文学规律，用微电脑作图和数值分析比较的方法计算出6500年前的濮阳人摆塑出的其实是距今133000±1000年前春分日落时的星象。并且惊叹其居然能摆塑得如此精确。胡适曾形象地批判此种研究方法为"猜笨谜"。照此方法，任何一个遗迹中随意的元素均可以"强行"赋予其"神奇"的意义。

及当前的研究现状，本文拟对中国古代北斗信仰进行一次全面系统的梳理，不但要将遗迹、遗物进行分期断代，而且对古代文献也分期、分类对比研究，试图厘清北斗信仰在各个时代的不同文化面貌及宗教内涵。

（二）研究方法

为了使本研究工作更加科学、严谨，所以在资料收集方面，笔者力图做到尽可能全面地收集整理与北斗信仰有关的文献资料与考古资料。同时，本文又是主要针对信仰层面的考察探索，故而在研究方法上，本文以考古学与宗教学相结合的交叉式研究为主要研究方法，分别从宗教社会学、宗教心理学、宗教文化学等多维视角出发，结合古代文献记载，古代天文学、考古学及民俗学材料，深入考察各种能够导致这种北斗信仰产生的原因、发展的背景、表达的宗教思想、影响程度等问题，通过理性分析和逻辑判断，最终得到合理的解释。

经过对古代文献的详细梳理，以及对目前所见北斗文物进行分期分区的类型学考察之后，笔者发现：北斗信仰是一种带有明显区域性和阶段性的宗教形式，不同的时期、不同的地域所展现的北斗信仰，其文化面貌也是不尽相同的。为了更有针对性地考察北斗信仰的文化内涵，本文对北斗文物所做的研究方式，有别于传统的考古学研究。除了将北斗类文物施以系统的类型学分析，以达到分期断代的作用之外，更重要的目的是考察遗物遗迹背后所反映出的当时人们的意识形态和文化背景。

通过本文，笔者试图解决的问题有如下几点：

1. 北斗信仰的源起时代；

2. 华夏先民选择北斗作为崇拜对象的原因；

3. 北斗信仰的阶段性发展状况及在不同阶段所承载的宗教职能；

4. 北斗信仰与天帝信仰的关系；

5. 北斗与古代王权之间的关系；

6. 北斗与生死的关系；

7. 北斗在墓葬天象图中的意义；

8. 北斗厌胜信仰的理论依据；

9. 道教中的北斗信仰内容。

除了以上9条需要重点考察之外，其他一些北斗信仰的问题如北斗星占、禹步道法、礼斗科仪、斗姆九皇等问题在本文中也有相应的篇幅进行探讨。但是考虑到本文是一篇侧重于考古学研究的学术论文，因此对考古遗存不直接体现的其他方面的北斗信仰内容，仅穿插在文中予以简要论述。

为使论述逻辑更为清晰明了，本文在结构上分为两个部分，上篇先研究北斗信仰的历史沿革情况，按照时间线索，分阶段、分地域地梳理出北斗信仰在各个不同发展阶段的不同表现形式。同时结合当时的文化背景，横向考察出现这种北斗信仰的原因。也就是说，上篇以系统归纳加简要论述为主，旨在让读者清楚地看到各个时期北斗信仰的不同面貌。

下篇则分专题详细探讨北斗信仰的有关具体问题，如：以天象图或厌胜信仰等某个具体问题为线索将各个时期的有关资料贯穿起来纵向比对，结合古代文献记载，古代天文学、考古学及民俗学材料，尽可能细致而详尽地从多角度深入挖掘此种北斗信仰的宗教基础、文化背景、表达的宗教思想、影响程度等一系列问题。希望本文的研究成果能够对中国古代思想史、考古学和宗教学等学科的进一步拓展研究有所帮助。

（三）本研究的意义

首先，通过本文对中国古代北斗遗存历史沿革情况的系统爬梳及对北斗信仰种种宗教职能和表现形式的归纳，力图建立起中国古代北斗文化遗存分期断代的标尺。

其次，本文采用多学科交叉的研究方法对北斗信仰问题进行多角度的解读，首次系统论证了北斗厌胜信仰的星象学起源问题，进而探讨了墓葬顶部绘制天象图的意义所在。其创新的方法和观点或可为考古研究中此类问题的解读提供新的启示。

　　当然，由于本研究的时间跨度和地域范围都太大，相关资料的收集和整理无法面面俱到。加之笔者自身的专业背景偏重于秦汉考古。因此在文章篇幅上呈现出汉代资料相对翔实，其他朝代资料颇显单薄的情况。再者，本文所涉及的学科和知识点太过庞杂，以笔者一己之力难以做到样样通晓，致使有些问题的研究不够深入，这些都是笔者需在今后的研究中努力克服的问题。错漏之处，还望各位方家予以指正。

上篇　北斗信仰的历史

　　北斗信仰的遗存最早见于新石器时代，直到如今某些地区的丧葬习俗中依然保存有北斗葬俗①，可说是贯穿整个中国历史而未曾中断。本文根据北斗信仰在不同历史时期所展现的不同文化面貌，按照时间顺序将其分为六大阶段。由于本文考察的对象是意识层面的北斗信仰，因此本文的研究方式也有别于传统考古类型学中器物分期的方法，主要以文化背景和宗教内涵作为分期的依据。

　　根据考古资料推测，在距今约万年的中石器时代或已出现对星辰的有关崇拜活动。由于北斗拥有指方向、定季候等诸多与生产、生活息息相关的实用性功能而受到华夏先民的关注和崇拜，甚至在某些部落中已经产生巫师、氏族首领死后魂归北斗的原始宗教观念。在殷商的卜辞中明确记载了殷人祭祀北斗的活动。而战国早期的曾侯乙墓中出土的斗字漆箱则清晰地反映出以北斗为中央"天心"的天文思想。庄子、韩非子等一些思想家开始将北斗与原始的"道"观念相关联，认为"道"能够在北斗的天体运

---

① 北京、辽宁、河南等地均有在墓主身下棺底处摆放七枚铜钱呈北斗状，称为"垫背钱"。

动中得以体现。

一　史前的北斗信仰

　　宗教学研究表明，星辰崇拜是世界范围内最早出现的自然物崇拜之一。考古发现证实，我国的天文学发展较早。距今5000年前后的新石器时代，在连云港将军崖岩画中既发现有星象图，是目前所见最古的盖天星图①。图上有黄道带、白道带，又把周天星座分成四段，明确表示四分天区已经产生②。由于史前还没有文字记载的史料，仅能通过出土的遗迹遗物来推断史前北斗信仰的面貌。那么，是否在其他的史前遗存中也存在反映华夏先民早期天文观测的天文遗物而被忽略？其中有没有能够反映北斗信仰的资料？这些问题需要重新审视。

　　（一）史前北斗遗存辨析

　　目前以天文学的视角认知史前文化遗存的研究极少，仅在冯时编著的《星汉流年——中国天文考古录》和《中国天文考古学》，以及陆思贤与李迪合著的《天文考古通论》这几部专著中有所涉及。而以宗教学的视角认知史前文化遗存的研究目前尚未出现。在本章中，笔者将重新考量那些被认为是反映北斗文化的遗存，在原始社会的文化背景下分析考证其合理性。同时运用宗教学的方法深入研究此北斗遗存所反映的北斗信仰产生的原因、影响的范围及其反映的宗教内涵等一系列问题。

---

① 连云港市博物馆：《连云港将军崖岩画遗迹调查》，《文物》1981年第7期，第23页。
② 陆思贤、李迪：《天文考古通论》，紫禁城出版社，2000年，第232～233页。

表2 史前北斗遗存的再考量统计表

地点	遗存	图像	描述	前人观点	笔者观点
山西省吉县柿子滩	岩画(距今约万年)		高20,宽17厘米。绘一正面裸体女性人物,头部上方有七个呈弧形的红色圆点,两腿周围分布有六个圆点。	此图表现的可能是女巫禳星祈福的场面。她头上的七个呈弧形分布的红色圆点为北斗七星,脚下的六星符合与北斗相对的南斗六星。	红点代表星辰或有可能,是否表示北斗、南斗值得商榷。
浙江省余姚河姆渡	猪纹方钵(第四层,距今7000~6500年)		夹炭黑陶,圆角,平底。钵外壁两侧各刻一只猪纹。口宽21.7×17.5,高11.7,底宽17×13.5厘米。	新石器时代的若干类似猪图案的遗物所表现的均是北斗信仰。	这些猪形图案应与北斗无关。
余姚河姆渡	木槌头(第三层,距今6300~6000年)		侧视呈烟斗状。弯柄,槌头粗大,槌面有明显的敲击痕,长28.5,槌面宽8.4厘米。	认为此遗物没有价值,较为合理的理解是一个木质北斗模型。	应为实用器,不是北斗模型。

续表 2

地点	遗存	图像	描述	前人观点	笔者观点
河南省濮阳西水坡	龙虎北斗墓（距今约6000年）		出土有仰韶文化时期以蚌壳堆塑的龙虎图案，及蚌塑三角形与两根人胫骨构成铲形图案。	墓中蚌塑龙虎图案为东宫苍龙和西宫白虎。墓主北侧蚌塑置于东侧的蚌塑三角形图案与人的胫骨两根横置组成了北斗的图案。	将此铲形图案解释成北斗仍为目前最为合理的解释。
山东省莒县陵阳河与大朱村等地	灰陶尊上陶文图案（距今约5000年左右）		山东省莒县陵阳河与大朱村等地的大汶口文化遗址中先后发现了若干契刻图案，陶尊上的铲形图案，内刻四个不等的圆圈。	认为此图案代表北斗，铲形上方的柱形空间实际就是北斗斗柄的象征。斗柄下端以四星组成的倒梯形图像为斗魁的形象化描述。	陶尊上铲形图案内的圆圈与四个到七个不等，从形象上很难与北斗发生联系。加上附近也无其他能够作为旁证的出土之物，想说明陶尊上的图案是北斗显然证据不足。
安徽省潜山县薛家岗	带孔石刀（距今约5000年左右）		安徽省潜山县薛家岗第三期文化遗址中出土了1孔、3孔、5孔、7孔、9孔、11孔和13孔共七种石刀。	由于这七种石刀的出土数相加得出为7的倍数，因此认为这些石刀是古人禳除祭斗的礼器。	薛家岗遗址第三期文化中共出土石刀36件，不同孔数量均不相同，因此简单将孔数相加得出的数字是否有任何意义是没的。

续表 2

地点	遗存	图像	描述	前人观点	笔者观点
陕西省延安市芦山峁	七孔玉刀（距今 4500 年左右）		黄绿色，间有粉白纹斑。长 54.6、宽 10、厚 0.4 厘米。刀部两面磨制，中部略内凹，有轻微残缺，似是使用时有致损的。刀身两端可见有规则的齿状痕迹。刀身有四个小孔，沿刀背有三个开口的小孔。	玉刀圆孔的分布看似不甚规则，但是如果将它们连级起来，却正组成了一幅形象的北斗图像，是七孔玉刀为古人崇祭北斗的礼器。	刀部两面磨制，中部略内凹，有轻微残缺，似是使用时致损的。可以判断此石刀当为实用器而非崇祭北斗的礼器。

图 1　山西吉县柿子滩岩画摹本

（采自山西省临汾行署文化局：《山西吉县柿子滩中石器文化遗址》，《考古学报》，1989 年第 3 期，第 319 页，图一〇）

图 2　河姆渡文化猪纹方钵

（采自河姆渡遗址考古队：《浙江河姆渡遗址第二期发掘的主要收获》，《文物》1980 年第 5 期，第 10 页，图七.4）

图 3　河姆渡文化木质斗形器

（采自河姆渡遗址考古队：《浙江河姆渡遗址第二期发掘的主要收获》，《文物》1980 年第 5 期，第 8 页，图五.11）

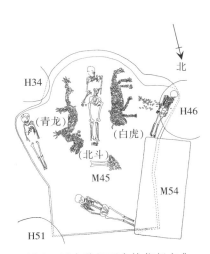

图 4　河南濮阳西水坡仰韶文化
　　45 号墓出土的龙虎北斗图

（采自濮阳市文物管理委员会等：《河南濮阳西水坡遗址发掘简报》，《文物》，1988 年第 3 期，第 4 页，图五）

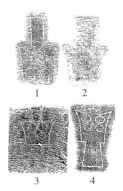

图 5　大汶口文化铲形图案

（1、2. 山东莒县陵阳河 M7 采集
3. 山东莒县大朱村采集　4. 山东莒县大朱村 M17 出土）

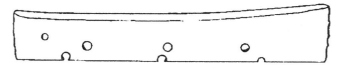

图 6　延安市芦山峁出土的新石器时代七孔玉刀

（采自姬乃军：《延安市发现的古代玉器》，《文物》1984 年第 2 期，第 88 页）

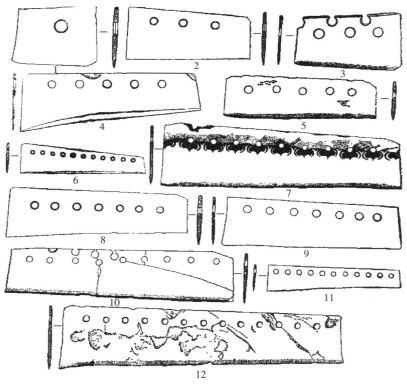

图 7　薛家岗遗址出土石刀

1. 单孔；2、3. 三孔；4、5. 五孔；8、9. 七孔；7、10. 九孔；6、11. 十一孔；
12. 十三孔（采自安徽省文物工作队：《潜山薛家岗新石器时代遗址》，《考古学
报》1982 年第 3 期，第 310 页）

　　根据表 2 的统计可以看出，笔者对于大多数被认为是反映北斗文化的史前遗存持否定态度。由于这些史前遗迹或遗物在形象上都与北斗相去甚远，所以在界定之时要格外小心。

　　山西吉县柿子滩发现的距今近万年的中石器时代岩画（图 1）被认为是目前所见出土文物中时代最早的北斗遗物。发掘报告中对此岩画内容的描述如下：

> 高 20、宽 17 厘米。绘一正面裸体女性人物，头圆形，顶扎双髻，两耳突出，双臂平举屈肘向上，右手似举一物。躯干丰满，袋状乳房向两侧下垂，下腹部与两腿连接处留一圆孔未涂色，象征女性生殖器，各部皆用赤铁矿粉涂抹，唯两腿肥胖作分立状用红色线条绘出。头部上方有七个呈弧形分布的红色圆点，两腿周围分布有六个圆点①。

　　对于柿子滩岩画的内容，冯时认为表现的是女巫禳星祈福的场面，并进一步确认她头上的七个呈弧形分布的红色圆点应为北斗七星，女巫脚下的六星或为与北斗七星相对的南斗六星②。

　　图 8 是笔者使用 Stellarium 天文软件系统生成的距今一万年前（公元前 8009 年 1 月 6 日 11：04）的天象图。从此图中可以清楚地看到当时的北斗七星与南斗六星③确是以北天极为中心，遥遥相对。然而，在一万年前华夏先民的原始观念中，是否已将北斗七星作为一个整体的星组来认识尚未可知，更何况在星空中并不醒目的南斗六星。陆思贤运用易理解曰："此七颗星辰与下面的六颗星辰相对应，按《易传》天七地六的说法，在占星术上也应表示

---

①　山西省临汾行署文化局：《山西吉县柿子滩中石器文化遗址》，《考古学报》1989年第 3 期，第 319 页。
②　详见冯时著《中国天文考古学》，社会科学文献出版社，2001 年，第 99 页。
③　南斗即二十八宿中的斗宿。

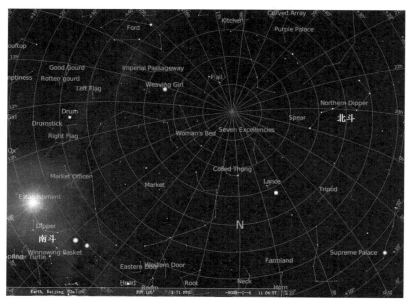

图 8　公元前 8009 年 1 月 6 日 11：04 的天象图

了天数七、地数六。据此，此神人是头顶苍天，脚踩大地，与濮阳西水坡 45 号墓主人在墓穴中的位置是类似的。或可以说，此神人是当初柿子滩先民们崇拜的至上天神。"① 但是，用成书于东周时期的《易传》解释一万年前的岩画显然有些不妥②。根据柿子滩遗址中其他遗迹所反映的生产力水平和文化面貌判断，当时的氏族社会中并不具备产生类似"天七地六"抽象理论之条件。

　　史前的文物资料由于没有文献记载作为旁证，对岩画等图像资料的解读只能通过宗教学的相关理论加以推测：根据画面分析，当时的先民应该已经形成了原始自然崇拜和巫术传统，但是

① 　陆思贤、李迪：《天文考古通论》，紫禁城出版社，2000 年，第 18、19 页。
② 　虽然传说中上古时期曾有《连山》、《归藏》两部古《易》，但也不可能出现在还没有文字的中石器时代。

抽象思维和构图的能力还很不成熟。从时代背景考虑，当时人们对星象的理解还处于最原始的识星阶段，虽有可能对满天繁星产生联想、敬畏甚至崇拜，但固定的星座观念却未必已经形成。叶茂林认为人物头上的七个圆点代表上天，脚下的圆点可能象征大地上的生灵或谷粒，全图所表现的是女巫祈求农业收获的场景①。笔者认为，此种解释相对来说具有较大概率的合理性。

再者，据冯时考证，浙江省余姚县河姆渡遗址第4文化层出土的猪纹方钵（图2），以及新石器时代及后世的若干猪形遗物所表现的也是北斗信仰。其理论依据是在中国古代曾有过用猪比附北斗的文化现象②（陆思贤③、陈久金④等学者均表示赞同）。对此观点，笔者亦不敢苟同。

"北斗—猪神说"的主要证据有二。一是唐代徐坚《初学记》卷二九引汉纬《春秋说题辞》："斗星时散精为彘，四月生，应天理"；另一个证据是唐代郑处诲《明皇杂录·补遗》中记载有北斗七星化成七头猪，被唐代天文学家僧一行捉住又释放的故事。

首先，以后世文献作为证据来论证史前的文化现象，其说服力值得怀疑。上述两则材料距离那些史前遗迹有四五千年的跨度，此间各种文献记载均未提及。即使在东汉某学说中曾经出现过以猪附会北斗精的说法，也无法证实此说传承自四五千年前的原始信仰而没有中断。

其次，"北斗—猪神说"认为猪乃怀孕四月而生，以"应天理"⑤。此推理过程较为复杂，似乎不应属于朴素的原始信仰。在六七千年前的原始社会是否已经对"天理"四星有所认识尚未可

---

① 叶茂林：《山西吉县柿子滩遗址岩画辨疑》，《考古》1992年第5期，第432页。

② 冯时：《中国天文考古学》，社会科学出版社，2001年，第106～121页。

③ 陆思贤、李迪：《天文考古通论》，紫禁城出版社，2000年，第101～104页。

④ 陈久金、张明昌：《中国天文大发现》，山东画报出版社，2008年，第76～82页。

⑤ 天理指的是斗魁中的四颗星。

知，又是否会将猪的生育期与之相联系，更是值得商榷。

最后，记载这种"北斗—猪神"说法的文献材料十分匮乏，足见其影响力之微弱。然冯、陆所列举的猪母题材遗迹范围从内蒙古到江浙，影响范围广大。在生产力落后的新石器时代氏族社会中，氏族之间更加难以形成如此广泛的文化认同。即便当时有个别原始人能够生发出以猪来比附北斗这种较为复杂的联想，也难以辐射很大的区域。尤其在宗教信仰方面，各氏族部落往往各自拥有本族的崇拜对象和巫术传统。因此，在史前时期出现这种普遍性的"北斗—猪神"信仰显然是不具条件的。

另一件是浙江省余姚县河姆渡遗址第 3 文化层出土的"木槌头"（图 3），冯时认为其首面过大且木柄弯曲，槌击物体时难以用力，从而否定其实用价值，推测应是木制的北斗模型。此推导逻辑恐怕不足以成立。在科技水平低下的原始社会，其所使用的木制工具的形态更多取决于木料的原始形状，设计得不够科学合理也属正常，不足以否定其实用价值。且同层位出土的其他遗物均以实用器为主，此"木槌头"是实用器的可能性相对更大。

此外，表 2 中还列举了山东莒县陵阳河与大朱村等地的大汶口文化遗址陶尊上的刻有圆圈的铲形图案（图 5）[1]；安徽省潜山县薛家岗新石器时代遗址（图 7）[2]、江苏省南京北阴阳营新石器时代遗址[3]、陕西省延安市芦山峁遗址（图 6）[4]、甚至河南二里头遗址[5]中都有出土的带孔石（玉）刀及巩义花地嘴遗址发现的

① 山东省文物考古所等：《莒县大朱家村大汶口文化墓葬》，《考古学报》1991 年第 2 期，第 186 页。

② 安徽省文物工作队：《潜山薛家岗新石器时代遗址》，《考古学报》1982 年第 3 期，第 309～311 页。

③ 南京博物院：《北阴阳营——新石器时代及商周时期遗址发掘报告》，文物出版社，1993 年。

④ 姬乃军：《延安市发现的古代玉器》，《文物》1984 年第 2 期。

⑤ 偃师县文化馆：《二里头遗址出土的铜器和玉器》，《考古》1987 年第 4 期。

新砦期朱砂绘陶瓮①，都被认为与当时的北斗信仰有关。笔者亦难以认同，并在表2中做了简要的解释，此处不再赘言。冯书中还提到，良渚文化玉琮、玉璧和玉钺等礼玉上出现的戴冠骑猪人面神徽，其所表现的是北斗星君太一的形象②。据笔者考证，北斗被神君化当在魏晋之时（详见下文论述）③，新石器时期出现的人物图案不应该是北斗星君。

距今约六千年前的河南濮阳西水坡45号墓，出土有仰韶文化时期以蚌壳堆塑的龙虎等图案（图4），其中蚌塑三角形与两根人胫骨构成铲形图案④，冯时论证是北斗。笔者在考察其他诸家解释之后，对西水坡墓地的整个文化面貌进行了宗教学的分析，赞同北斗星象说当为目前对于西水坡45号墓最为合理的解释，但对冯说中其他一些宗教文化层面的解释不能认同，谨论证如下。

（二）西水坡45号墓之再考量

濮阳西水坡45号墓从1988年简报发表开始，就备受学界关注。其中，仅对其发掘资料的质疑就不在少数。言明认为西水坡45号墓存在有发掘漏洞⑤，孙其刚也认为濮阳蚌塑龙虎墓即45号墓的平面关系是混乱的⑥，墓主周围3具尸体不是所谓的人殉，而是另外三座单独的墓葬。当然，发掘者也对相关问题予以回

---

① 顾问、张松林：《花地嘴遗址所出"新砦期"朱砂绘陶瓮研究》，《中国历史文物》2006年第1期。

② 冯时：《中国天文考古学》，社会科学出版社，2001年，第122~129页。

③ 太一的神君形象应不早于汉代，北斗被神君化当在魏晋之时。详见下文论述。

④ 濮阳市文物管理委员会等：《河南濮阳西水坡遗址发掘简报》，《文物》1988年第3期。有关研究见冯时：《濮阳西水坡45号墓的天文学研究》，《文物》1990年第3期。

⑤ 言明：《关于濮阳西水坡遗址发掘简报及其有关的两篇文章中若干问题的商榷》，《华夏考古》1988年第4期。

⑥ 孙其刚：《对濮阳蚌塑龙虎墓的几点看法》，《中国历史博物馆馆刊》2000年第1期。

应、反驳和澄清①。二十多年来，西水坡 45 号墓的问题一直充满各种争议，至今尚未停息。

据笔者分析，西水坡 45 号墓《简报》② 中报道的遗迹情况真实可信。因为墓中东西北三具人骨与墓主人的位置关系非常对称，显然属人为摆放而成。也就是说，四具人骨当同属一座墓中，而并非如质疑者认为的四座墓葬相互打破的场面。因此，墓葬中人骨和蚌塑的位置关系是能够体现当时濮阳人的思想意图的。

1. 蚌塑当为星象

为了更清晰地反映墓葬的真实情况并展开下文的深入探讨，有必要将发掘报告中对濮阳西水坡 45 号墓（图 4）的相关描述摘录在此：

> 墓内埋葬 4 人。墓主为一壮年男性，身长 1.84 米，仰身直肢葬，头南足北，埋于墓室的正中。另外 3 人年龄较小，分别埋于墓室东、西、北三面小龛内。东部龛内的人骨，头向南，仰身直肢葬，骨架保存得不好，性别未经鉴定。西面龛内的人骨身长 1.15 米，头向西南，仰身直肢葬，两手压于骨盆下，性别为女性，年龄在 12 岁左右。头部有刀砍的痕迹，显然是非正常的死亡者。北面龛内的人骨，身长约 1.65 米，头朝东南，仰身直肢葬，两手压在骨盆下。年龄在 16 岁左右，骨骼粗壮，性别为男性。
>
> 在墓室中部壮年男性骨架的左右两侧，用蚌壳精心摆塑龙虎图案。蚌壳龙图案摆于人骨架的右侧，头朝北，背朝

---

① 丁清贤、赵连生、张相梅：《关于濮阳西水坡蚌壳龙虎陪葬墓及仰韶文化的社会性质——兼答言明提出的几个问题》，《华夏考古》1991 年第 4 期。

② 濮阳市文物管理委员会等：《河南濮阳西水坡遗址发掘简报》，《文物》1988 年第 3 期。

西，身长 1.78、高 0.67 米。龙昂首，曲颈，弓身，长尾，前爪扒，后爪蹬，状似腾飞。虎图案位于人骨架的左侧，头朝北，背朝东，身长 1.39、高 0.63 米。虎头微低，圜目圆睁，张口露齿，虎尾下垂，四肢交递，如行走状，形似下山之猛虎。另外，在虎图案的西部和北部，还分别有两处蚌壳。虎图案西面的蚌壳，比较乱，不规则，没有一定的形状，里面还杂有一些石片，可能是摆塑虎图案后剩余下来的。虎图案北部的蚌壳，形状为三角形，好像是人为摆的。在这堆蚌壳的东面，距墓室中部壮年男性骨架 0.35 米处，还发现两根人的胫骨①。

学界对于西水坡 45 号墓反映的文化面貌，目前较为主流的有两种看法：

神兽说：张光直认为西水坡 45 号墓墓主为古代的巫师，墓地出土的蚌塑龙、虎、鹿（三蹻）等形象是为死去的巫师做脚力的动物助手和伙伴②。

星象说：李学勤于 1988 年最早提出西水坡蚌塑龙虎与天象有关③。1989 年冯时首次将由人胫骨和蚌壳组成的铲形图案辨识为北斗，揭示了濮阳西水坡 45 号墓中蚌塑图案的天文意义，并对此墓葬的相关文化现象进行了深入研究④。

---

① 濮阳市文物管理委员会等：《河南濮阳西水坡遗址发掘简报》，《文物》1988 年第 3 期，第 3 页。

② 张光直：《濮阳三蹻与中国古代美术上的人兽母题》，《文物》1988 年第 11 期。

③ 李学勤：《西水坡"龙虎墓"与四象的起源》，《中国社会科学院研究生院学报》1988 年第 5 期。

④ 见冯时：《中国早期星象图研究》，《自然科学史研究》1989 年第 2 期；《濮阳西水坡 45 号墓的天文学研究》，《文物》1990 年第 3 期；及《中国天文考古学》，社会科学文献出版社，2001 年，第 278～301 页。

西水坡地区出土了多组蚌塑遗迹，均以动物形象出现，唯独45号墓中发现有由人胫骨和蚌壳组成的铲形图案。神兽说显然无法解释这个铲形图案代表的意义，而星象说则能够较为合理地将各个蚌塑内容有机地联系起来，从而系统解释遗迹的丧葬观念。据天文学的推算，公元前四千多年前，北天极附近找不到什么能够充当极星的亮星。北斗的第六星开阳（ξUrsaMajor）和第七星摇光（ηUrsaMajor）距天北极的角距离均约13度（图9）。而到了公元前三千年前，北斗的第六星开阳距天北极仅10度左右的角距离。冯时据此断定此一时期"北斗七星作为一个完整星官，去当年真天极的距离已十分接近，这意味着北斗不仅完全有理由充当过当年的极星，而且也是唯一有资格成为极星的星"[①]。于是，位于天心作为极星的北斗无疑会被人们当作最高的天神加以崇拜。后世文献经常把北斗与北极星并称"斗极"，并当作"太一帝君"祭祀崇拜，盖源于上古时期形成的传统。

2. 墓穴形制

从图4可见，西水坡45号墓的墓葬形制极不规则，被认为是天圆地方的"盖天说"宇宙观的体现。冯时根据《周髀算经》的记载及一系列复杂的计算，证明出南部人面形墓穴部分表现的是"黄图画"中三环[②]中的中衡的上半部，加外衡的下半部组合而成的形状（图10）。进而认为"西水坡45号墓穴设计的春秋分日道之所以异常准确，二分日在当时所具有的授时意义是导致这种结果的主要原因。"[③]

此说法值得商榷。或许仰韶时期的原始人已经注意到了太阳运行轨道的类似变化，但是将这种天文概念表现在墓葬中到底出

① 冯时：《中国天文考古学》，社会科学文献出版社，2001年，第96页。
② 此三环中的内衡、中衡、外衡分别代表夏至、春秋分及冬至的日行轨迹。
③ 冯时：《中国天文考古学》，社会科学文献出版社，2001年，第278～301页。

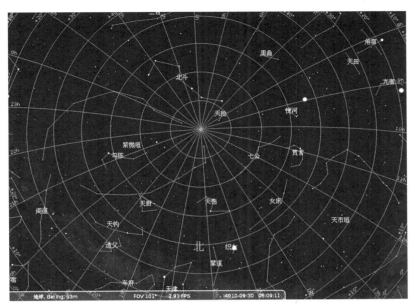

图 9　公元前 4010 年 9 月 30 日 6：09 的天象图

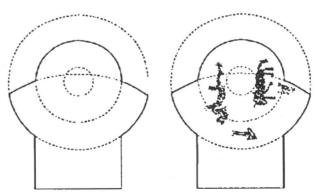

图 10　冯时复原西水坡 45 号墓与盖图的符合情况

（采自冯时：《中国天文考古学》，社会科学文献出版社，2001 年，第 294 页，图 6－
17、6－18）

于何种动机？似乎难以解释。况且还不是完整直观地表达，仅是用"黄图画"中衡的上半部圆弧加外衡的下半部圆弧再加上代表大地的长方形拼合而成的不规则形状。如此复杂、抽象而隐晦的设计，无论从实用性方面还是宗教思想方面考虑，都很难让人相信是出自史前原始人的刻意规划。因此，仅有某些数据的匹配显然不足以证明墓穴是出于盖图的设计。西水坡 45 号墓穴表现出的乃是一种无意的不规则形状，完全可能只是出于周围地形或出土方便的考虑，很难讲有更多深层次的文化内涵。

3. 星图意义

西水坡 45 号墓中龙、虎图案均用蚌壳堆塑，唯独北斗采用人骨加蚌壳组成。冯时认为，人腿骨是代表古人日影测时的"髀"，北斗亦是观象授时的星组，此处的北斗形象完美地体现了这两种计时法的精蕴。但令人不解的是，墓葬设计者刻意在墓葬中体现两种计时法的精蕴到底意义何在？

要解释墓葬中的遗迹现象首先要弄清墓葬的功能意义，以及人们企图通过墓葬达到什么样的目的。只有搞清了墓葬的真正功用，才能够理解墓葬中遗迹现象的意义所在。因为所有的遗迹现象均是为实现这个终极目标所做的努力。

那么，人为什么要发明墓葬，为什么要埋葬自己的同类？

其实，"在远古时代，原始人没有安葬死者的习惯，大约到了晚更新世时期，在欧、亚、非等旧石器时代中、晚期的遗址里，才逐渐发现了埋葬死者的习俗……由此可见，人类社会虽然有 300 万年的发展史，而丧葬的出现只不过是近几万年以前的事情"[①]。英国著名人类学家马林诺夫斯基认为："即在极其原始的民族之间，对于死亡的态度，也比一般人想象的更不知复杂了若干倍，更与我们自己的态度接近了多少倍"，"蛮野人极怕死亡，

────────────────

① 韩国河：《秦汉魏晋丧葬制度研究》，陕西人民出版社，1999 年，第 5、6 页。

这大概是因为人与动物都有根深蒂固的本能的缘故"①。姜生提出，自从人的"自我意识产生后人类将面临另一种永远不能改变的结局：此后人将是有死的，准确地说，对死亡的意识和恐惧也一起进入了人的自我意识，他再也不能指望返回到原初的前意识的那种无知无忧状态"②。所以，"对死亡的恐惧无疑是最普遍最根深蒂固的人类本能之一"③。于是，如何使自己的生命得到延续进而达到生命永恒的理想境界，自然就成为人类最为迫切的愿望。世界上唯独人类有修建墓穴埋葬同类的行为，从宗教学的角度来说，人类丧葬过程的本质其实就是将死者之灵魂转化、发送到彼岸世界的通过仪式。

　　大约在旧石器时代晚期，随着人类自身智力水平的提高和自我意识的觉醒，人们对生命永恒的追求以灵魂观念表现出来：人死只是肉体的死亡，人的灵魂并没有死。所以，灵魂观念的产生是人类认识发展史上一个相当重要的现象，在一定程度上减少了人们对死亡的恐惧：人的肉体虽然死了，但他还以另外一种方式活着，死亡只是由一种生命形态转变成另一种生命形态，改变的也仅是有形的躯体和居所，而且人死之后还可以投胎再次来到人世，所以死并不是生命的结束，而是再生的开始，出生也像死亡一样只是由一种生命形态变成另一种生命形态④。在宗教信仰的"终极关怀"之下，死亡变得不再那么可怕。人们甚至还在死亡以前就为自己死后的生活做着各种准备。人死后，生者为了能让

①　[波兰] 马林诺夫斯基著，李安宅译：《巫术・科学・宗教与神话》，中国民间文艺出版社，1986年，第30、32页。

②　姜生、汤伟侠主编：《中国道教科学技术史・汉魏两晋卷》，科学出版社，2002年，第65页。

③　[德] 恩斯特・卡西尔著，甘阳译：《人论》，上海译文出版社，1992年，第111页。

④　参见 [法] 列维・布留尔著，丁由译：《原始思维》，商务印书馆，1981年，第330页。

死者在死后的世界过得安逸一点，也会为死者在另一个世界的生活做出种种安排。北京山顶洞里发现的随葬品被认为是中国灵魂观念最早的记录，山顶洞下室人骨周围的赤铁矿粉末更被认为是对生命永恒的祈求①。新石器时代的考古材料表明当时的人们已经开始了对死后世界秩序的思考：仰韶文化时期瓮棺上有意凿出的小孔，不少学者认为是留给灵魂的出入口；半坡遗址的瓮棺多埋在住房周围，被认为是便于灵魂与亲人相聚；陕西华县元君庙规整的成排墓葬，史家墓地有序的二次合葬都是对死后世界秩序的安排；半坡遗址、淅川下王岗遗址、陕县庙底沟遗址、大汶口遗址等同一氏族墓葬方向都基本一致，说明同一氏族的人对于灵魂的归宿都有一致的认识，而且墓葬的方向还可能是通向死后世界的路标②。如此种种的努力，目的就是要实现对死者的"终极关怀"，使人们能够坦然面对死亡。

墓葬的本质意义是要实现对死者的"终极关怀"。明白了这一点，我们就容易理解墓葬中各种随葬器物的职能所在。追求生命永恒是人类主体意识觉醒后的终极目标。原始女神崇拜、生殖崇拜、祖先崇拜以及太阳崇拜、月亮崇拜等关注的"都是生命的产生和延续"③，原始北斗崇拜自然也不例外。实际上，在西水坡45号墓中以半骨半蚌的方式来摆塑北斗，其用意或许就是要体现北斗具有沟通人神、往来天地的独特功能，是实现墓主人升入仙界这一"终极关怀"的媒介和载体。

4. 墓主人身份

至于墓主人身份，冯时认为是司天者，死后以模拟的"天"作为陪葬以显示其职业特点。职位是司天者固然可能，但是，

---

① 晁福林：《先秦民俗史》，上海人民出版社，2001年，第230页。
② 晁福林：《先秦民俗史》，上海人民出版社，2001年，第231、232页。
③ 王昆吾：《中国早期艺术与宗教》，东方出版中心，1998年，第62页。

"天"怎么可能成为陪葬品？

　　蒲慕州认为壁画墓（或画像石墓）中的神话、祥瑞等图案内容表现的是死者对死后世界的憧憬，并会最终成为死后真实的世界[①]。诚如是说，西水坡 45 号墓中蚌龙、蚌虎及北斗则不是传统意义上的陪葬品，而是墓主人灵魂升天仪式中对彼岸世界神灵的模拟。

　　在一个新石器时代的原始部落中，由于人们认识水平的局限性，对他们来说，那些悬在夜空中闪烁的群星无疑是最难以理解、最神秘莫测的事物。根据人的早期认知心理学推断，对于难以理解的事物常常会对其进行宗教神学的联想。所以在原始人看来，天上的星辰就是住在天上的神灵，他们拥有强大而神奇的能力。当人类刚刚脱离自然界不久，孤独地面对这个熟悉而又陌生的世界，他们显然不知所措，迫切需要一种超自然力量的指引。而天象就好像是天神对世人发号施令的指示灯，表达着天神的意旨，为世人指引正确的方向。部落中有的人通过长期观察，了解了一些天体运行的规律，并意识到天象和农时之间存在某种联系，于是开始通过天象变化来指导农业生产。逐渐，顺天者昌，逆天者亡的尊天思想产生了。只有了解天意，并顺天行事，才可能得到天神的庇护，获得好的收成或战争的胜利。否则，逆天而行，触怒了天神，必将承受灾难和痛苦。

　　在这种原始观念中，能够解读天象密码的巫觋（司天者）被视为通天之人。他们似乎与天神有着某种特殊关系，甚至可能天神下凡。故而，通天的巫觋多兼任氏族的首领，受到氏族成员的崇敬和拥戴。西水坡 45 号墓墓主不但可能是司天者，亦很可能

---

① 　蒲慕州：《墓葬与生死：中国古代宗教之省思》，联经出版事业公司，1993 年，第 202 页。

就是当地的氏族首领。

　　考古资料表明，"在西水坡，甚至在整个豫北、冀南地区还从来没有发现过有随葬生活用具的（仰韶）墓，也没有发现随葬箭头、刀、矛的墓"[1]。说明至少在仰韶时代，这一地区的氏族部落还没有形成随葬生活用具及兵器的葬制。同时也反映了这一地区的死后世界观应是灵魂升天，而不是永居地下。很可能，他们认为世间的万物都是天上的星辰所化生，死亡之后还会重新回归天上，自然不需要随葬生活用具。只不过，不同身份的人将会回归到天上不同的位置。地位高的人（最接近神的人）自然应该回到最尊贵的极星（北斗）周围。于是在西水坡45号墓中，为了保证墓主人死后能够准确"归位"，事先在地面用蚌壳模拟天象堆塑龙、虎及北斗的图案，随后将墓主人安葬在龙、虎与北斗之间，再通过特有的丧葬仪式将墓主人的灵魂发送到天空中与之对应的位置。

　　5. 殉人实为人祭

　　在一个几乎没有随葬品的墓葬中却以三个十几岁的儿童作为殉葬，这种现象表达了一种怎样的意识形态？冯时认为，墓中殉葬的三子分别代表的是"二分二至神"中的春分、秋分和冬至，但缺少代表夏至的神。

　　所谓人殉指的是用活人为死去的氏族首领、家长或奴隶主殉葬，以便在死后的世界里继续服侍墓主人。被殉葬者多是死者的近亲、近臣、近侍。人殉应该是在生产力有所提高，商品交换和私有制产生之后才出现的一种丧葬制度。考察同为仰韶时期的半坡、大汶口等遗址，多有彩陶器物随葬，但都没有人殉，仅大墩子遗址曾发现有使用殉狗。考察西水坡地区仰韶时期的生产力水

---

① 丁清贤、赵连生、张相梅：《关于濮阳西水坡蚌壳龙虎陪葬墓及仰韶文化的社会性质——兼答言明提出的几个问题》，《华夏考古》1991年第4期，第66页。

平和死后世界观，应该尚未产生人殉的传统。

理论上，人祭观念的出现应该早于人殉。人祭即杀人作祭品来祭祀神灵。在野蛮的生产力低下的原始社会阶段，对待俘虏，通常将妇女娶为妻，儿童或收养或杀害，男子则杀祭于祖先灵前，以告胜利。河南陕县邯郸涧沟曾发现龙山文化杀祭坑，其中有五至十岁儿童骸骨。商代始，杀祭有大量殷墟甲骨文记载，其人数多者每次达三百至五百人，其次百人，以至三十、十或一二人不等。因此，将西水坡45号墓中的三具殉人解释为祭祀神灵的人祭更为合适。

那么，西水坡45号墓中所祭祀的会是什么神灵？

很明显，就是用蚌壳所堆塑成的龙神、虎神和北斗神。伊世同认为："先民基于对大自然的原始崇拜，再加上无拘无束的想象力，不仅使古人崇拜的图腾升天，也会请天上的星宿下凡；巫祝往返，人神不分。这在今天看起来当然是很荒唐的，但古人却是以极为认真态度去对待的，是作为真理去追求或献身的。"[1] 献上祭品的目的就是求神帮助，希望龙神、虎神和北斗神能够下界来接引墓主升天归位，回到天上继续做天神。

6. 仪式猜想

在经过上述一系列分析论证之后，让我们尝试还原那个六千多年前的升天仪式，作为对上文论述的一个总结：

德高望重的老族长去世了，新族长率领全族成员来为老族长送葬。由于老族长生前是通晓天文的巫觋，能够根据天象指导农业生产及决定族内的重大事件。因此被认为是来自上天的神人，深受族人的爱戴和敬仰。西水坡部落的人们相信所有的人死后灵魂都将归到天上，而这位"天神下凡"具有"特异功能"的老族

[1]　伊世同：《北斗祭——对濮阳西水坡45号墓贝塑天文图的再思考》，《中原文物》1996年第2期，第24页。

长死后，则会回到天的中心——北斗所在的中央天区。为了表明族长与其他族人的归宿不同，族人们用蚌壳摆成了龙、虎及北斗的形状，并将族长的遗体摆放在蚌龙、蚌虎与北斗之间，既能够用蚌塑来标明族长死后的归宿，又希望得到龙神、虎神和北斗神的帮助。之后，新族长跳起了巫觋特有的舞蹈，口中含混不清地念诵着通神的咒语，带领族人对着蚌塑的龙、虎及北斗祷告，祈求他们下界来把老族长的灵魂带回到天心仙国。为表诚意，新族长示意将三个俘虏的少男少女作为祭品奉上，杀死在三神的旁边以供其享用。至此，送葬的仪式基本结束。他们相信，通过这一系列的宗教仪式，已经成功将老族长的灵魂发送致天国仙境所在的中央天区。

需要说明的是，虽然笔者在以上文字中对西水坡 45 号墓的种种文化现象进行了宗教学的重新解读，但毕竟只是一种基于原始宗教逻辑而做的理性推测。六千年前真实情况到底如何，今人已无从得知。况且，一种文化现象（尤其是宗教文化）的最终形成，除了具有理性因素之外，亦包含有诸多的非理性因素。也就是说，有些事情虽然看似荒谬，不可理喻，但却又真实存在。这样的事件无论在历史上还是在现如今都比比皆是。因此，我们不能完全依赖理性去解释所有文化现象。巫师是神明的代言人。许多原始巫术中，巫师们为证明自己的巫术行为是受神明所操控而非自己的主观意愿驱使，通常都要在施法前先设法使自己进入一种迷狂的无意识状态。在这种迷狂的状态中，巫师们常常会脱口而出一些稀奇的咒语，甚至信手绘出某种古怪的图形，而实际上这些咒语和图形本身并没有具体意义，也无法用具体的语言和事物来解释。正如卡西尔所总结的："宗教不可能是清晰的和理性的。……宗教是一种荒谬的逻辑，因为只有这样它才能把握这种荒谬，把握这种内在的矛盾，把握人的幻想中的

本质。"① 同样，西水坡45号墓中由人骨和蚌塑组成的铲形图案，
也有可能只是随意搁置而成的效果，其本身或许并没有什么特殊
意义。北斗星象说只不过是综合目前的资料看来较为合理的一种
假说而已。

（三）小结

由于中国文明起源的多元化特点，史前时期的原始宗教信仰
也一定是呈现多元化的形态。史前遗存中这些所谓的北斗遗迹往
往制作粗糙，保存状态也不甚理想，从形象上均难以直观地辨认
出是北斗。或许囿于当时人们的思维水平和表达能力，使得这些
北斗在形象上差强人意，给辨识带来了困难。再者，此时既没有
文献记载，又没有其他有力证据，除西水坡45号墓中的蚌塑北
斗有蚌塑龙虎相佐证之外，其他的遗迹则难以证明表现的是北
斗。当然，从宗教发生学的角度看，在原始氏族社会产生北斗信
仰这种星辰信仰是完全有可能的，至于当时的北斗信仰究竟是何
种面貌，还有待更多更有说服力的资料面世。

二　殷周的北斗信仰

相比史前时期所见的北斗信仰文化遗存，商代的卜辞中保留
有殷人拜祭北斗的记录，证明中国正式出现北斗崇拜的下限应不
晚于商代。而战国早期的曾侯乙墓漆箱上彩绘的北斗天象图，更
是表达了曾侯希望魂归斗极的终极愿望。

（一）商代：卜辞中记录的北斗祭祀

目前所见，能够反映殷商时期的北斗信仰细节方面的资料非
常稀少，主要来源于卜辞里的记载。殷人尚鬼，所祀神灵众多，

---

① ［德］恩斯特·卡西尔著、甘阳译：《人论》，上海译文出版社，1992年。

其中便包括北斗。在殷代卜辞保留有大量殷人"比斗"的记录，如：

> 癸 [卯]，夕，甲辰比斗？
> 己亥卜，夕，庚比斗，征雨？
> 庚子，夕，辛比斗？
> 己酉卜，夕，翌庚比 [斗]？
> [庚] 戌，夕，翌辛 [比] 斗？
> 癸巳卜，夕，[甲] 比斗？
> 庚申卜，夕，[辛比] 斗？①

至于上述"比斗"卜辞中的"𠦝"字，饶宗颐考证后认为应释读为"从"："占星家以义、礼、咸、兵、法五事配五星，以定所从之义。以从岁，从填，从辰等为例，合以字形之作比，明非'比'而应为'从'字，释为从斗更妥"②。温少峰则认为此类卜辞中"比"实为"祉"，为祭名③。笔者更倾向于温少峰的说法。在《说文·示部》载有："祉，以豚祠司命。从示比声。《汉律》曰'祠祉司命'。"可见祉祭是专祭司命神的一种独特祭祀。

如以下卜辞：

> 贞：比（祇祉）日？④

① 郭若愚、曾毅公、李学勤：《殷虚文字缀合》，科学出版社，1955 年，第 361、362、395 页。
② 饶宗颐：《谈〈归藏斗图〉——早期卜辞"从斗"释义与北斗信仰渊源》，沈建华编《饶宗颐新出土文献论证》，上海世纪出版集团、上海古籍出版社，2005 年，第 254 页。
③ 温少峰，袁庭栋：《殷墟卜辞研究——科学技术篇》，四川省社会科学院出版社，1983 年，第 56、57 页。
④ [美] Frank H. Chalfant and Rosewell S. Britton, Seven collections of Inscribed Oracle Bone（甲骨卜辞七集），美国纽约影印本，1938，P102.

比（祂）岳，雨？①

己未卜，贞：王呼口比（祂）河？②

日、岳、河均是自然神祇，皆受祂祭，知祂祭的对象多为自然崇拜物③。故"北斗"之地位与日、岳、河等神祇相当。当然，殷人不可能将北斗及日、岳、河都作为司命之神，彼时的祂祭应该只是一种较高规格的自然神祭祀。

章鸿钊在《殷人祀北斗考》一章中也列举多条与祭斗有关的卜辞，发现很多都以"王受佑"作为结尾，并认为北斗有主"人主休咎与天下安危"的神力④。如"口祖丁斗，囟卯惠牛，王受祐"，"甲午卜，贞，口乙未，王口于武斗，口王受（祐）"等，即为此种宗教观念之反映。

通过以上所列举的卜辞可知，殷商之人已将北斗与日、岳、河等自然神祇共同祭祀，有可能把北斗视作司命之神，受祭规格较高，甚至还被认为有保佑君王的神力。

（二）周代：曾侯乙墓漆箱"斗"字含义

殷人所祀之神祇纷繁庞杂，而周人的祭祀制度则大不相同。据《周礼·春官·宗伯》载："大宗伯之职。掌建邦之天神人鬼地示之礼。以佐王建保邦国。以吉礼事邦国之鬼神示。以禋祀祀昊天上帝。以实柴祀日月星辰。"可见，周人主要的祭祀对象为昊天上帝与日月星辰。

1978 年在湖北省随县擂鼓墩发掘的战国早期（公元前 433 年或稍后）曾侯乙墓，在墓的东室一件漆箱（E66）盖的面上，用

---

① ［美］Frank H. Chalfant and Rosewell S. Britton，The Couling – Chalfant Collection of Inscribed Oracle Bone，（库方二氏藏甲骨卜辞），商务印书馆石印本，1935，p107.

② 胡厚宣：《战后南北所见甲骨录》，来薰阁书店，1951 年，第 109 页。

③ 参见冯时：《中国天文考古学》，社会科学文献出版社，2001 年，第 104 页。

④ 章鸿钊：《中国古历析疑》，科学出版社，1958 年，第 56～58 页。

粗笔书写成的篆文大"斗"字。环绕中心的"斗"字,有一圈二十八宿的古代名称,盖面两端绘有青龙、白虎的图像(图11)①。

此漆箱上的天象图是目前所见最早出现完整的二十八宿的实物遗迹。从该天象图的构图分析,可以判断出:在时人的宇宙观念中,视北斗为天之中枢,栓系二十八宿,其地位至高无上。

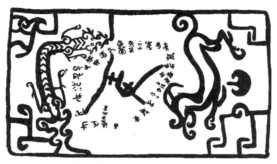

图 11　曾侯乙墓 E66 斗字漆箱盖面图像摹本

(采自王健民等:《曾侯乙墓出土的二十八宿青龙白虎图像》,《文物》1979 年第 7 期,第 41 页,图二)

由于曾侯乙墓中共出土了 5 个类似的漆箱(图12),分别编号为 E61、E66、E67、E45、E39。在 E61 漆箱盖上阴刻有"紫锦之衣"四字,并绘有扶桑树、太阳、鸟、兽、蛇和人持弓射鸟的形象②,盖面当中还绘有蘑菇状的云纹。E67 漆箱,盖面上绘有四兽,四兽之下绘云纹;E45 盖面花纹为几何花瓣纹;E39 从盖面到两端、两侧均绘一些龙在嬉戏③。总之,除 E66 所绘为天象

①　随县擂鼓墩一号墓考古发掘队:《湖北省随县曾侯乙墓发掘简报》,《文物》1979 年第 7 期。

②　随县擂鼓墩一号墓考古发掘队:《湖北省随县曾侯乙墓发掘简报》,《文物》1979 年第 7 期,第 10 页。

③　湖北省博物馆:《曾侯乙墓(上)》,文物出版社,1989 年,第 353 ~ 359 页。

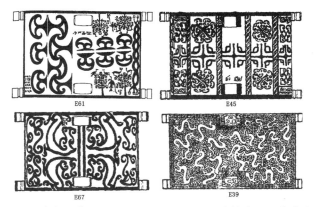

图 12　曾侯乙墓 E61、E67、E45、E39 四漆箱盖面图像摹本

（采自湖北省博物馆：《曾侯乙墓（上）》，文物出版社，1989 年，第 354～358 页）

图，其他四漆箱均以珍禽、瑞兽、神树、仙人或几何图案作为题材。曾侯乙墓内棺上还绘有持戈的"羽人"守卫。而天象、神树、瑞兽、仙人、射手这一系列元素在后世的壁画墓及画像石墓中亦经常出现。蒲慕州提出，墓葬中的图案是满足死者精神生活的随葬品。画中内容表现的是死者对死后世界的憧憬，并会最终成为死后真实的世界①。也就是说，在墓葬中绘制这些天象、神树、瑞兽、仙人（无论是绘在墙壁上还是随葬品上）的葬俗，其实都表现了时人这样的丧葬观念：希望将亡魂所居的墓葬布置成美好的神仙世界。因此，漆箱上图案的主题就应是时人想象中的彼岸世界。而 E66 漆箱上所绘的天象图便是在指明这个彼岸世界的位置——以北斗为中心的天上仙国。

（三）殷周时期的北斗信仰及其所反映的死后世界观

据余英时考证，殷周时代王公等高等级阶层人们的死后信仰

---

① 蒲慕州：《墓葬与生死：中国古代宗教之省思》，联经出版事业公司，1993 年，第 202 页。

是灵魂升天：

> 殷、周时代的死后信仰主要表现在天上有帝廷的观念上。先王、先公死后，他们的灵魂上天，成为上帝的辅佐，这个观念似乎支配了相当长的一段时期。卜辞中常见先王"宾于帝"之文。周初金文《大丰簋》云："衣（殷）祀于王不显考文王，事喜（熹）上帝。文王监在上。"《诗·大雅·文王之什》："文王在上，于昭于天"，"文王陟降，在帝左右"。这个天上的帝廷当然便是天堂，不过只对死去的王公开放而已①。

西周的青铜器铭文中常见有"其严在上"、"其严在帝所"等句，春秋秦公簋亦刻有"十有二公在帝之坏"的铭文，说明在两周时期的确已经产生贵族死后灵魂升天的终极信仰。余英时认为这个天上的帝廷只有先王、先公才有资格上去，而普通百姓的死后归宿则难以了解。

> 至于一般人是不是也有"死而不亡"的个别灵魂，由于资料不足，无法断言，但是以一般初民社会的死后信仰而言，由于部族的首领代表着集体的社会权威，他的个体灵魂往往是被看作不会灭亡的，因为唯有如此，这种集体权威才能一代一代地传续下去，所以历史上可能有一个阶段只有少数部族首领才有不朽的个别灵魂，而一般部族成员则只有集体的不朽②。

① ［美］Jacques Choron："Death and Western Thought"，New York，1983，p. 24. 转引自：余英时：《中国古代死后世界观的演变》，《中国思想传统及其现代变迁》，广西师范大学出版社，2004 年，第 10 页。
② 余英时：《中国思想传统及其现代变迁》，广西师范大学出版社，2004 年，第 10 页。

　　在周代的丧葬遗存中，也可以看到古人为实现升天梦想所做的努力。如长沙陈家大山战国楚墓中出土的《人物龙凤帛画》，画中老妇人上空左龙右凤，所表现的是为龙凤前来接引墓主人升天成仙。同样，长沙子弹库一号楚墓出土的《人物御龙帛画》，其所表现也是如此。汉代以降，升天图案在墓葬中更加普遍，长沙马王堆汉墓中出土的两件 T 形帛画均以人物升天作为主题。其他还有西安理工大学一号西汉墓墓顶上青龙白虎①；洛阳的卜千秋西汉墓顶绘男女墓主升天的情景②；嘉祥武氏祠左石室室顶前坡东段的祠主升仙图③；以及广州西汉南越王墓壁画④、河南永城西汉梁王墓壁画⑤、辽宁大连的营城子汉墓壁画等⑥。

　　灵魂升天，所往何方？先秦文献显示，当于北方。《孔子家语·问礼篇》中记载："坐者南向，死者北首，皆从其初也。"说明周人在埋葬死者时多将头向着北方安置，因为那里是生命的源初之地。又《礼记·檀弓下》中也载有周人在埋葬死者时"葬于北方北首，三代之达礼也，之幽之故也。"幽，阴间也⑦；故，先祖也⑧。将死者的头部置于北方是周人三代相沿革之通行礼仪，目的是送死者到阴间去与自己的先祖团聚。可见，周人认为死后

① 西安市文物保护考古所：《西安理工大学西汉壁画墓发掘简报》，《文物》2006 年第 5 期，第 19、21 页。
② 洛阳博物馆：《洛阳西汉卜千秋壁画墓发掘简报》，《文物》1977 年第 6 期，第 9、10 页。
③ 蒋英炬、杨爱国：《汉代画像石与画像砖》，文物出版社，2001 年，第 63 页。
④ 广州市文物管理委员会：《西汉南越王墓》，文物出版社，1991 年。
⑤ 河南省商丘市文物管理委员会等：《芒砀山西汉梁王墓地》，文物出版社，2001 年。
⑥ ［日］森修：《营城子》，东亚考古学会，1934 年，第二号墓，图版 36。
⑦ 《礼记·乐记》："明则有礼乐，幽则有鬼神，如此则四海之内合敬同爱矣。"
⑧ 故也可特指祭祀、期会等大事。《礼记·玉藻》："君无故不杀牛，大夫无故不杀羊，士无故不杀犬豕。"郑玄注："故谓祭祀之属。"《汉书·礼乐志》："大臣特以簿书不报，期会为故。"颜师古注："故谓大事也。"

世界在北方，在埋葬死者时，将死者的头部朝向北方放置，便可在死后回到最初的生命本源。

据笔者对两周墓葬的统计，西周墓葬墓向的北向性不甚明显，而东周墓葬则明显为"北方北首"的葬式：

西周墓葬：在陕西沣西张家坡和客省庄遗址的 182 座西周墓中，除 6 座墓向不清之外，墓向朝北的仅 38 座，朝东的却有 52 座，朝西的 42 座，朝南的 44 座①，说明在西周文化的核心区丰镐地区，其墓向主体倾向并不明显。

东周墓葬：考察洛阳地区东周墓中带墓道的墓葬，墓道方向多为南向；无墓道的墓葬，墓主头向多为北向。而从残存可辨墓主头向的墓中可以看到，在有墓道的东周墓葬中，墓主人的头向是与墓道方向相反的。因此，洛阳地区东周墓葬中墓主人的头向以北向为主，与"死者北首"之说相符②。

对比东周时期其他地区的墓葬：同属中原地区的郑墓③和虢墓④头向均是以北向为主；关中秦墓头向以西向为主⑤；南方楚墓的墓向方面主要有两大特点：一是由中原而来的楚人（称楚公族）墓葬，头多向着北方和东方；二是江汉地区的土著民族（称蛮族）墓葬，头多向着南方⑥；而山西晋墓在春秋时期是东向墓为主，北向墓为辅⑦，到战国时期便是北向墓居多了⑧，这是由于

① 中国科学院考古研究所：《沣西发掘报告》，文物出版社，1962 年，第 115 页。
② 朱磊：《洛阳地区东周墓葬的相关问题研究》，硕士学位论文，郑州大学，2008 年，第 95 页。
③ 张辛：《郑州地区的周秦研究》，《考古学研究》（二），北京大学出版社，1994 年。
④ 河南省文物考古研究所等：《三门峡虢国墓》，文物出版社，1999 年。
⑤ 叶小燕：《秦墓初探》，《考古》1982 年第 1 期，第 65 页。
⑥ 徐士友：《当阳赵家湖楚墓头向的两点启示》，《江汉考古》1999 年第 2 期。
⑦ 山西省考古研究所：《上马墓地》，文物出版社，1994 年。
⑧ 山西省文物管理委员会：《山西长治分水岭战国墓第二次发掘》，《考古》1964 年第 3 期，第 111～137 页。

"战国时期河南一带的大片区域为韩、魏所占据，韩、魏势力的扩张，使得三晋地区与王畿地区形成了密切的地邻关系，更多地受到了来自王畿地区的文化辐射，从而在墓向上呈现出趋于同化的倾向"①。

统计显示，东周时期流行于中原地区的观念多认为死后世界位于北方，北方的尽头便是北极（或者说是由北斗圈定的北部中央天区）。可以推知，在东周时期，中原地区先民的终极理想是希望死后灵魂北向升天，进入斗极帝廷仙界。而南方楚地之人显然也受到了中原周文化的影响，虽然在墓葬的头向上没有表现出来，但是曾侯乙墓出土的漆箱图案证明，楚地贵族观念中的彼岸世界亦为天心斗极。

（四）北斗亦是王权的象征

目前所见，殷周时期出现北斗信仰元素的遗迹、遗物非常稀少，盖因北斗代表王权，为周天子所垄断，其他等级贵族不得僭越使用。《战国策》载，卫鞅曾游说魏王"先行王服，然后图齐、楚"。魏王听从卫鞅之言，将其宫室、衣服、车旗等都按照天子的规格来配置：

> 故身广公宫，制丹衣，柱建旌九斿，从七星之旗。此天子之位也，而魏王处之。于是齐、楚怒，诸侯奔齐，齐人伐魏，杀其太子，覆其十万之军②。

缪文远在注释中称"七星之旗"为画有朱雀七星的旗，笔者认为其理解有误，此处的七星当为北斗七星。

狭义的"旗"是特指古代画有鸟隼图像的军旗。如《周礼·春官·司常》称："鸟隼为旗……州里建旗。"又《诗·大雅·江

---

① 印群：《黄河中下游地区的东周墓葬制度》，社会科学出版社，2001年，第71页。
② 缪文远、罗永莲、缪伟译注：《战国策》，中华书局，2006年，第171、172页。

汉》："既出我车，既设我旟，匪安匪舒，淮夷来铺。"郑玄笺曰：
"鸟隼曰旟。"根据"旟"字，使许多学者误以为此处的"七星
之旟"上所绘图案一定与鸟有关，故判断其为朱雀七星。但是，
青龙旗、白虎旗、朱雀旗、玄武旗均为当时战争中常用的军旗，
并非只有天子才能使用。而上述引文提到，"七星之旟"乃是天
子仪仗规格中的专用旗帜，自然不会和绘有鸟隼图像的军旗相
同。况且在古代文献中，"七星"往往特指北斗，从未见过用
"七星"来称谓"朱雀"的。

广义的"旟"也可泛指旗帜。如《诗·小雅·出车》载：
"彼旟旐斯，胡不旆旆。"《文选·张衡〈思玄赋〉》："云菲菲兮
绕余输，风眇眇兮震余旟。"吕延济注曰："旟，旗类也。"因此，
此处的"七星之旟"所指应为绘有北斗七星图案的大旗。

此外，在《穆天子传》中，也记载西周时期的周穆王以皇后
之葬法安葬盛姬之葬仪：

> 河济之间共事，韦谷黄城三邦之事辇丧，七萃之士抗即
> 车，曾祝先丧，大匠御棺，日月之旗，七星之文，鼓钟以
> 葬，龙旗以□，鸟以建鼓，兽以建钟，龙以建旗。日丧之先
> 后及哭踊者之间毕有钟旗□百物丧器，并利典之，列于丧
> 行，靡有不备。击鼓以行丧，举旗以劝之，击钟以止哭，弥
> 旗以节之①。

很明显，西周皇后葬仪上要用到的"日月之旗，七星之文"，
显然是绘有日月和北斗图案的大旗。这表明，早在西周时期，北
斗之旗已经是天子、皇后阶级所专享的仪仗规格。战国时期，礼
崩乐坏，僭越成风，曾侯逾制使用北斗图案亦属正常。遗憾的
是，目前尚未发掘过完整的周代天子陵墓（无论是陕西周原的西

---

① 张耘点校：《山海经·穆天子传》，岳麓书社，2006年，第241页。

周王陵还是河南洛阳的东周王陵），难以一窥天子陵墓葬制之规格排场。

到了汉代，这种北斗与王权的对应关系被继承并强化。汉代"天人感应"理论认为，位于天心的北斗与人间的最高统治者之间有着密切而神秘的天人感应。帝王在修建城池、治理国家方面均要取法北斗。汉纬《春秋佐助期》曰："天子法斗，诸侯应宿。"[①] 北斗为天帝之车，"运于中央，临制四乡"[②]。同时也是天帝意旨的指示灯，其斗杓指向及附近发生的天文现象都是帝王的治国准则和行事依据，而诸侯则与二十八宿相感应。

（五）小结

综上所述，殷商时期由于生产力的发展以及文明程度的进步，对北斗祭祀的情况出现了文字性的记载，进一步确定了北斗信仰的产生。殷商之人已将北斗与日、岳、河等自然神祇共同祭祀，甚至还认为其有保佑君王的神力。但是根据考古资料的出土情况看，能够反映北斗文化的遗存十分稀少。或许在殷代，北斗信仰还没有成为影响力巨大的普遍性宗教观念，也或许当时的北斗信仰更多的是表达对生人的庇佑而不是对死者的慰藉。

战国早期的曾侯乙墓 E66 斗字漆箱的星象图上，北斗居中统御群星，青龙、白虎分居左右。图案构成与西水坡 45 号墓中蚌塑龙虎北斗图案构成极为相似，或为西水坡葬俗之继承。表明了在战国初期，曾侯之终极愿望是希望死后能够魂归天上斗极之中，而其余四漆箱图案则反映了斗极之中神仙世界的具体细节。

目前所能看到的商周时期文化遗存中较少地体现了北斗信仰的内容，盖因此时北斗信仰尚处于刚刚萌芽的初级阶段，同时北斗之制为天子专属，是王权之象征，故其他人不得僭越使用。

---

① ［日］安居香山：《中村璋八，纬书集成》，河北人民出版社，1994年，第819页。
② （汉）司马迁：《史记》，中华书局，1975年，第1291页。

三　秦汉的北斗信仰

秦汉时期，由于岁差的原因，北斗逐渐远离北天极，不再充当极星。于是，新的北极星"太一"被确定，作为当时的至上神"天帝"。北斗被视为"太一"天帝之车，虽然宗教地位有些下降，但是其宗教影响力却迅速攀升。作为天帝的御辇，北斗因其标识性强的特点仍经常充当天帝的标志。在此时期大量文献如《淮南子》、《史记》及东汉的纬书中对秦汉时期的北斗信仰都有着较为详细的记载，出土文物中也经常能够见到有关北斗信仰的遗存，为我们了解当时的北斗信仰提供了丰富的资料。

《史记·封禅书》载："及秦并天下，令祠官所常奉天地名山大川鬼神可得而序也。……雍有日、月、参、辰、南北斗、荧惑……百有余庙"①，说明秦时已建有专门的南北斗庙，以供祭祀。据《史记·秦始皇本纪》记载，始皇陵墓顶布置有天象图：

> 始皇初即位，穿治郦山，及并天下，天下徒送诣七十余万人，穿三泉，下铜而致椁，宫观百官奇器珍怪徙臧满之。令匠作机弩矢，有所穿近者辄射之。以水银为百川江河大海，机相灌输，上具天文，下具地理。以人鱼膏为烛，度不灭者久之。

秦始皇陵可说是中国古代墓葬中的一座里程碑式的建筑。墓顶"上具天文"，其中应该包括北斗。虽然秦始皇灭了周天子，统一了中国，自认功盖三皇五帝，不可一世。但是在时人的宗教观念中，其王权是武力夺取而不是上天所赋予，因此不具有神

---

① 《史记》卷二十八《封禅书》，中华书局，1959 年，第 1371、1375 页。

性。再者，其出身没有"天子"血统，死后不能魂归天庭。于是，秦始皇在生前努力寻求长生之法，甚至遣徐福赴东海蓬莱求仙药，企图通过服食仙药达到升天成仙之目的。同时，为使大秦政权得到宗教神学的支持，确保自己的统治地位，必须改变时人的传统观念。于是秦始皇焚书坑儒，改革宗教制度，以重新确立自己的神性以稳固政权。

然而，秦始皇纵然能够压制世间的舆论，却不得不面对死后无法升天成仙的命运。在秦汉思想观念中，无法成仙的亡魂只能永久地住在地下阴暗潮湿的墓葬中，终年不见天日，阴森恐怖，让人难以接受。因此秦始皇试图把墓葬营造成人世的样子。所谓的上具天文，下具地理，以水银模拟江河，用人鱼膏做长明灯，并随葬器具、车马、珍禽、异兽、仆人、兵士……这所有的努力，都是企图将世间一切美好的事物都带入地下。而在墓室顶部营造一个模拟的地下星空，可以给阴暗的墓室带来光明和生机。作为秦代最高权力的拥有者，始皇陵模式代表的是时人观念中最理想化的丧葬理念。

西汉以降，不管是国家祭祀还是宗教祭祀逐渐增多。庙祭大盛时，北斗与"黄灵"、"后土"受到同样的尊崇①。即使在各种杂祀大为缩减、禁止时，对星辰的祭祀仍然被保留下来，足见其重要程度②。可以说，北斗在汉代一直都是立庙祭祀的对象。王莽尤其迷信北斗，认为只要效法北斗便可得天命，合天道，平定内乱，稳固政权。也正是从王莽时期开始，以神学理论附会儒家经典的纬书大量出现③。多篇纬书对北斗神奇能力的大加附会，

----

① 《汉书·郊祀志下》："中央帝黄灵后土及日庙、北辰、北斗、填星、中宿中宫于长安城之未兆。"
② 《汉书·郊祀志下》："本雍旧祀二百三所，唯山川诸星十五所为应礼也。"
③ 相关研究参见贾立霞著《谶书和纬书的产生》，《管子学刊》2003 年第 1 期，第79 页。

并将之与人皇之祖的黄帝联系起来，称黄帝为北斗之精。同时，由于北斗"帝车"之下压着二十八宿之"天尸"鬼宿，民间的方士赋予北斗压鬼镇祟的职能，广泛地应用在死于非命者的厌胜解注葬仪中，以解除注祟，护佑生人。此外，北斗主杀的观念在东汉开始萌芽，纬书中有大量论及，是为魏晋以降北斗注死信仰之滥觞。

目前所见汉代考古资料中，带有北斗文化的遗物、遗迹非常丰富，主要有壁画、画像石、画像砖、带钩、厌胜钱、解注瓶、斗城、式盘等，为我们了解当时的北斗信仰提供了大量的线索。

（一）北斗厌胜信仰

"厌胜"是古时方士所行之通神降鬼、厌劾祈禳巫术，通常以诅咒、画符或使用法物等方式来袚禳邪物、制服恶人、除灾降福、以求吉利①。东汉许慎《说文解字》解释曰："厌，笮也，今人作压。"所以通常又把"厌胜"称作"压胜"。《史记·高祖本纪》载："秦始皇帝常曰'东南有天子气'，于是因东游以厌之。"

利用北斗"厌胜"在古代文献中最早见于《汉书·王莽传》："莽亲之南郊，铸作威斗。威斗者，以五石铜为之，若北斗，长二尺五寸，欲以厌胜众兵。"可见，在王莽的观念中，北斗具备厌胜禳灾的神奇能力。除了传说中的威斗，用于厌胜的法器如厌胜钱②、七星剑、解注瓶（如图13）等，其上大多亦可见"北斗"符号（表3）。

---

① 蔡运章等：《洛阳钱币发现与研究》，中华书局，1998年，第384页。

② "目前出土的年代最早的厌胜钱为西汉中期至王莽时期……其中，以钱文和仕途吉语较为常见；在纹饰方面，有北斗七星、南斗六星、博局纹等厌禳纹饰，以及寿钩纹、鱼纹等吉祥纹饰，厌禳纹饰中以北斗七星为主，吉祥纹饰则以寿钩纹较为常见"。参见周克林：《厌胜钱初论》，硕士学位论文，四川大学，2002年，第78页。

表3　　　　　　　　　　汉代北斗厌胜器图案统计表

类别	时间	遗存	图像	描述
解注瓶	东汉	咸阳市渭城区窑店陶瓶		陶瓶右部上面有一幅北斗七星图，星间有连线，斗魁内有三颗星，连成等腰三角形，斗柄下有四颗星，连成菱形。此图之下右侧有六颗星，两两相连，相互平行。
		长安县三里村朱书陶瓶		上绘北斗七星，魁内书写"北斗君"三字，图下朱书四行文字："主乳死咎鬼，主白死咎鬼，主币死咎鬼，主星死咎鬼。"
	东汉晚期	南里王村东汉墓解注瓶		器腹有朱书文字七行："游光、地柱、南组、北斗、三稆、七星，主别解张氏后死者白伍重复。口叏持鈆人、人参、雄黄，解住襄草别▨，以代生人之名。急如律令！"文后画两行大神符。
		宝鸡市铲车厂汉墓M1：21		解注文内容："黄神北斗主为葬者阿丘镇解诸咎殃，葬犯墓神墓伯，行利不便，今日移别，殃害需除。死者阿丘等，无责妻子、子孙、侄弟、宾昏（婚），因累大神。如律令！"

类别	时间	遗存	图像	描述
解注瓶	汉晚期	河南三门峡南交口东汉墓M17		河南三门峡南交口东汉墓出土5个按东、西、南、北、中五行方位埋置的镇墓陶瓶。这五个陶瓶内装曾青、丹砂、雄黄、礜石、慈石五种矿石，瓶身有朱书陶文。每个朱书陶文二字分别写有东方、南方、中央、西方、北方字样，自右向左竖行隶书，且文字前都绘有北斗七星图案，斗身在上，勺口明外，七星之间有线相连。
厌胜钱	新莽	厌胜钱		正面铸有："大泉五十"，背面铸有北斗、鬼宿等星象图案

在汉代墓葬中，经常能够见到使用书有镇墓文字及神符的解注瓶作为随葬品。张勋燎统计说："自清末20世纪初年以来，在北方地区的东汉明帝以至魏晋墓葬中，发现大量带有朱、墨书写镇墓文字的陶罐、砖券、铅券之类的器物，有的上面还带有神符，很早以来就有人指出它们和早期的道教、巫术有关。"[1] 这种书有镇墓文字及神符的陶罐考古学界称为"解注瓶"，也叫"镇墓瓶"或"斗瓶"。其腹壁上的镇墓符文多绘有北斗图案，并书

---

① 张勋燎、白彬：《中国道教考古》第一册，线装书局，2006年，第1页。

有"北斗"、"八魁九坎"、"黄神北斗"、"北斗君"等字样，用以驱逐鬼祟，护佑生人①。

　　至于汉人在厌胜器上绘制北斗的原因，据笔者考察，从星空中作为"帝车"的"北斗"与二十八宿中被称为"天尸"星的"鬼宿"二者的位置关系来看，恰如"鬼宿"被压在北斗"帝车"之下。或许由于这一独特的天文现象，加之中国古代"天人感应"的神学理论，使笃信"鬼神"的华夏先民认为北斗有压镇鬼祟的能力，并将北斗符号广泛使用在古代凶死者的墓葬中以厌胜亡魂，驱邪镇墓。关于此问题，笔者将在下篇专题部分之《北斗、鬼宿与厌胜》中详细论述。

图 13　咸阳窑店陶瓶

（采自《文物》2004 年第 2 期封底）

---

① 张勋燎、白彬：《中国道教考古》第一册，线装书局，2006 年，第6页。

（二）北斗与天帝信仰

从图13中还可以看到，在陶瓶左侧有由三星组合而成的等腰三角形星座，并注有"天心星"三字。报告中认为似为心宿，笔者不同意此观点。心宿为东宫苍龙七宿之第五宿，位置并不在天之中心，何以称为"天心星"？《晋书·天文志》曰："心三星，天王正位也。中星曰明堂，天子位，为大辰，主天下之赏罚。"很显然，在中国古代占星学体系中，心宿的职能"主天下之赏罚"，与丧葬无关。心宿顶部最大的那颗主星，古代称作"大火"、"大辰"，而"天心星"之称于文献无证。

在窑店陶瓶的北斗魁内也有一个形状相同的三星组合。笔者大胆推测，外侧三星或为魁内的三星的图文注释。即：魁内的三星组合中，中央主星为"天心星"，左右两辅星分别为"左贼史"和"右贼史"。窑店朱书瓶将四星绘以杓下，三星绘于魁内，与文献记载的魁中"天理"四星、杓南"三公"三星相出入，画符者恐人误会，特加图示注明魁内三星为天心星及其二辅星。

顾名思义，所谓"天心星"，所指应是位于天心的"北极星"。又根据其形状判断，当为"天一"三星。《史记·天官书》载："中宫天极星，其一明者，太一常居也……前列直斗口三星，随北端兑，若见若不，曰阴德，或曰天一……"这个资料说明：第一，汉时的天极星是由多颗星组成的，太一只是天极星"其一明者"。第二，天一三星也位于中宫紫微垣内。陶瓶上的三星组合符合文献对"天一"的描述。

在《史记·天官书》的记载中，天一和太一似乎分指两组星宿。但在其他古代文献中，二者却都可指代天帝极星。唐人司马贞在《史记索隐》中引宋均曰："天一、太一，北极神之别名。"隋代星经《步天歌》曰："左右四星是四辅，天一太一当门户。"唐《开元占经》引《石氏》："天一太一承主神。"可见，古人经常是将天一和太一并指极星，并无必要刻意区分。甚至把太一与

天一合在一起，称之为"太一锋"。见
《史记·孝武本纪》："其秋，为伐南越，
告祷太一，以牡荆画幡日、月、北斗登
龙，以象天一三星，为太一锋，名曰灵
旗，为兵祷。则太史奉以指所伐国。"
按裴骃《史记集解》："徐广曰：《天官
书》曰天极星明者，泰一常居也，斗口
三星曰天一。案晋灼曰，画一星在后，
三星在前为太一锋也。"陕西户县曹氏
符上（图67）就有天一星在前、太一
星在后的太一锋图案①，并书"大天一，
主逐敦恶鬼，以节"。可见天一、太一
均可指代"天心"极星，并且天一"主
逐敦恶鬼"，亦有驱邪厌胜之功用。

　　对比分析窑店陶瓶（图63）、三里
村陶瓶（图64）、武氏祠汉画（图65），
及江苏高邮邵家沟发现的"天帝煞鬼"
符箓木片（图14）②，发现其图像内容
较为类似，主题均应为：天帝乘斗，厌
胜鬼祟。各自斗魁内的"天一"、"北斗
君"、"天帝"、"符君"③ 所指代也应是
相同。也就是说，窑店陶瓶所绘"天心
星"应指天极星，其所代表乃是天帝

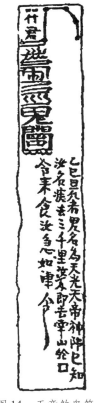

图14　天帝煞鬼符片
（采自《江苏高邮邵家沟汉
代遗址的清理》，《考古》
1960 年第 10 期，第 21 页）

① 　王育成：《东汉道符释例》，《考古学报》，1991 年，第 1 期。
② 　江苏省文物管理委员会：《江苏高邮邵家沟汉代遗址的清理》，《考古》1960 年第
　　10 期，第 21 页。
③ 　据陆锡兴考证，此处"符君"之"符"字实为"北斗"二字。见陆锡兴：《"黄
　　君法行"朱字刻铭砖的探索》，《考古》2002 年第 4 期，第 87 页。

（天心星）乘北斗（帝车）前来压镇鬼祟（鬼宿）。

"天心星"两边的两星分别为"左贼史"和"右贼史"，此处的"贼史"应为"贼吏"，意为——酷吏。《史记·汲郑列传》："（张汤）好兴事，舞文法，内怀诈以御主心，外挟贼吏以为威重。"天帝（天心星）出行，旁有两酷吏（贼史）伴驾左右，以示威重。

需要强调的是，能够代表天极帝星的不仅是"天一"和"太一"，北斗也常用来指代极星。

因为在中国古代文献记载中，天一、太一、北辰、北极星这些星辰概念与天帝之间的关系比较含混，似可互代，而北斗有时也可指代天极帝星，常与极星（太一）并称"斗极"。饶宗颐考证："秦汉以来'太一'之义屡有变迁"，"天体之太一天极指北斗"①。李零也曾认为马王堆《辟兵图》中的"太一"是代表北斗，并解释说太一和北斗可以互代②。足见太一与北斗的关系确实不容易厘清。

笔者分析，造成这种文献观点混乱局面的原因是：在古代之中国，解读天象乃是通天的手段，是被严令禁止的行为③。古代帝王宣称"君权神授"，为了保持自身独有的神性，禁止其他人观测天象，掌握天学，其用意乃是垄断通天的手段。于是乎，在普通百姓的观念中，或许认为位于中宫紫微垣中的星辰均代表天帝，尤其是作为帝车的北斗更是成了"太一天帝"的符号。解注文中经常出现的"北辰"、"北斗君"、"黄神北斗"、"天帝使者"、"天帝"等，其图像表达亦多为北斗。有关北斗与天帝信仰的详细论述，见本文下篇《北斗、至上神与王权》。

（三）魂归斗极——北斗主杀信仰

根据上文分析，先秦时期或许已经出现魂归北斗的终极愿

---

① 饶宗颐：《老子想尔注校证》，上海古籍出版社，第 154 页。

② 李零：《中国方术考（修订本）》，东方出版社，2001 年，第 80 页。

③ 江晓原：《天学真原》，辽宁教育出版社，1995 年，第 106 页。

望。而到汉代，则已经产生了成熟的北斗主杀伐的宗教观念。根据西汉刘安所编《淮南子·天文训》的记载，当时已经通过北斗的天象情况判断万物的阴阳消长：

> 日冬至则斗北中绳，阴气极，阳气萌，故曰冬至为德。日夏至则斗南中绳，阳气极，阴气萌，故曰夏至为刑，阴气极则北至北极，下至黄泉，故不可以凿地穿井。万物闭藏，蛰虫首穴，故曰德在室。阳气极则南至南极，上至朱天，故不可以夷丘上屋。万物蕃息，五谷兆长，故曰德在野。

古代阴阳观念中认为宇宙万物之化生皆由阴阳二气相交合所致，二气此消彼长引发一切运动变化。冬至时北斗北指子辰部位，与子午经线相合，这时阴气达到极限，阳气开始萌动，所以说冬至是给万物带来阳德的节气。夏至时北斗南指午辰部位，与子午经线相合，这时阳气达到极限，阴气开始萌动，所以说夏至是给万物带来刑杀的节气。汉人相信北斗的斗杓在不同节候的指向能够指示出世间阴气与阳气变化的状态，从而决定世间万物的兴衰生死。

需要强调的是，此处《淮南子》的本意是北斗可以表现阴阳变化，从而判断世间万物的兴衰生死。属于哲学性的探讨，非是北斗主杀宗教信仰的体现。

《淮南子·本经训》亦载："取焉而不损，酌焉而不竭，莫知其所由出，是谓瑶光。瑶光者，资粮万物者也，振困穷，补不足，则名生，兴利除害，伐乱禁暴，则功成。"东汉高诱注曰："瑶光谓北斗第七星也。居中而运，历指十二辰，槌起阴阳以生杀万物也"[1]。根据这则材料，有学者认为西汉时已经出现了北斗

---

[1]　［汉］刘安编、刘文典集解：《淮南鸿烈集解》，中华书局，1989 年，第 204 页。

主杀的观念。

结合上下文判断,《淮南子》此处的瑶光当与北斗无关。在西汉时期还没有使用"瑶光"来命名北斗第七星的记载。北斗七星之名最完整的记载,始见于东汉纬书《春秋运斗枢》所记:"第一天枢,第二旋,第三玑,第四权,第五衡,第六开阳,第七摇光。第一至第四为魁,第五至第七为标,合而为斗。"显然,生活在东汉的高诱是根据自己所处时代的文化背景来理解《淮南子》中的字句。这也充分说明,东汉时已经开始产生北斗"槌起阴阳以生杀万物"的思想。

东汉文献《西京杂记》中记载了这样的习俗:"戚夫人侍儿贾佩兰,后出为扶风人段儒妻,说在宫内时……八月四日,出雕房北户,竹下围棋,胜者终年有福,负者终年疾病,取丝缕就北辰星求长命乃免"[1]。说明东汉时期人们认为北辰[2]司掌世人的福禄寿数,因此祈求北辰可以免疾延寿。据考出于东汉的道书《老子中经》[3]曰:"璇玑者,北斗君也,天之侯王也。主制万二千神,持人命籍。"这一观念为后世所传承,人们祠北斗以求长生。在汉代的死后世界观中,如果灵魂能够归于北斗,便可被还于司命,从而获得重生的机会。据《后汉书·赵壹传》中记载:

> 昔原大夫赎桑下绝气,传称其仁;秦越人还虢太子结脉,世着其神。设曩之二人不遭仁遇神,则结绝之气竭矣。然而精脯出乎车軨,针石运乎手爪。今所赖者,非直车軨

① 〔汉〕刘歆:《西京杂记校注》,上海古籍出版社,1991年,第138页。
② 此处北辰亦指北斗。
③ 〔法〕Kristofer Schipper and Franciscus Verellen, eds. "The Taoist Canon: a historical Companion to the Daozang"(道藏通考). Chicago & London: The University of Chicago Press. 2004, p. 92.

之糟脯，手爪之针石也。乃收之于斗极，还之于司命，使干皮复含血，枯骨复被肉，允所谓遭仁遇神，真所宜传而着之。

从这段文字可以看出，所谓"收之于斗极，还之于司命"的结果是"使干皮复含血，枯骨复被肉"，从而脱胎换骨，起死回生，有"遭仁遇神"之妙也。汉纬《河图帝览嬉》载："斗七星，富贵之官也。其傍二星主爵禄，其中一星主夭寿"；东汉道书《周易参同契》在阐扬金丹大道，批判各家方术之时，曾笑话当时的学道之士，日夜朝斗，祈求长生而不得的情况。从一个侧面反映了东汉之时拜斗之风盛行。

《后汉书·天文志》明确记载："北斗主杀""北斗魁主杀。"按《太平经》的解释："故（北斗）后六为破，天斗所破乃死，故魁主死亡，乃至危也。故帝王气起少阳，太阳常守斗建。死亡气乃起于少阴，太阴常守斗魁"[1]。据笔者论证，斗魁的"魁"字意在表现斗在鬼（宿）上的位置关系。由于北斗压在鬼宿之上，因此北斗君掌管世间之厉鬼，进而演绎成北斗主杀的观念。

在棺盖板上布置北斗的现象主要见于江苏地区，是为这种魂归斗极思想之反映。1985年在江苏省仪征县龙河乡丁冲村南烟袋山顶部出土了一座规格较高的西汉中期夫妇合葬墓，其中女棺盖内侧用鎏金小铜泡布置出北斗七星（图15），发掘报告称：

> （男女）两棺结构相同，用整段楠木刳成，两端嵌入头档和足档。棺长220、宽56、高86、壁厚10厘米。两棺均外髹黑漆内髹朱漆，至今光泽如新。从出土情况分析，西侧

---

[1] 王明：《太平经合校》，中华书局，1979年，第304页。

棺葬一女性，东侧棺内为男性。女棺盖内侧用鎏金小铜泡布置出北斗星象图①。

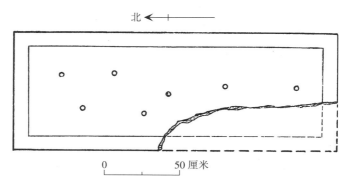

图 15　江苏仪征烟袋山西汉中期墓女棺盖内侧
用鎏金小铜泡布置出的北斗七星
（采自《江苏仪征烟袋山汉墓》，《考古学报》1987 年第 4 期，第 478 页）

另一件北斗木刻出现在江苏省盱眙县东阳一座西汉中晚期的汉墓（M01）中。M01 出土了一批汉代木刻画。其中两块纵向闲置在棺盖上，当作"顶板"，迎面刻有星象图，内面刻简化的穿壁图。其中一块似有北斗（图 16）。

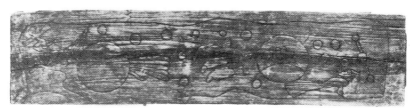

图 16　盱眙东阳汉墓木刻星象图
（采自《江苏盱眙东阳汉墓》，《考古》1979 年第 5 期，图版叁）

──────────

① 南京博物院：《江苏仪征烟袋山汉墓》，《考古学报》1987 年第 4 期，第 477 页。

（图案）左方圆日与金乌，金乌的头尾刻在圆日的两边，周围分布九个较小的圆日，上方刻一人捷奔的形象，推测属于古代传说中的"羿射九日"。右方有圆月，月中刻蟾蜍、白兔（线条已模糊不清）和半弧形线条，下刻一人，将此画面与左方画面连贯起来分析，大约就是传说中嫦娥所奔的月宫。圆月后面分布七颗星辰、其小三颗连成直线，另有四颗斜角排列，两者或许象征"牛郎"与"织女"？日月之间刻三条鱼（？）形东西。此板长 1.88、宽 45.3、厚 3.5 厘米①。

经笔者观察后发现，其画面整体布局与甘肃酒泉孙家石滩魏晋墓棺盖板星象图（图 35）非常相似。根据其位置和形状判断，位于日月中间的九个较小的圆圈呈北斗形分布，其所表现应是北斗九星（详见下文《道教的北斗九星说》）。

江苏地区西汉中晚期似有在棺盖上布置北斗的葬俗。虽然出现的北斗各星之间仍然没有用线连接，但已经较为易于辨识。并且都位于棺盖的中央区域，地位显要，应是北斗主杀信仰观念的体现。前文所引《穆天子传》曾提到周天子以皇后之葬法安葬盛姬，葬仪上会使用到"日月之旗，七星之文"，其描述似乎与盱眙东阳汉墓棺盖顶板上的日月北斗十分类似，可见当属同一葬俗的传承（至少是皇后之葬法制度），至于天子墓中是否也有类似的北斗制度，由于缺乏相关资料，尚不得而知。

烟袋山汉墓规模较大，拥有"正藏"和"外藏椁"的设施，且随葬器物丰富。简报作者认为墓主当与江都国和广陵国皇族有关。由于北斗仅出现在女棺盖内侧，或为"中土神州"之象征。笔者推测女墓主很可能是大汉公主或贵族，希望死后能够魂归斗极与祖先团聚。男棺之内没有北斗，墓主或为江都国或广陵国的

---

① 南京博物院：《江苏盱眙东阳汉墓》，《考古》1979 年第 5 期，第 415 页。

诸侯王，不存在此类北斗信仰。盱眙东阳汉墓中的天象图体现出了类似的北斗信仰，希望在棺盖顶上绘出北斗，从而指引自己灵魂升天的路径。

（四）星占与分野

在汉代占星学中，北斗是最为重要的标准星。西汉学者褚少孙在《史记·龟策列传》中补编了博士平通过观察天象为宋元王解梦的故事：

> 宋元王二年，江使神龟使于河，至于泉阳，渔者豫且举网得而囚之。置之笼中。夜半，龟来见梦于宋元王曰："我为江使于河，而幕网当吾路。泉阳豫且得我，我不能去。身在患中，莫可告语。王有德义，故来告诉。"元王惕然而悟。乃召博士平而问之曰："今寡人梦见一丈夫，延颈而长头，衣玄绣之衣而乘辎车，来见梦于寡人曰：'我为江使于河，而幕网当吾路。泉阳豫且得我，我不能去。身在患中，莫可告语。王有德义，故来告诉。'是何物也?"平乃援式而起，仰天而视月之光，观斗所指，定日处乡。规矩为辅，副以权衡。四维已定，八卦相望。视其吉凶，介虫先见。乃对元王曰："今昔壬子，宿在牵牛。河水大会，鬼神相谋。汉正南北，江河固期，南风新至，江使先来。白云壅汉，万物尽留。斗柄指日，使者当囚。玄服而乘辎车，其名为龟。王急使人问而求之。"王曰："善。"

博士平"仰天而视月之光，观斗所指，定日处乡"，说明日、月、北斗是星占中最为重要的天象。接下来又根据"斗柄指日"判断出"使者当囚"，足见斗柄的指向尤为关键。

在正史中保留有大量星象记录，由于北斗主杀，与北斗有关的天象往往与诛伐有关。又因北斗与帝王统治有莫大的关联，故而北斗七星的明暗程度也可反映帝王的功过得失。甚至在有关占书中，通过北斗七星的明暗程度还能判断朝廷用人是否恰当。《荆州占》载："北斗第一星不明，御史大大非其人也；第二星不明，大司农非其人也；第三星不明，少府非其人也；第四星不明，光禄非其人也；第五星不明，鸿胪非其人也；第六星不明，廷尉非其人也；第七星不明，执金吾非其人也。"

目前出土文物中所见到的占星用的仪器主要为式盘（亦称栻盘），是中国古代一种模仿宇宙结构进行占卜的仪器，多由天盘和地盘两部分组成，天盘中心处往往绘制北斗，足见其地位举足轻重。

式盘的种类很多，如六壬式、太乙式、遁甲式、雷公式等等，其占卜的原理和方法也多有不同。占星家往往根据实时天象，操作天盘与地盘模拟宇宙的运行，并通过天盘上北斗方位与地盘上干支对应关系，以阴阳五行结合天文历算，对人间诸事的吉凶祸福做出预测。据《汉书·王莽传》的记载，王莽极其迷信占星，以至于在汉兵攻入宫中之时，仍命天文郎在旁以式盘占星，坚信只要调整自己的坐席方向与斗柄一致，便可逢凶化吉，遇难成祥[1]。

据统计，目前出土的古代式盘共有 8 件。除一件铜式为六朝晚期之外（现藏上海博物馆），其余七件均为汉代遗物。由于式盘中附带的信息量比较丰富，因此在学界倍受关注。

王振铎[2]、严敦杰[3]、陈梦家[4]、李约瑟（Joseph Needham）[5]、

---

① 《汉书·王莽传》，中华书局，1962 年，第 4190 页。

② 王振铎：《司南、指南针与罗经盘》，《中国考古学报》1984 年第 3 册。

③ 严敦杰有三篇研究式盘的论文，分别为《跋六壬式盘》，《文物参考资料》1958 年第 7 期；《关于西汉初期的式盘和占盘》，《考古》1978 年第 5 期；《式盘综述》，《考古学报》1985 年第 4 期。

④ 陈梦家：《汉简年历表叙》，《考古学报》1965 年第 2 期。

⑤ ［英］李约瑟编著，韩北忠译：《中国科学技术史》，上海古籍出版社，1990 年。

殷涤非①、夏德安（Donald J. Harper）②、鲁惟一（Michael Loewe）③、山田庆儿④、库伦（Christopher Cullen）⑤、罗福颐⑥、连劭名⑦、李学勤⑧、李零⑨等许多中外学者都曾撰文探讨式盘的有关问题。其中，以美国学者夏德安（Donald J. Harper）最为重视北斗的作用。夏德安认为式（cosmic board）是一种机械的宇宙模型，其核心概念是北斗。北斗居于天盘中心，按顺时针方向旋转，指示天时所行的宿度。并指出一些未定名器（Dipper dial），其天盘所刻北斗，斗柄与斗口几乎成一直线，但柄端指角宿，仍与式盘大体相同，可推测为式盘的前身⑩。

1977 年出土于安徽阜阳双古堆的西汉初年汝阴侯夏侯灶墓，墓中出土了三件漆盘，两件上都刻有北斗。其中的六壬式盘中的北斗（图17），七星间用线连接，为迄今发现最早的带有连线的北斗形象。

六壬式盘：上为小圆盘，直径 9.5、厚 0.15 厘米。圆心有小孔，孔上安一铜泡钉，与下面的方盘相通。而刻北斗七星星座。边缘分三层刻划：外层按逆时针方向刻二十八宿；中层刻二十八个圆点于各宿的顶上，里层刻十二月次。

① 殷涤非：《西汉汝阴侯墓出土的占盘和天文仪器》，《考古》1978 年第 5 期。

② ［美］Donald J. Harper，"The Han Cosmic Board"，Early China，no 4（1978 – 1979）.

③ ［英］Michael Loeve："Ways To Paradise—The Chinese Quest For Immortality"，SMC PUBLISHING INC. 1994.

④ ［日］山田庆儿：《九宫八风说と少师派の立场》，《东方学报》第 52 册，1980 年。

⑤ ［英］Christopher Cullen："Some Further Point on SHIH"，Early China，6（1980 – 1981）.

⑥ 罗福颐：《汉栻盘小考》，《古文字研究》11 辑，中华书局，1985 年。

⑦ 连劭名：《式盘中的四门与八卦》，《文物》1987 年第 9 期。

⑧ 李学勤：《再论帛书十二神》，《湖南考古辑刊》第四集，岳麓书社，1987 年。

⑨ 李零：《中国方术考（修订本）》，东方出版社，2001 年。

⑩ ［美］Donald J. Harper，"The Han Cosmic Board"，Early China，no 4（1978 – 1979）.

表4　　　　　　　　　汉代式盘统计表

地域	时间	遗存	图像	描述
安徽省阜阳市	西汉初年	阜阳双古堆汝阴侯墓二十八宿圆盘		上盘直径23.6、边厚0.4厘米，下盘直径25.6、边厚0.5厘米，两盘中心有圆孔相通。上盘面刻六颗圆点，与盘心孔正好连成北斗星座图像。下盘刻二十八宿星名及其距度，宿名和上盘小圆孔正相接。
		汝阴侯墓六壬式盘		上为小圆盘，直径9.5、厚0.15厘米。圆心有小孔，孔上安一铜泡钉，与下面的方盘相通。而刻北斗七星星座。边缘分三层刻划：外层按逆时针方向刻二十八宿；中层刻二十八个圆点于各宿的顶上，里层刻十二月次。
山西省吕梁市	西汉晚期	离石象牙七星占盘		象牙七星盘仅存上盘，盘表面直径6.2厘米，底面直径6.0厘米。中央部分刻有北斗七星。周边所刻三圈文字中，内圈已有十二神将名，中圈为十天干与十二地支，外圈则刻二十八宿。现藏故宫博物院。

地域	时间	遗存	图像	描述
甘肃省武威市	新莽	武威磨咀子漆木式盘		62号墓出土，原物置男尸背部，文字面朝上。木胎髹漆，深褐色。天盘圆形，径5.9~6、边厚0.2、中心厚1厘米。地盘正方形，四角稍圆，宽9厘米，中心有穿孔，与天盘的中心竹轴相连接。天盘可以转动，刻同心圆两圈，中心圈内用竹珠镶出北斗七星，其第五星是利用盘轴，各星之间刻细线相连。第二层隶书阴刻十二月神。
朝鲜平壤南部	新莽或东汉早期	乐浪遗址石岩里M201出土漆木式盘		仅存天盘残片，直径9.4厘米。
	东汉早期	乐浪遗址王盱墓出土漆木式盘		天、地盘均残破不堪。天盘直径13.5、厚0.5厘米，地盘每边长20.5、厚约0.5厘米。
不详	东汉	濮瓜农旧藏铜式盘		仅存地盘，每边长14.3、厚0.6厘米。

下盘为正方形，边长 13.5、厚 1.3 厘米，中间放小圆盘处稍突起。方盘边至圆盘间刻两道方框线，框内外有三层文字：外层是二十八宿，每边七宿；中层十二地支（子、丑、寅、卯、辰、巳、午、未、申、酉、戌、亥），每边三个；内层是天干（甲、乙、丙、丁、庚、辛、壬、癸），每边两个，而把戊己刻在四角。在内层的四角分别刻"天扊己"、"土斗戊"、"人日己"、"鬼月戊"。天干地支的顶上都刻有一个圆点。背部素面无文字①。

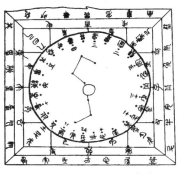

图 17　汝阴侯墓六壬式盘

（采自《西汉汝阴侯墓出土的占盘和天文仪器》，《考古》1978 年第 5 期，第 340 页）

另有一件二十八宿圆盘（图 18），也应为星占仪器：

二十八宿圆盘：上盘直径 23.6、边厚 0.4 厘米，下盘直径 25.6、边厚 0.5 厘米，两盘中心有圆孔相通。上盘面刻六颗圆点，与盘心孔正好连成北斗星座图像。过圆心划有一轻痕十字线，边缘密排一周小圆孔，孔如谷米大，不透穿。因

① 安徽省文物工作队等：《阜阳双古堆西汉汝阴侯墓发掘简报》，《文物》1978 年第 8 期，第 16 页。

边缘稍破，小圆孔总数经推算为三百六十五个。下盘刻二十
八宿星名及其距度，宿名和上盘小圆孔正相接。二十八宿的
刻划是依逆时针方向不等距排列，其顺序为：角十（?）、亢十
一、氐十（?）、房七、心十一、尾九、箕十、斗二十二、牵牛
九、婺女十、虚十四、危六、营室二十、东壁十五、奎十四、
娄十五、胃十一、昴十五、毕十五、觜六、参九、东井二十六、
舆鬼五、柳十八、七星十二、张（?）、翼（?）、轸（?）①。

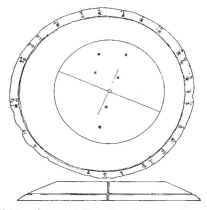

图 18　阜阳双古堆汝阴侯墓二十八宿圆盘

（采自《西汉汝阴侯墓出土的占盘和天文仪器》，《考古》1978 年第 5 期，第 342 页）

　　故宫博物院现藏一枚象牙七星式盘（于省吾旧藏，图 19）。
仅存天盘，据传出土于山西离石。盘表面直径 6.2 厘米，底面直
径 6.0 厘米。中央部分刻有北斗七星。周边所刻三圈文字中，内
圈已有十二神将名，中圈为十天干与十二地支，外圈则刻二十
八宿②。

①　安徽省文物工作队等：《阜阳双古堆西汉汝阴侯墓发掘简报》，《文物》1978 年第
8 期，第 15 页。
②　潘鼐：《中国古天文图录》，上海科技教育出版社，2009 年，第 19 页。

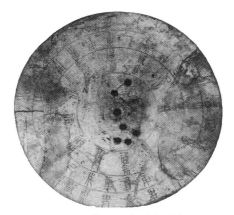

图 19　传世汉象牙七星盘

（采自《中国古天文图录》，上海科技教育出版社，2009 年，第 19 页）

　　1972 年甘肃武威磨咀子出土新莽时期漆式盘（图 20），北斗七星图像位于中央，其外周围分记十二神之名。

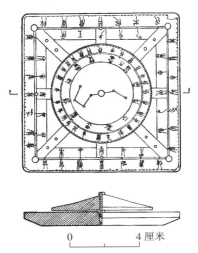

图 20　甘肃武威磨咀子出土新莽时期漆式盘

（《武威磨咀子三座汉墓发掘简报》，《文物》1972 年第 12 期，第 15 页）

式盘：62 号墓出土，原物置男尸背部，文字面朝上。木胎髹漆，深褐色。天盘圆形，径 5.9～6、边厚 0.2、中心厚 1 厘米。地盘正方形，四角稍圆，宽 9 厘米，中心有穿孔，与天盘的中心竹轴相连接。天盘可以转动，刻同心圆两圈，中心圈内用竹珠镶出北斗七星，其第五星是利用盘轴，各星之间刻细线相连。第二层隶书阴刻十二月神：微明、魁、从魁、传从、小吉、胜先、大一、天冈、太冲、功曹、大吉、神后。功曹、大吉之间，又刻一戌字。外层篆书阴刻二十八宿：角、亢、氐、房、心、尾、箕、斗、牛、女、虚、危、室、壁、奎、娄、胃、昴、毕、觜、参、井、鬼、柳、星、张、翼、轸。以上皆逆时针排列。地盘刻字两层，内层篆书阴刻十天干（缺戊己）、十二地支，顺时针排列：子、癸、丑、寅、甲、卯、乙、辰、巳、丙、午、丁、未、申、庚、酉、辛、戌、亥、壬，共二十字。子、卯、午、酉四字围刻界格，下镶竹珠。外层二十八宿，每边七宿，排列同天盘。盘中心有四条辐射状双线与四角相连，内各镶一大二小共三颗竹珠。凡盘上有文字处的上方，都刻一个小圆点。天、地盘边缘均刻许多小圆点为刻度，天盘边缘微残，现存 150 余个刻度；地盘共有 182 个刻度。式盘背部素面无文字[1]。

式占之法是以"天人感应"作为其理论依据，通过天象判断世间阴阳五行的变化，从而对人间诸事的吉凶祸福做出预测。《淮南子·天文训》中称北斗神分雌雄，是为古代阴阳观念的直接体现：

北斗之神有雌雄，十一月始建于子，月从一辰，雄左行，雌右行，五月合午谋刑，十一月合子谋德。太阴所居辰为厌日，厌日不可以举百事，堪舆徐行，雄以音知雌，故为奇辰。

———————————

[1]　甘肃省博物馆：《武威磨咀子三座汉墓发掘简报》，《文物》1972 年第 12 期，第 14 页。

数从甲子始，子母相求，所合之处为合，十日十二辰，周六十日，凡八合。合于岁前则死亡，合于岁后则无殃。

雌雄二北斗神代表阴阳二气，以不同的方向绕极旋转。雌雄两神所对的天干地支互相配合，叫作"合"，一年有"八合"。合于太阴经过之前辰位时，是凶年，预兆死亡，合于太阴经过之后辰位时，是吉年，就没有灾殃。古代的式盘当是依据这种北斗运转与天干地支二十八宿相合的说法，预测吉凶祸福。

此外，占星家将天上星宿与地上的邦国州郡互相对应，称作分野。某处星象的变化就预示着其对应地方的吉凶。周时当已出现星宿分野之观念，据《国语·周语下》载："岁之所在，则我有周之分野也。"韦昭注曰："岁星在鹑火。鹑火，周分野也，岁星所在，利以伐之也。"

汉代的官方星占分野观念主要以北斗七星为依据。《史记·天官书》载："用昏建者杓；杓，自华以西南。夜半建者衡；衡，殷中州河、济之闲。平旦建者魁；魁，海岱以东北也。"斗杓，主华山西南方向的祸福吉凶。夜半时以斗衡所指方位建明四时月份；斗衡，主黄河、济水之间的中原地区的祸福吉凶。黎明时以斗魁所指方位建明四时月份；斗魁，主海、岱东北方向的祸福吉凶。

东汉时，分野观念出现了不同的说法，但仍以北斗为主。《春秋纬》说："雍州属魁星，冀州属枢星，兖州、青州属机星，徐州、扬州属权星，荆州属衡星，梁州属开星，豫州属摇星。"[1]又如《月令辑要》卷一载《星经》"玉衡者斗九星也"。然后述分野："第一星主徐州，第二星主益州，第三星主冀州，第四星主荆州，第五星主兖州，第六星主扬州，第七星主豫州，第八星

---

[1]　其中魁星指天璇，枢星指天枢，机星指天机，权星指天权，衡星指玉衡，开星指开阳，摇星指摇光。

主幽州，第九星主并州。"正好以北斗九星匹配华夏九州。

在古代的星占理论体系中，北斗几与世间万物均有对应（表5），占星家通过北斗各星的明暗变化及北斗的运行情况，结合其他星辰与北斗的位置关系来判断各地诸事的吉凶祸福。

表5　　　　北斗七星星占对照表（主要参考明代顾起元
《客座赘语》中所归纳的有关说法）

七星	占名	诸事	万物	分野	职能	官员
天枢	正星	天	天	秦	主阳德，天子之象也	御史大夫
天旋	法星	地	地	楚	主阴刑，女主之位也	大司农
天玑	令星	人	火	梁	主中祸	少府
天权	伐星	时	水	吴	主天理，伐无道	光禄
玉衡	杀星	音	土	燕	主中央，助四旁，杀有罪	鸿胪
开阳	危星	律	木	赵	主天仓五谷	廷尉
摇光	部星（应星）	星	金	齐	主兵	执金吾

（五）汉墓中的天象图

汉墓中的天象图类北斗遗迹主要出现在壁画墓及画像石（砖）墓的墓室顶部，或者是棺的盖板之上。通过表6的统计可知，配置有天象图的墓葬往往规模较大，等级较高，制作成本也较高昂，可见其墓主身份颇为显贵。壁画墓多分布在作为政治中心的长安、洛阳两京地区。且在壁画墓天象图中较少直接绘出北斗，其星辰形状及位置都比较模糊，不易辨识。画像石（砖）墓多出现在南阳、山东、四川等周边郡县，虽然有的墓葬墓顶天象图中出现了北斗，其位置也并不突出，似乎有意回避。据《春秋佐助期》载："天子法斗，诸侯应宿。"[①] 或许，在西汉时期北斗文化已作为王权的象征而被皇族所垄断。

————————————————————————————————————

① 〔日〕安居香山、中村璋八：《纬书集成》，河北人民出版社，1994年，第819页。

表6　汉代北斗天象图遗存统计表

类别	地域	时间	遗存	图像	描述	功能意义
墓室壁画	陕西省西安市	西汉晚期	曲江翠竹园壁画墓M1		墓室券顶主要为云气纹、太阳金乌月亮蟾蜍、星宿，青龙、白虎，经辨认有"毕"、"参"、"北斗"等。人物图案等构成的天象图。	天界象征
	河南省洛阳市	西汉晚期	浇沟61号壁画墓	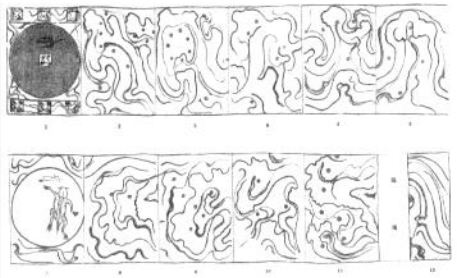	墓室中彩绘有日月星辰天河、云气之天体形象，成两列并排绘在前室的顶脊上。星辰间没有连线，难以判断是否代表具体星宿。	天界象征
		东汉早期	长清孝堂山郭氏墓石祠门梁		一端刻一日，一端刻一月。日、月之两外端刻南斗与北斗，北斗七星月之外侧，形如勺。南斗六星于日之外侧。	天界象征
画像石	山东地区	东汉中期	嘉祥武氏祠"天帝出行图"		图中的北斗七星，前4星组成车舆，后3星组成车辕。天帝坐在北斗"帝车"之上发号施令，众仙官对其参拜行礼。	天界象征厌胜

续表6

类别	地域	时间	遗存	图像	描述	功能意义
画像石	山东地区	东汉晚期	滕州三角形画像石		画面中心为北斗七星,斗口冲下。斗魁下为相互交叉的斧头与环首刀。在斗柄上站立一老者,右下方立一弓衔鱼,顶部还有一大鱼,鱼头部上方刻有两圆形物体,似为星宿。	厌胜（辟兵）
	河南省南阳市	东汉早期	唐河县针织厂出土汉代画像石墓 M58		图刻一满月,月中有一蟾蜍。右刻北斗七星,连续组成勺形,左刻相连星宿。	天界象征
		东汉	南阳县丁凤店画像石墓		画像石左刻一背负日轮的金乌,右端七星相连呈斗状者,是北斗。北斗杓四星谓之魁,斗柄上三星。魁上一星是北极星。柄下一星是开阳附近的辅星。中间竖三星相连者是参宿,四星环连者是鬼宿。	天界象征

续表 6

类别	地域	时间	遗存	图像	描述	功能意义
画像石	河南省南阳市	东汉中晚期	麒麟岗画像石墓		整幅画面右端刻北斗七星,左端刻南斗六星。紧靠北斗七星则刻羲和捧日;紧靠南斗六星则刻羲和捧月。画像中部,日神奉羲有常羲奉月,月神常羲之间刻青龙、白虎、朱雀、玄武四神。四神之间,刻一人,面目不清,当为中央之帝"黄帝",众神皆被云气包裹。	天界象征
棺盖	江苏地区	西汉中期	仪征烟袋山西汉中期夫妇合葬墓女棺盖板		从出土情况分析,西侧棺葬一女性,东侧棺内均为男性。女棺盖内侧用鎏金小铜泡布置出北斗星象图。	天界象征
		西汉中晚期	盱眙县东阳汉墓(M01)		左方圆日与金乌,金乌的头星刻在圆日的两边,周南分布九个较小的圆日,右方有圆月,月中刻蟾蜍,白兔已模糊不清)和半弧形线条,下刻一人。	天界象征

1. 墓室壁画

汉代壁画墓发现于 20 世纪初，截至目前，见诸报道的汉代壁画墓 60 余座。从公布的资料看，这些壁画墓时代大部分在西汉晚期至东汉末年，主要分布在长江以北，且以长安、洛阳两京为中心的关中地区和河洛地区最为密集。

关中地区发现的汉代壁画墓，最早为西汉晚期。壁画主题多为升天成仙。天象图多绘于墓室顶部，以日、月、仙禽、异兽或是二十八星宿为常见题材。

在表 7 中，笔者查阅并归纳了关中地区出土的两汉时期壁画墓墓顶壁画的绘制情况。从表 7 可以看出，关中地区汉代壁画墓中很少有绘制北斗的现象。仅有 2008 年 11 月在陕西省西安市南郊曲江新区翠竹园小区发掘的 M1 墓室券顶天象图中似有北斗：

> 墓室券顶主要为云气纹、太阳金乌、月亮蟾蜍、星宿、青龙、白虎、人物图案等构成的天象图。天象与生活场景之间以一周帷幔相隔。太阳，位于券顶南部的东侧，内绘金乌。月亮，位于券顶南部的西侧，内绘蟾蜍。青龙，位于墓室券顶中部偏东，可辨识前半身，张牙舞爪。白虎，位于墓室券顶中部略偏西北处，仅绘头与前爪，后半身隐于云气之中，张口作回首状。星宿位于券顶之上，经辨认有"毕"、"轸"、"北斗"等①。

由于发掘简报上的图像较小，不易观察，笔者特地向西安市文物保护考古院求得原始图像（图 21）。可以看到，墓室券顶虽绘出类似北斗的七星星组，其星与星之间并不用线连接，仅是在

① 西安市文物保护考古所：《西安曲江翠竹园西汉壁画墓发掘简报》，《文物》2010年第 1 期。

表7　　　　　　　　　　　关中汉代壁画墓归纳表

时期	墓葬	描述
西汉晚期	西安理工大学西汉壁画墓①	壁画内容不仅有传统的羽化升仙内容，还出现了被以往认为是流行于东汉时期的车马出行、宴乐、斗鸡等表现现实生活的画面。墓室券顶绘日、月、仙禽、异兽。
	西安交通大学西汉壁画墓②	墓顶中间绘两个同心大圆圈。大圆圈中间偏南为朱红色太阳，太阳之中为黑色金乌，中部偏北为银白色月亮，月亮中有绿色蟾蜍和玉兔，在太阳和月亮周围绘云气、仙鹤。两个圆圈之间绘四神和完整的二十八星宿。
	西安曲江池西汉壁画墓③	墓顶无壁画，壁画分布在墓道及墓室东、西、南三壁。
	西安曲江翠竹园西汉壁画墓④	星宿位于券顶之上，经辨认有"毕"、"轸"、"北斗"等。
新莽	千阳县土洞墓⑤	墓室东西壁上绘有壁画，东壁绘有太阳金乌，四周有云气围绕，云气中间有星象，后绘白虎、星象。
	咸阳龚家湾一号墓⑥	墓室顶部没有星象。

---

① 西安市文物保护考古所：《西安理工大学西汉壁画墓发掘简报》，《文物》2006年第5期。

② 陕西省考古研究所等：《西安交通大学西汉壁画墓》，西安交通大学出版社，1991年。

③ 徐进、张蕴：《西安南郊曲江池唐墓葬清理简报》，《考古与文物》1987年第6期。

④ 西安市文物保护考古所：《西安曲江翠竹园西汉壁画墓发掘简报》，《文物》2010年第1期。

⑤ 宝鸡市博物馆、千阳县文化馆：《陕西省千阳县汉墓发掘简报》，《考古》1975年第3期。

⑥ 孙德润、贺雅宜：《咸阳龚家湾一号墓葬清理简报》，《考古与文物》1987年第1期。

续表7

时期	墓葬	描述
新莽	彬县雅店村砖室墓①	墓室顶部没有星象。
	西安市灞桥区新筑镇壁画墓②	保存较差，墓室顶部壁画不清。
东汉	扶风县揉谷乡姜塬壁画墓③	墓室内绘有天象、北斗七星和金乌、月亮和人物等壁画。
	韩城市芝川镇芝西村砖室墓④	保存较差，墓室顶部壁画不清。
	潼关县高桥乡吊桥村杨震家族墓地⑤	墓室顶部没有星象。
	旬邑县原底乡百子村东汉砖室墓⑥	墓室顶部绘有日月、星宿、云气及四神。

云气间随意点绘出星辰，各星辰之间关系不明，不易辨识，似乎在有意回避。在墓室券顶中心有一人物，从形象上判断应该不是天帝，当为墓主人。券顶壁画表现的正是墓主人升天成仙，与仙界众神拱手问候的场景。墓顶的"毕"、"轸"、"北斗"等星宿不过是天界的象征而已，并没有突出其作为天官星神的身份。

———————

① 陕西省考古所泾水队：《邠县雅店村清理一座东汉墓》，《文物》1961年第1期。
② 后晓荣、陈晓飞：《关中地区两汉壁画墓初探》，《中国历史文物》2006年第4期。
③ 此墓清理于20世纪50年代，因当时条件有限只提出墓中遗物，并未对壁画提取、摹绘具体情况根据发掘者罗西章告之。见后晓荣、陈晓飞：《关中地区两汉壁画墓初探》，《中国历史文物》2006年第4期。
④ 王玉清：《陕西韩城芝川镇东汉墓》，《考古》1961年第8期。
⑤ 陕西省文物管理委员会：《潼关吊桥汉代杨氏墓群发掘简记》，《文物》1961年第1期。
⑥ 陕西省考古研究所：《陕西旬邑发现东汉壁画墓》，《考古与文物》2003年第3期。

图 21　曲江翠竹园西汉壁画墓墓室券顶北部天象图
（图片由西安市文物保护考古研究院提供）

　　而在西安交通大学西汉壁画墓（图 22）中，这种刻意回避的意味则更加明显。在墓顶中间两个同心圆圈之间，绘四神和完整的二十八星宿，表现的乃是天上仙界。此天象图与曾侯乙墓漆箱上的天象图基本上属同一模式，只是在中部本该绘制北斗的位置以九只仙鹤代替，显然是出于某种顾忌而有意回避出现北斗。在中国古代曾流行过北斗九星之说，在此墓中或以九只仙鹤隐喻之。

　　洛阳地区的汉代壁画墓出土情况与关中地区类似，从表 8可以看出，除了八里台壁画墓、朱村壁画墓等几座因盗扰没有发现墓顶壁画外，其余诸壁画墓或多或少在墓顶或者墓室顶部的横梁绘制了壁画。壁画的内容为天象、四神或者仙人、打鬼升仙、神异动物等，基本上可以归类为天上世界或者仙人世界，与关中地区比较类似。值得一提的是 1957 年在河南省洛阳市西北角城外出土的烧沟 61 号西汉壁画墓中，发现了日、月、星象图，图中星象是成两列并排绘在前室的顶脊上（图 23），李京华

图 22 西安交通大学西汉晚期壁画墓墓顶天象图（摹本）

（采自《中国古天文图录》，上海科技教育出版社，2009 年，第 8 页）

认为第 11 幅的七星星组为北斗①，而夏鼐则认为第 1 幅的七星星组为北斗②。笔者认为，烧沟 61 号西汉壁画墓墓顶天象图中虽然绘出星辰，但星辰间也没有连线，难以判断是否代表具体星宿。

尹屯新莽壁画墓东坡壁画上绘有人骑猪的图案，猪呈双首，分指南北。冯时认为此处是以猪隐喻北斗，骑猪之人当为天帝③。虽然汉纬《春秋说题辞》中有"斗星时散精为彘"的说法，后世也有以猪比附北斗的信仰。但是尹屯壁画墓中室上部的四面坡中均绘有不同的仙人神兽，如果从宗教学的角度分析此墓壁画的整体布局情况，

① 河南省文化局文物队：《洛阳西汉壁画墓发掘报告》，《考古学报》1964 年第 2 期，第 113 页。
② 夏鼐：《洛阳西汉壁画墓中的星象图》，《考古》1965 年第 2 期，第 80 页。
③ 冯时：《洛阳尹屯西汉壁画墓星象图研究》，《考古》2005 年第 1 期，第 65 页。

那么无论从星象位置还是宗教逻辑都不可能将天帝及北斗绘于东坡。

表8　　　　　　　　洛阳汉代壁画墓归纳表

时期	墓葬	描述
西汉	卜千秋壁画墓①	墓室脊部主要绘有彩云、女娲、月亮、仙翁、双龙、二枭羊、朱雀、白虎、仙女、墓主人乘凤升仙、伏羲、太阳、黄蛇。
西汉	浅井头西汉壁画墓②	墓室顶脊部底面绘有：长卷式天空和瑞云图，从南到北依次为：朱雀、伏羲、太阳、白虎、双龙、仙翁、朱雀、二龙穿壁、蟾蜍、神人、月亮、女娲、瑞云。墓顶坡脊绘有云气图。
西汉晚期	烧沟61号西汉壁画墓③	墓室顶部：日月星辰、天河、云气之天体形象。
新莽	金谷园壁画墓④	前室室顶部绘有角梁和藻井，藻井内绘有星象图，有太阳、月亮、云纹、飞鸟、仙鹤。后室平棋部分绘有：日象图、太乙图、天地图、月象图。
新莽	偃师市辛村新莽壁画墓⑤	墓室顶部没有绘制壁画，不过在墓室屋殿顶的梯形空间内的两块横额上绘制了图画，前室勾栏门横额绘有常仪、羲和、方相图，中后室之间的横额中正绘有西王母。
新莽	宜阳县尹屯新莽壁画墓⑥	墓室顶部绘有祥云、人首蛇身像、仙人、虬龙、玉兔、星象、人首鱼身凤尾者、虎等。

---

① 洛阳博物馆：《洛阳西汉卜千秋壁画墓发掘简报》，《文物》1977年第6期。
② 洛阳市第二文物工作队：《洛阳浅井头西汉壁画墓发掘简报》，《文物》1993年第5期。
③ 河南省文化局文物队：《洛阳西汉壁画墓发掘报告》，《考古学报》1964年第2期。
④ 洛阳博物馆：《洛阳金谷园新莽时期壁画墓》，《文物资料丛刊》第9辑，1985年。
⑤ 洛阳市第二文物工作队：《洛阳偃师县新莽壁画墓清理简报》，《文物》1992年第12期。
⑥ 洛阳市第二文物工作队：《洛阳尹屯新莽壁画墓》，《考古学报》2005年第1期。

时期	墓葬	描述
东汉早期	北郊石油站东汉壁画墓①	在中室穹隆墓顶绘有图像，分为四部分，南部为乘车驾龙图，北部为乘车驾鹿图，东部为伏羲擎日图，西部为女娲擎月图。
东汉中晚期	新安县铁塔山壁画墓②	墓室顶部绘有日月星宿、四神、枭羊形象。
	偃师市杏园村东汉壁画墓③	没有在墓顶发现壁画。
	西工东汉壁画墓④	墓室顶部以及雨道顶部都残留壁画，但是大部分已经漫漶不清。
	东郊机车工厂东汉壁画墓⑤	墓的中雨道券顶绘有云气纹，大部已漫漶不清。
曹魏	朱村曹魏壁画墓⑥	墓的形制依旧是东汉晚期的横堂墓室，出土器物也是东汉晚期的常见器形，壁画题材为墓主宴饮、车马出行。因盗扰破坏没有发现墓顶存留壁画。

可见，在带有天象图的壁画墓中，较少有直接绘出北斗的现象，天象主要以日月云气为主，即使有的墓中绘出星辰，其星与星之间也不用线连接，仅是在云气间点绘出星辰。各星辰之间关系不明，不易辨识，似乎仅仅是象征性质，并没有刻意要表现某组星宿。

① 洛阳市文物工作队：《洛阳北郊东汉壁画墓发掘简报》，《考古》1991年第8期。

② 洛阳市文物工作队：《洛阳新安县铁塔山汉墓发掘报告》，《文物》2005年第5期。

③ 中国社会科学院考古研究所河南第二工作队：《河南偃师杏园东汉壁画墓》，《考古》1985年第1期。

④ 洛阳市文物工作队：《洛阳西工东汉壁画墓》，《中原文物》1982年第3期。

⑤ 洛阳市文物工作队：《洛阳东郊机车工厂东汉贵族壁画墓》，《考古》1992年第2期。

⑥ 洛阳市第二文物工作队：《洛阳东郊朱村曹魏壁画墓》，《文物》1992年第12期。

图 23　洛阳烧沟 61 号西汉壁画墓中日、月、星辰摹本

（采自《洛阳西汉壁画墓中的星象图》，《考古》1965 年第 2 期，第 81 页）

2. 画像石（砖）

画像石（砖）墓则主要出现在南阳、山东、四川等周边郡县。河南省南阳市附近地区出土大量汉代画像石墓葬，以星宿为题材的天象类画像石不在少数，其中三幅明确出现北斗。

南阳唐河县针织厂出土东汉早期画像石墓 M58，发现一天象图画像石。图刻一满月，月中有一蟾蜍。右刻北斗七星。连线组成勺形，左刻相连星宿（图 24）①。相隔不远的南阳县西丁凤店出土画像石图左刻一背负日轮的金乌（图 25）。表示日在东方，时为晨。右端七星相连呈斗杓状者，是北斗。北斗杓四星谓之魁，魁上一星是北极星。斗柄上三星是天枪。柄下一星是开阳附近的辅星。中间竖三星相连者是参宿，四星环连者是鬼宿（朱鸟第二宿）②。可见，这两通北斗画像石中虽然出现北斗，但并没有

---

① 周到、李京华：《唐河针织厂汉画像石墓的发掘》，《文物》1973 年第 6 期。

② 韩连武：《星图探微》，南阳汉代画像石学术讨论会办公室编《汉代画像石研究》，文物出版社，1987 年，第 159 页。

强调北斗的特殊地位，仅与其他星辰一同作为天界的象征。

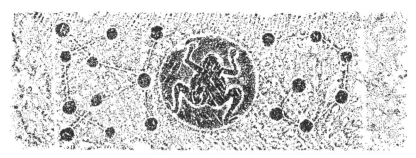

图 24　南阳唐河县针织厂出土汉代画像石

（采自《唐河针织厂汉画像石墓的发掘》，《文物》1973 年第 6 期，第 40 页，图二〇）

图 25　南阳县西丁凤店画像石

　　发掘于 1988 年的南阳市麒麟岗汉画像石墓，建造于东汉中晚期。墓葬规模宏大，由两主室一前室构成。三室墓顶皆有天象图，其中以前室天象图最为壮观。整幅画右端刻北斗七星，左端刻南斗六星。紧靠北斗七星刻羲和捧日；紧靠南斗六星则刻有常羲捧月。画像中部，日神羲和、月神常羲之间刻青龙、白虎、朱雀、玄武四神。四神之间，刻一人，面目不清，当为中央之帝天帝，众神皆被云气包裹（图 26）[1]。按曾侯乙墓"斗"字漆箱盖上的天文模式，四神之间的中央天区本应属于北斗，此处却被天帝形象所替换。而北斗则与南斗拱卫左右，作为天国仙境的边界。

---

① 黄雅峰：《南阳麒麟岗汉画像石墓》，三秦出版社，2008 年，第 62、63 页。

图 26　南阳市麒麟岗汉画像石墓前室天象图

（采自《南阳麒麟岗汉画像石墓》，三秦出版社，2008 年，第 163 页，图版 63）

　　山东地区所见年代最早的北斗画像石当属长清孝堂山郭氏墓石祠的三角石梁梁底画像（图 27）[①]，上刻有日、月、北斗及其他星宿。在日之旁刻一女坐于织机上，当是织女，头上刻三星相连，当即织女星座。日、月之两外端刻南斗与北斗，北斗七星于月之外侧，形如勺。南斗六星于日之外侧，其旁只有一星；南斗之下刻三曲浮云，其下有一大雁南飞[②]。与上举南阳汉画一样，此图中北斗也与其他星辰共同为天界之象征，并无深层的宗教含义。

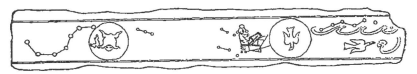

图 27　山东长清孝堂山三角石梁梁底画像

（采自《孝堂山郭氏墓石祠》，《文物》1961 年第 4 期，第 50 页）

---

① 郭氏墓石祠位于济南长清孝堂山上，始建于东汉初年，为中国最早的石筑石刻房屋建筑。

② 罗哲文：《孝堂山郭氏墓石祠》，《文物》1961 年第 4 期，第 50 页。

山东济宁嘉祥的东汉武氏祠后石室第 4 石的第四层中有一幅"北斗星君图"（图 28）。图中的北斗七星，前 4 星组成车舆，后 3 星组成车辕，没有轮，腾云驾雾而行。天帝坐在北斗"帝车"之上发号施令，众仙官对其参拜行礼①。笔者认为，此图更名为"天帝出行图"似更恰当。

图 28　山东嘉祥武氏祠北斗星君图

（采自《武氏祠汉画像石》，山东美术出版社，1986 年，第 117 页，图三五）

与之前所列举的北斗画像石不同，武氏祠北斗图在表现天庭仙界的内容之外，更突出显示了北斗作为帝车的信仰内容。《史记·天官书》载："斗为帝车，运于中央，临制四乡"②，这一记载在武氏祠北斗图中得到了形象的还原。同时，在斗杓组成车辕之下，或站或跪列有四名仙官，应为鬼宿的四位天官（关于鬼宿四天官的论述详见下篇《北斗、鬼宿与厌胜》）。所以，此图还表现了北斗主鬼的厌胜信仰，为我们研究汉代的北斗信仰提供了重要的实物依据。

（六）禹步辟兵信仰之解析

山东枣庄滕州汉画像石馆于 1996 年秋在滕州市龙阳镇征集

---

① 　朱锡禄：《武氏祠汉画像石》，山东美术出版社，1986 年，第 117 页。

② 　《史记》卷二十七《天官书》，中华书局，1975 年，第 1291 页。

到一块"北斗星象图"画像石（图29）。石呈三角形，一角残。
底部边长121厘米，其他两边一边残长64厘米，另一边残长61
厘米，厚26厘米。浅浮雕。画面中心为北斗七星，斗口冲下。
斗魁下为相互交叉的斧头与环首刀，刀左下角图案似为蛇形；
在斗柄的"天权"与"玉衡"二星连线上站立一老者，身体微
躬，拄杖，头上戴冠，冠上缨带向右飘舞；老者右下方立一鸟，
长喙长颈，站立在底边之上（非斗柄之上），口中叼一鱼；在
老者左上方还有一大鱼，鱼头部上方刻有两圆形物体，似为星
宿，由于顶部残缺，难以辨别；鱼尾部似与老者头上所戴之冠
相连。石面周边饰三角纹。底部侧面刻有三角纹、菱形纹①。
根据其图案风格及雕刻工艺分析，推测其制作年代约为东汉
晚期。

图29　滕州市"北斗星象图"三角形画像石

（图片由滕州汉画像石馆提供）

---

① 朱磊、张耘、燕燕燕：《山东滕州出土北斗星象画像石》，《文物》2012年第4期，
第71、72页。

　　首先需要解决的问题是此画像石在整个墓葬中的位置。由于三角形图案的画像石较为稀少，且仅底边一个侧面刻有装饰性的三角纹、菱形纹。说明这个侧面应该是冲外的。考察画像石墓葬及祠堂中各种画像石的分布情况，发现此画像石的形状与长清孝堂山石祠中的三角形石梁相仿。长清孝堂山石祠中的三角形石梁处于石祠正中顶上，梁底画像刻日、月、北斗及其他星宿[①]，其雕刻内容与此画像石也颇为相似。同时根据其 121 厘米的长度，推测此画像石很可能是叠涩式穹顶墓室顶部四隅的垫石之一（画面朝下）；或者位于墓葬（祠堂）的过梁或侧室（耳室、后室）室门的门梁之上。

　　此汉画中的北斗表现形式极其罕见，与以往汉墓中所见的北斗文化均不相同。两汉时期，人们认为"斗为帝车，运于中央，临制四乡"[②]，其表现形式也多以"车"的姿态出现，即：斗口冲上，斗魁为车厢，斗杓为车辕。如上文提到的山东嘉祥武氏祠"北斗星君图"较为形象地描绘了"斗为帝车"这一形式（见图65）。其他表现"神君乘斗"的随葬品中（图64），北斗的斗口亦冲向上方。然而，此汉画中的北斗则是斗口冲下，老者挂杖立于斗杓背上，魁下刀斧相加。笔者分析，此画面表现的主题并不是"神君乘斗"，而是"禹步辟兵"。

　　在汉晋时期的北斗信仰体系中，北斗有厌辟刀兵的神奇功能。《淮南子·天文训》曰："北斗所击，不可与敌。"《史记·孝武本纪》："其秋，（汉武帝）为伐南越，告祷太一，以牡荆画幡日、月、北斗登龙，以象天一三星，为太一锋，名曰灵旗，为兵祷。则太史奉以指所伐国。"《汉书·王莽传》："莽亲之南郊，铸作威斗。威斗者，以五石铜为之，若北斗，长二尺五寸，欲以

① 　罗哲文：《孝堂山郭氏墓石祠》，《文物》1961 年第 4 期，第 50 页。
② 　《史记》卷二十七《天官书》，中华书局，1975 年标点本，第 1291 页。

厌胜众兵。"在《汉书·蒯伍江息夫列传》中还载有防盗贼的北斗祝盗法:"以桑东南指枝为匕,画北斗七星其上,躬夜自被发,立中庭,向北斗,持匕招指祝盗。"可见汉人认为,运用某些北斗道法便可通过北斗之神力厌胜对手,不战而屈人之兵。东晋葛洪在《抱朴子内篇·杂应》中说及辟五兵之道:"书北斗字及日月字,便不畏白刃",又在《登涉》中载:"以甲寅日丹书白素,夜置案中,向北斗祭之以酒脯……辟山川百鬼万精虎狼毒虫"。约出于东晋的早期上清派重要经典《洞真太上紫度炎光神元变经》提到通过存想身体躲入斗魁之中来辟刀兵之灾:"若在军寇之中,悬白刃之下,厄难之中,当叩右齿十二通,存七星覆身……令五星精炁缠绕前后,我身居斗魁之中,五星之下"①。足见汉晋思想意识中对北斗除道辟兵能力的认可。

古人认为只要按北斗七星的方位行走(步斗),便能够获得北斗的一些神秘力量,借以行使方术。禹步便是一种模仿北斗的步法,多为配合其他方术的施展而运用。葛洪在《抱朴子内篇·登涉》中指出:"凡作天下百术,皆宜知禹步。"因此禹步便成为各种方术的基础。此外,禹步同样有辟兵的能力。《南齐书·陈显达列传》载:"显达出杜姥宅,大战破贼,矢中左眼,拔箭而镞不出,地黄村潘妪善禁,先以钉钉柱,妪禹步作气,钉实时出,乃禁显达目中镞出之"②,后世道教的步罡踏斗即由禹步发展而成。

除道仪是古人在出行前为防止意外,保证出行顺利而举行的宗教仪式。较为常用的除道方法就是禹步。根据考古资料,用禹步除道的记载最早见于天水放马滩秦简甲种《日书》中:

禹须臾臾臾行,得,择日。出邑门,禹步三,向北斗,

---

① 《洞真太上紫度炎光神元变经》,《道藏》,第 33 册,文物出版社、上海书店、天津古籍出版社,1988 年,第 558 页。

② 《南齐书》卷二十六《陈显达列传》,中华书局,1972 年标点本,第 488 页。

质画地，视之曰："禹有直五横，今利行，行毋（无）咎，为禹前除"得①。

此番描述向我们展示了这样的古代除道仪式场景：方士面向北斗、足踏禹步、口颂禁咒并画地作法，以祈求借助北斗的神力压辟刀兵，确保出行平安。此滕州画像石中老者足踏北斗，斗魁下压刀斧，正是表明老人在运用禹步作法除道。

当北斗的意义被确定之后，其周围的鸟、鱼及蛇就有了解释的依据。根据以往出土北斗遗存的模式来看，在北斗旁边常常绘制日、月、四灵或星宿等内容。此图其实亦为这种天象模式的变体。此处的鸟、鱼及蛇分别对应四灵中的南宫朱鸟、西宫咸池及北宫玄武。

按照汉初的主流说法，西宫之灵不是白虎而是咸池。《淮南子·天文训》曰：

> 太微者，太一之庭也。紫宫者，太一之居也。轩辕者，帝妃之舍也。咸池者，水鱼之囿也。天阿者，群神之阙也。四宫者，所以为司赏罚。太微者主朱雀。紫宫执斗而左旋，日行一度，以周于天。

咸池，为水鱼之囿，其注云："水鱼，天神。"因此，画中的鱼应代表咸池，即太岁。《史记·天官书》所载的四方之宫亦为东宫苍龙、南宫朱鸟、西宫咸池、北宫玄武："西宫咸池，曰天五潢。五潢，五帝车舍。"北斗是为帝车，而咸池是帝车之舍。因此在北斗帝车之旁绘出车舍西宫咸池，不仅是星象表现的需要，而且在宗教逻辑上更显合理。

---

① 秦简整理小组：《天水放马滩秦简甲种〈日书〉释文》，《秦汉简牍论文集》，甘肃人民出版社，1989年，第5页。

　　在汉画中，鱼和鸟都是较为常见的题材，有许多学者曾撰文对其含义进行多种多样的揣测。但是，在此汉画中鱼鸟北斗相互呼应，使这种鱼鸟题材的内涵明朗起来：鱼、鸟即西宫咸池和南宫朱鸟，为四灵的变体形式。按《淮南子》的说法，南宫朱雀是为太微天庭之主管，"紫宫执斗而左旋，日行一度，以周于天"。画中鸟站于北斗右侧，即应代表执斗而左旋的南宫朱雀。这种观念亦对后世影响深远，唐张守节在《史记正义》明确道："咸池三星，在五车中，天潢南，鱼鸟之所托也。"

　　如此，画面左下角的蛇形物体显然应该是北宫玄武。四灵中的三灵出现在三角形画像石的三个角上，独缺代表东宫苍龙的形象。这种北斗居中，三灵拱卫的表现形式与曾侯乙墓斗字漆箱完全相同。因为在实际天象观测中，地平线以上最多仅能同时观测到四象（灵）中的三象。此汉画所表现的当为死者下葬时的实际天象，并通过其三象之间的相对位置暗示死者的下葬时间。

　　此汉画中，老人被刻于北斗背部斗杓之上。按《淮南子·天文训》：

　　　　斗杓为小岁，正月建寅，月从开行十二辰。咸池为太岁，二月建卯，月从右行四仲，终而复始。太岁迎者辱，背者强；左者衰，右者昌。小岁东南则生，西北则杀，不可迎也，而可背也；不可左也，而可右也。

　　咸池又称太岁，"迎者辱，背者强；左者衰，右者昌"。画面中的老者当为墓主，位于代表太岁的大鱼右边背后，表达出墓主希望自己的死后命运能够日渐昌盛。北斗七星中斗柄三星叫作小岁，"不可迎也，而可背也；不可左也，而可右也"，此即老者立于北斗斗杓背部之原因。

　　在墓葬中出现除道辟兵的题材并不陌生，马王堆三号西汉墓出土帛书《五十二病方》第九十八行中，记载有向北禹步，饮水

治病之法："湮汲一（杯），入奚蠹中，左承之，北乡（向），乡
人禹步三，问其名，即曰：'某某年□今□。'饮半，曰：'病
□□已，徐去徐已。'即复（覆）奚蠹，去之。"同墓中出土的
"太一将行图"，表达的同样是"太一出行，厌辟刀兵"的情景
（图30）。此图各神像旁的题记内容是关于太一出行时所要举行的
仪式和祝咒。现将陈松长考辨补正后的总题记摘录如下：

图30　马王堆汉墓中出土的"太一将行图"

　　……□承弓，禹先行。赤包（抱）白包（抱），莫敢我
向，百兵莫我敢（当）。□□狂谓不诚，北斗为正。即左右
唾，径行毋顾。大一祝曰：某今日且行，神从之……①

———————————————————————————————

① 　陈松长：《马王堆汉墓帛画"神祇图"辨正》，《江汉考古》1993 年第 1 期，第 90 页。

滕州画像石中老者足踏北斗，下压刀斧，表明死者亡魂归于斗极之时以禹步除道，厌辟刀兵。与"太一将行图"题记中的"百兵莫我敢"、"北斗为正"等祝咒所表现内容非常相似。

（七）其他类北斗遗存

除上述讨论的三大类型北斗遗存，还有许多北斗文化的表现形式，如斗城、带钩等。由于出土数量较少，难以归类。笔者将其共同归为"其他类"，在此简要探讨之。

1. 法天而建的斗城

汉长安城在历史上被称为"斗城"。考《三辅黄图》所记，汉长安城"城南为南斗形，城北为北斗形，至今人呼京城为斗城是也"[1]。这是汉长安"斗城"称呼的由来。虽说《三辅黄图》一书，始著录于《隋书·经籍志》，相传为六朝人撰写，但有学者考证，汉长安城的营建确有取法天象的筑城理念[2]，并基于南斗、北斗司掌命籍大权，及其对人们具有庇佑功能，其城墙设计采用了象征南斗、北斗的"斗城"形式（图31），以期获得上天的庇护，达到长治久安的目的[3]。

至于汉长安城城墙是否如《三辅黄图》所说，是法斗而建，学界说法不一。支持者和反对者各执一词，聚讼纷纭、莫衷一是。

元代人李好文最早质疑"斗城说"，现代学者王仲殊、马正

---

[1]　陈直：《三辅黄图校正》，陕西人民出版社，1980年。《太平御览·卷一百八十三》第1603页；又曰：长安县，汉高祖五年置。故城在京西北二里，汉惠帝筑。南为南斗形，北为北斗形，入街九陌，东面有青绮门，东陵侯邵平，秦破为布衣，种瓜此门外。西北面有棘门，汉文屯兵之所。又曰：鲁城，伯禽邑也。西五门，东一曰鹿门，即臧孙纥斩鹿门关以出奔邾；第三曰稷门，即圉人荦能投盖于稷门之所。

[2]　韩国河：《汉长安城规划思想辨析》，《郑州大学学报（哲学社会科学版）》2001年第5期。

[3]　陈喜波、韩光辉：《汉长安"斗城"规划探析》，《考古与文物》2007年第1期。

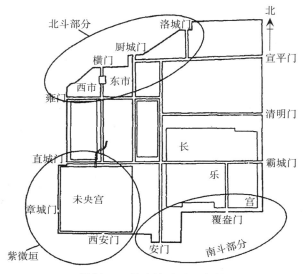

图 31　汉长安城平面示意图

（采自陈喜波、韩光辉：《汉长安"斗城"规划探析》，《考古与文物》2007 年第 1 期）

林、刘庆柱、李毓芳、刘运勇、贺业钜、王社教、周长山、刘瑞
等学者均对"斗城说"持否定态度。其主要论据为：西汉长安城
之布局，是一个逐渐形成的过程，从西汉初年一直到西汉末年，
其间都有不同程度的改造和扩展。之所以弯曲成斗城形状，并非
是刻意效法北斗规划所致，主要是受地理环境的影响。如汉城南
墙和北墙的曲折是因为屈就长乐、未央宫的宫墙以及渭河河道的
走向才现出了外凸形状。故而，此城之营建，并不是按照典籍来
预先规划和刻意设计的。"法斗建城"之说于《史记》、《汉书》
等早期文献均无明确记载，而《三辅黄图》一书成书较晚，始著
录于《隋书·经籍志》，相传为六朝人撰写。因此所谓"斗城"
之说应是后人对既有长安城形态的附会。如元代人李好文、近人
贺业钜等都认为长安南北曲折的形制并不是汉人有意模拟天象，
而是出于适应实际要求的必然结果。

　　对于上述质疑，笔者不能认同。逻辑学讲究"证有不证无"。汉长安城城墙建得不够规整，确实很可能是由于迁就地形所致。但即使"地形说"成立，也并不能够否定"斗城说"的存在。因为城墙之走向、形状并不一定只是单一因素所致。"避让地形"和"斗城设计"并不是非此即彼的矛盾关系，而恰恰可能是共存的关系。即：由于地形所限，而采取了"斗城"的设计方案。如长安城南部正中的凸起就和地形无关。

　　如果单纯只是因为避让地形，而把城墙修建得七扭八歪，这是一种无奈的将就之策。而作为一个新帝国的门面，作为王权正统性的标志，曲折的城墙形状需要一个合理而体面的解释。营建者将这个不得已的设计解释成称法天之"斗城"是完全有可能的。汉初推崇道家哲学，在汉人的观念中，帝王王权之正统地位及其统治是否顺应天道，与北斗的实时天象有着极其重要的联系，法北斗而建城正是为了体现统治者要依天意而治天下的态度。

　　2. 北斗形墓群

　　新都县文物管理所在1987年文物普查时，发现一处汉代墓葬群（图32）①

　　七座土墩当地人总称"七星墩"，分别以傅、钟、胡、曾、邓、黄、汪七个姓氏称呼命名。

　　此种北斗形分布的墓葬群所表现出来的文化面貌极其特别，很有研究价值。但是目前所见此类墓葬较少，文献中也没有相关的记载，暂时无法开展深入的讨论。笔者姑妄猜测，由于其墓冢较大，这傅、钟、胡、曾、邓、黄、汪"七星墩"所葬之墓主很可能为当时此地区最为显赫的七大家族。因为是七家，正好与天

①　张德全：《四川汉代天文坟——新都七星墩汉墓群》，朱青生主编《中国汉画学会第九届年会论文集》（上），中国社会出版社，2004年，第9、10页。

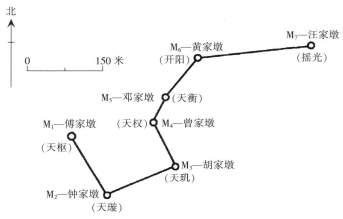

图 32　四川新都七星墩汉墓群

（采自张德全：《四川汉代天文坟——新都七星墩汉墓群》，《中国汉画学会第九届年会论文集》（上），2004 年）

上北斗七星一一对应，遂自称是北斗七星神下凡，以增加其威信，死后也以北斗七星之位排列墓葬，以示各归其位。

3. 北斗形带钩

1975 年，安徽省淮南市博物馆文物保管人员从本市废品回收公司铜库车间拣选而获一件罕见的北斗七星形西汉时期铜带钩（图 33）[1]。

发现于 1983 年的位于广州市象岗山腹心深处的西汉南越王墓，是岭南地区所发现的规模最大的唯一汉代彩绘石室墓。墓中出土文物一万余件。其中出土于东侧室中的编号 E25 的北斗七星纹银带钩是南越王墓出土的唯一一件与天文有关的文物（图 34）[2]。

① 　徐孝忠：《北斗七星铜带钩与北斗星》，《文物天地》1998 年第 2 期，第 23 页。
② 　广州市文物管理委员会等：《西汉南越王墓（上册）》，文物出版社，1991 年，第 250 页。

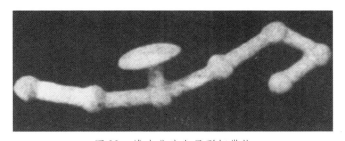

图33　淮南北斗七星形铜带钩

（采自徐孝忠：《北斗七星铜带钩与北斗星》，《文物天地》1998年第2期，第23页）

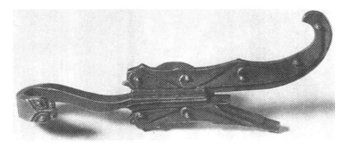

图34　南越王墓北斗七星纹银带钩

（采自广州市文物管理委员会等：《西汉南越王墓（下册）》，文物出版社，1991年，图版一五七）

　　另有一件北斗七星造型的汉代铜带钩收藏在酒泉市博物馆。带钩通长15.4厘米，形似七颗星子的乳纽依次排列在带钩上，斗魁四星，斗柄三星，构成天空北斗七星造型，极为精美。

　　目前所见汉代出土的三件北斗形带钩，均远离汉帝国直辖区域，而在中原地区则未见有斗形饰品。或许，北斗在中国神州范围之内是王室的专属，平民及普通贵族禁止使用。

　　南越国是秦朝灭亡后，由南海郡尉赵佗于前203年起兵兼并桂林郡和象郡后建立。前196年和前179年，南越国曾先后两次臣属于西汉，成为西汉的"外藩"。因此南越文化遗迹保留了独特的地方性宗教面貌。在南越王墓中出土了金、银、铜、玉等各种材质的带钩，题材多样，以神兽居多。此七星纹银带钩钩首呈龙头形，其所表现也应是一神兽。

（八）小结

对比史料记载和文物遗存可以得知，秦汉时期为北斗信仰全面发展的时期，基本上奠定了后世北斗信仰主要框架。其文化面貌以王莽为界，可以分为两个阶段。西汉时的北斗信仰主要以立庙祭祀和星占分野为主，功能有分阴阳、建四时、均五行、移节度、定诸纪等。时人常常通过北斗附近的天象变化判断人君的功过夭寿及官员优劣等诸多信息。王莽特别注重对北斗的崇拜，在新朝至东汉出现的大量纬书中赋予了北斗信仰更多的哲学意义和宗教内容，如：主寿、司杀、王权、厌胜、辟兵、星占、分野等。帝王相信北斗是天帝意旨的"指示灯"，能够指导君王治理人世。人君只要效法北斗便是顺应天道，天下大治。

四　魏晋南北朝的北斗信仰

魏晋南北朝时期是原始道教逐渐走向成熟的时期。有学者认为，上古以降华夏先民的信仰传统为"敬天"，而魏晋南北朝隋唐之中古"经教道教"的信仰基础则改为"崇道"①。虽然此提法不够严谨，但是魏晋以降的宗教结构上确实出现了信仰重心的偏移。伴随着信仰传统的巨大改变，道教不但继承并发展了秦汉

———————————————

① 刘屹：《敬天与崇道——中古经教道教形成的思想史背景》，中华书局，2005年，第19页。

以来北斗信仰所承载的主寿、司杀、王权、厌胜、辟兵、星占等宗教意义，而且配合崇道、修道的宗教需要，逐渐开始将北斗信仰转型，提升其在道教修炼过程中的地位。并且，随着道教神仙谱系的建立和完善，北斗的形象开始出现神君化的演变，甚至衍生出鬼官北斗的新观念以及"南斗注生、北斗注死"的北斗司命神信仰。从表9的统计结果可以看到，魏晋南北朝时期出土的相关北斗遗存数量要明显少于两汉时期①，但是其文化上却表现出更加浓郁的宗教色彩。

（一）南斗注生、北斗注死

魏晋以降之北斗注死信仰跟汉代北斗主杀信仰一脉相承。东汉道书《老子中经》称北斗君持人命籍，《三国志·吕蒙传》中也有三国时吴国孙权命道士于星辰下为病重的吕蒙请命的记载。魏晋时期"南斗注生、北斗注死"的信仰盛行，时人相信二位斗君是掌管世人生死命籍的神明。东晋干宝在《搜神记》中记载：

> 管辂至平原，见颜超貌主夭亡。颜父乃求辂延命。辂曰："子归，觅清酒一榼，鹿脯一斤，卯日，刈麦地南大桑树下，有二人围棋次，但酌酒置脯，饮尽更斟，以尽为度。若问汝，汝但拜之，勿言。必合有人救汝。"颜依言而往，果见二人围棋，颜置脯斟酒于前。其人贪戏，但饮酒食脯，不顾。数巡，北边坐者忽见颜在，叱曰："何故在此？"颜惟拜之。南面坐者语曰："适来饮他酒脯，宁无情乎？"北坐者曰："文书已定。"南坐者曰："借文书看之。"见超寿止可十

---

① 据统计，考古发掘出土的古代墓葬中，汉代墓葬最多，在数量上远远超过其他各朝代墓葬。究其原因，一方面可能是汉代人较重视丧葬文化，另一方面也可能是汉墓的丧葬制度影响力较大，持续时间较长，以至于后世的墓葬仍然采用汉代的丧葬制度而被考古工作者误断为汉墓。

九岁，乃取笔挑上，语曰："救汝至九十年活。"颜拜而回。管语颜曰："大助子，且喜得增寿。北边坐人是北斗，南边坐人是南斗。南斗注生，北斗注死。凡人受胎，皆从南斗过北斗；所有祈求，皆向北斗。"①

表9 **魏晋南北朝北斗遗存统计表**

地域	时间	遗存	图像	描述	功能意义
南京	孙吴	大光路薛秋墓		墓中女棺的底板上有14个菱形孔，或为史籍记载的七星板	魂归斗极
西安东郊	西晋	田王西晋墓葬M462壁画		前室墓顶部的北壁及甬道口上部墙壁0.7米的范围内画有北斗七星图，并隶书"元康四年地下□北斗"字样。	鬼官北斗
湖南长沙	西晋	金盆岭M21		墓室四角向外伸出四块突出的平砖，代表的可能是北斗斗魁上的天枢、天璇、天玑、天权四星，羡道则表示北斗的斗柄。整个墓室乃是死者卧斗修炼成仙的"炼形之宫"。	辅助修仙

① [晋] 干宝撰，汪绍楹校注：《搜神记》卷三，中华书局，1979年，第33、34页。

续表9

地域	时间	遗存	图像	描述	功能意义
吉林集安县	西晋	高句丽王室墓舞踊冢墓室藻井		在墓室藻井上绘有北斗、南斗等七座星宿及日月、云气等图像的天象图。	天界象征
	西晋	高句丽王室墓角牴冢墓室藻井		在墓室藻井上绘有北斗、南斗等七座星宿及日月、云气等图像的天象图。	天界象征
	东晋晚期	长川一号高句丽墓墓室藻井		东边绘日象；西边绘月象，南面是由黑色虚线把七颗星联系起来的勺形星座；北面是由黑色实线把七颗星联系起来的北斗星座；在日月图像正中，由北而南以赭色题"北斗七青"四字。	阴阳双斗
甘肃酒泉	魏晋	酒泉孙家石滩魏晋墓M3棺盖板		在棺盖板内侧彩绘有星象图，北斗七星居中，日月及其他多个星宿分列左右。	仙界象征

续表9

地域	时间	遗存	图像	描述	功能意义
新疆吐鲁番阿斯塔那地区	魏晋	魏晋墓M408墓室后壁壁画		壁画中绘有日月星辰并在旁边标注有"北斗"、"三台"、"日像"、"月像"等名称。	仙界象征
	晋	阿斯塔那晋墓纸画		画面上方为天空和田野。左上方日内绘金乌,象征日下有树木和田地,旁置木杈、耙等农具。中间绘北斗七星,树木和凤鸟。右上方月内绘蟾蜍,旁边也绘北斗七星。	阴阳双斗
	前凉末期	阿斯塔那前凉墓M39棺前挡		档面上半正中竖着绘黑色圆点三个,墨线相连;下半竖着两排绘黑色圆点四个,象征北斗七星。	仙界标识
洛阳地区	北魏	洛阳孟津向阳村元乂墓墓顶壁画		墓顶天象图内容反映的是实际的星空,北斗位于墓顶北部,夹杂在众星宿之中,地位并不突出。	天界象征
山东地区	北齐	济南市马家庄北齐墓墓顶壁画		穹隆顶四方各绘一颗大星。北方绘北斗七星,西南绘南斗六星,东南绘两颗小星,星座有连线,诸星皆以赭色圆点表示。	辅助修仙

续表9

地域	时间	遗存	图像	描述	功能意义
湖南资兴	南朝	墓 M474 陶墓券上所绘北斗符咒		湖南资兴县旧市、厚玉等地发掘了一大批古墓,其中5座南朝墓中共出土陶墓券3块,均朱书有镇墓符文。M474的南朝墓中出土的陶墓券上还绘有北斗符咒。	厌胜

此外,六朝道书《赤松子章历》卷四记录有"祈北斗落死籍、南斗上生名、延寿无穷"① 之道法。《魏书·崔浩传》亦有崔浩"乡祷于斗极,以延父命"的记载。

与仪征烟袋山西汉中期夫妇合葬墓女棺盖板上的北斗类似,甘肃酒泉孙家石滩魏晋墓 M3 的棺盖板内侧也彩绘有星象图(图35)②。报告中没有对星象图做详细的描述,从图片上可以看出,此棺盖板保存情况较好,图像内容基本没有缺失:北斗七星居中,日月及其他多个星宿分列左右。

1965 年在吐鲁番阿斯塔那前凉末期墓 65TAM39,木棺头挡上有墨绘的北斗七星(图36):

> 木棺前挡一件(65TAM39:4),发掘时折为二段,经复原上小下大近似于梯形。胡杨木质。挡上半正中竖着绘黑色

---

① 《道藏》,第 11 册,第 204 页。
② 甘肃省文物考古研究所:《甘肃酒泉孙家石滩魏晋墓发掘简报》,《考古与文物》2005 年第 5 期,第 32 页。

图 35　甘肃酒泉孙家石滩魏晋墓棺盖板星象图

（采自甘肃省文物考古研究所：《甘肃酒泉孙家石滩魏晋墓发掘简报》，《考古与文物》2005 年第 5 期，封二）

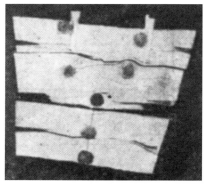

图 36　阿斯塔那墓 65TAM39 中绘有北斗的木棺前挡

（采自新疆社会科学院考古研究所：《吐鲁番阿斯塔那古墓区 65TAM39 墓》，《考古与文物》1983 年第 4 期，第 35 页，图版伍）

圆点三个，墨线相连；下半竖着两排绘黑色圆点四个……象征北斗七星①。

据此墓出土残契上的纪年判断，此墓下葬的年代之下限为东晋升平十四年（公元 370 年）。随葬物中还有脂粉、线团、面食

————————

① 新疆社会科学院考古研究所：《吐鲁番阿斯塔那古墓区 65TAM39 墓》，《考古与文物》1983 年第 4 期，第 35 页。

等物，这些都是汉魏以来丧葬风俗的具体表现。将北斗绘于木棺前挡之上，也是汉人习俗的反映。

　　而吐鲁番地区阿斯塔那古墓群西区魏晋墓 M408 墓室后壁"庄园生活图"中间部位，画有北斗、三台①（图37），亦为北斗注死观念之体现：

图37　吐鲁番阿斯塔那古墓群西区十六国时期 M408 墓室
后壁庄园生活图（局部）

（采自吐鲁番地区文物局：《新疆吐鲁番地区阿斯塔那古墓群西区408、409号墓》，《考古》2006年第12期，第4页，图二）

　　墓室四角略弧，后壁有壁画，几乎占据整个后壁，长2.09、宽0.68 米。这是一幅仿布壁画，在壁画的四角绘有黑色的四角形，象征着画布的挂索。画面可分为三大部分，从右至左依次反映的内容为庄园田地、墓主家族、庄园日常生活和男主人的戎马生涯。依据画面内容，定名为"庄园生活

---

① 吐鲁番地区文物局：《新疆吐鲁番地区阿斯塔那古墓群西区408、409号墓》，《考古》，2006年第12期。

图"。壁画中绘有日月星辰并在旁边标注有"北斗"、"三台"、"日像"、"月像"等名称。

宋代道经《太上感应篇》曰:"又有三台、北斗神君。在人头上。录人罪恶,夺其纪算。"① 在这里,三台、北斗神君是以审判者的身份出现,对人的善恶行为进行考察。此画中人物头上绘有"北斗"、"三台"两组星座,所指当是录人罪恶,定人寿数的三台和北斗二位神君。

由于北斗主杀,与北斗有关的天象解读往往与诛伐有关。《后汉书·天文志》中有多处此类记载。如:

> 三年九月丁卯,有流星大如鸡子,起紫宫,西南至北斗柄闲消。紫宫天子宫,文昌、少微为贵臣,天津为水,北斗主杀。流星起,历紫宫、文昌、少微、天津,文昌为天子使,出有兵诛也。

又:

> 十年三月癸卯,流星如月,从太微出,入北斗魁第六星,色白。旁有小星射者十余枚,灭则有声如雷,食顷止。流星为贵使,星大者使大,星小者使小。太微天子廷,北斗魁主杀。星从太微出,抵北斗魁,是天子大使将出,有所伐杀。

再者:

> 光和元年四月癸丑,流星犯轩辕第二星,东北行入北斗魁中。八月,彗星出亢北,入天市中,长数尺,稍长至五六

———————————————

① 《道藏》,第27册,第10页。

丈，赤色，经历十余宿，八十余日，乃消于天菀中。流星为贵使，轩辕为内宫，北斗魁主杀。流星从轩辕出抵北斗魁，是天子大使将出，有伐杀也。……

魏晋南北朝时期的占星家继承了此思想，南朝沈约《宋书·天文志》曰："所以先儒以为北斗七星，天纲运转，圣人仰观俯察，以审时变焉。"同时又记载：

> 八月，星孛太微，至翼、北斗、三台。占曰："太微天子廷，大人恶之。"一曰："有徙王。翼又楚分也。""北斗主杀罚，三台为三公"。
>
> 元康六年六月丙午夜，有枉矢自斗魁东南行。按占曰："以乱伐乱。北斗主执杀，出斗魁，居中执杀者不直象也。"

历代史料中类似的星象记录不胜枚举。可见，在中国古人的心中，北斗主死的观念是如此的根深蒂固，以致经历朝历代而不衰也。

在汉人的观念中，北斗为厘定节候、司掌时间之神。而生命长度的衡量标准即是时间。所以，司时之神便与人的生死息息相关，求寿命的本质就是求时间。循此逻辑便产生了司时之神主死亡的信仰。于是，北斗司时之神的作用在先民的宗教意识中被逐渐夸大，进而被引申为司命之神。而作为司掌时间，规定季节变换之神，北斗不仅主人之寿命福禄，也主农作物之丰歉：《河图帝览嬉》载："斗主岁时丰歉。"清代农书《钦定授时通考》卷六中记载得更为详细，北斗各个星分别主宰不同的作物："常以岁除夜，五更视北斗，占五谷善恶。其星明则成熟；暗则有损。贪狼主荞麦，巨门主粟，禄存主条黍，文昌主芝麻，廉贞主麦，武曲主粳糯，破军主赤豆，辅星主大豆。"

其次，北斗规定中央天区之范围，与地下之"中国"遥相对应，是谓天上之"中国"——神仙世界。人们渴望死后能够升入天上的北斗仙界（收之于斗极），便可还之于司命，从而脱胎换骨，起死回生。若能修炼成仙，永留天国仙界，则是道教徒们孜孜以求的终极梦想。

最后，在实际天象中，北斗"帝车"之下压着代表厉鬼亡魂的舆鬼"尸星"。因此在汉人的观念中，非正常死亡的凶死之咎鬼亦归北斗君所管辖。逐渐演变成为魏晋以降之鬼官北斗君形象。

（二）北斗九皇信仰

在道教中盛行对九皇的崇拜。考其"九皇"概念，盖有三种：

第一种，按《太平经》的说法："天有三皇，地有三皇，人有三皇"为九皇。明代道经《天皇至道太清玉册》卷一也称"上三皇、中三皇、下三皇"为九皇；

第二种，宋代吕元素所集《道门定制》卷二称道教供奉的最高神三清与六御，为九皇；

第三种，据约出于东晋南期的早期上清派经典《上清河图内玄经》称，天上的北斗七星加紫微、勾陈九星为"九皇君"。南北朝或隋唐时期的《北斗九皇隐讳经》、《北斗九皇职位总主》、《太上玄灵北斗本命延生真经注解》以及北宋《太上北斗二十八章经》等多部道经中亦保留有各自对"北斗九皇信仰"的记载。

在六朝古道经《北斗九星职位总主·河图宝录》中综括了九皇职司、名讳、衣冠以及所执法器：

> 第一阳明星，天之太尉，司正主非。上总九天之真，中监五岳飞仙，下领后学真人，天地神灵，功过轻重。围九百二十里，有青城玉楼，据斗真人号九晨君，姓上灵，讳摇天捶。冠九晨玉冠，衣青羽飞裳，执《斗玄图》，坐玉楼中。

知内讳者，玉晨下映，飞行太空。

　　第二阴精星，天之上宰，主禄位。上总天宿，下领万灵及学仙之人。围五百五十五里，有五色玉楼。攀魁真人号北上晨君，姓育婴，讳激明光。冠玄精玉冠，衣玄羽飞裳，执五色羽节。

　　第三真人星，天之司空，主神仙。上总九天高真，中监五岳灵仙，下领学道之人。围七百七十里，有黄台玉楼。真人号主仙华神君，姓归拼，讳度众踏，冠飞晨宝冠，衣青羽飞裳，执斗中青箓。

　　第四玄冥星，天之游击，主伐逆。上总九天鬼神，中领北帝三官，下监万兆。围八百里，有朱台玉楼。步斗真人号玄上飞盖晨君，姓冥枢，讳摇天柱。冠二华宝晨冠，衣丹锦飞裳，执九灵之节。

　　第五丹元星，天之北斗君，主命箓籍。上总九天诸箓，中统鬼神簿目，下领学真兆民命籍。诸天诸地，莫不总统。围七百二十里，有素台金楼。蹑纪真人号金魁七晨君，姓上开，讳变五道。冠七宝飞天冠，衣白锦飞裳，执青元籍。

　　第六北极星，天之太常，主升进。上总九天上真，中统五岳飞仙，下领学者阶级。围七百七十里，有玄台玉楼。步刚真人号北晨飞华君，姓明灵，讳昌上元。冠飞精华冠，衣紫锦飞裳，执九斗玉策。

　　第七天关星，天之上帝，主天地机运，四时长短，否泰劫会。围九百里，有九层玉楼。乘龙真人号总灵九元北盖晨君，姓玄枢，讳开天徒。冠九元宝冠，衣九色锦裳，执晖神之印。

　　第八辅星，天尊玉帝之星，曰常阳也。主飞仙。上总九天，下领九地，五岳四渎神仙之官。围九百九十里，有紫炁玉楼。游行三界真人号帝尊九晨君，姓精常，讳空上开正延。冠飞精玉冠，衣九色凤衣，执火铃。

第九弼星，太帝真人星，曰空隐也。主变化无方。围九百九十里，有玉楼紫馆。徘徊三阳真人号帝真元星君，姓幽空，讳冥阳晖幽寥。冠飞天玉冠，衣九天龙衣，执帝章①。

而在不同道派不同时期的道经中，"北斗九皇信仰"的记载也有不同，宋代道经《太上北斗二十八章经》则又是另外一种说法：

北斗第一宫贪狼星君，（文章）案内管三百六十星官三百六十司三千六百曹官，身披青衣，头戴青冠，脚踏朱履，手执青简，又有三千六百童子，身着青衣，手执青旛持华盖，以应东方甲乙之木。

北斗第二宫巨门星君，善注人间长寿。案内管三百六十星官三百六十司三千六百曹官，头戴黄冠，身披黄衣，脚踏朱履，手执黄简，又有三千六百童子，身着黄衣，手执黄旛，以应中央戊己甲乙之土。

北斗第三宫禄存星君，注人间孤寡跛口四民。案内管三百六十星官三百六十司三千六百曹官，头戴黑冠，身披黑衣，手执黑简，脚踏朱履，又有三千六百童子，身着黑衣，手执黑旛，以应北方壬癸之水。

北斗第四宫文曲星君，注人间成败。案内管三百六十星官三百六十司三千六百曹官，头戴黑冠，身披黑衣，手执黑简，脚踏朱履，又有三千六百童子，身着黑衣，手执黑旛，以应北方壬癸之水。

北斗第五宫廉贞星君功曹掌事大星，案内管三百六十星官三百六十司三千六百曹官，身披绯衣，头戴红冠，手执朱

① 《道藏》，第22册，第181～182页。

简，脚踏朱履，又有三千六百童子，身着绯衣，手执红旛，以应南方丙丁之火。

北斗第六宫武曲星君，注人间金银五谷财帛。案内管三百六十星官三百六十司三千六百曹官，身披白衣，头戴素冠，手执白简，脚踏朱履，各执文簿，又有三千六百童子，身着白衣，手执白旛，以应西方庚辛之金。

北斗第七宫破军星君，注籍人间伤暴、诛斩囚徒。案内管三百六十星官三百六十司三千六百曹官，身披白衣，头戴素冠，手执白简，脚踏朱履，又有三千六百童子，身着白衣，手执白旛，以应西方庚辛之金及天上地下人间五行造化生旺所属星宫，舍次之分，流布祯祥①。

虽然两经之中九皇之名称和司职都有所变化，但是可以看出九皇大帝司掌人间一切事务，神通广大。故而时人多在宫观中立九皇之像以拜祭。唐代以降，在九皇信仰的基础之上又发展出对九皇之母紫光夫人的信仰——斗姆信仰。

（三）北斗厌胜信仰的地域性迁移

北齐颜之推《颜氏家训》卷二对当时的丧葬制度有这样的描述："偏傍之书，死有归杀。子孙逃窜，莫肯在家；画瓦书符，作诸厌胜；丧出之日，门前然火，户外列灰，被送家鬼，章断注连：凡如此比，不近有情，乃儒雅之罪人，弹议所当加也。"这则材料也反映了厌胜葬俗在南北朝时期的延续和普及。但是，东汉末年以后，在中原地区魏晋北朝墓葬中，类似东汉时期的那种带解注文的镇墓材料却发现不多，无论种类还是数量都不能和东汉时期相比。按张勋燎 2006 年的初步统计，"中原地区魏晋北朝

---

① 《道藏》，第 11 册，第 362～363 页。

时期考古出土和传世之解注器材料共有 6 批 18 件"①，其器形与东汉时期没有太大的变化。解注文内容不再直接出现北斗符号和"黄神北斗"、"北斗君"等字样，仅少量书有"八魁九坎"之类泛指的星宿名称。

尽管在中原地区较少发现解注器物，但在以敦煌为主的甘肃地区却有大量解注瓶出土，这种解注瓶在瓶腹的镇墓文中自名"斗瓶"，器形和文字内容与东汉时期相比也出现了一些新的特点，其中尤以敦煌祁家湾墓葬群最有代表性。此外，青海、新疆等地区也有一定数量的解注器物出土。

1985 年，考古工作者在甘肃省酒泉市敦煌祁家湾发掘清理了西晋十六国的墓葬 117 座，"无论大墓小墓，均流行随葬斗瓶……瓶内一般装有粟粒、面粉、云母片等，个别的还装有铅人"②。解注文内容仍是表达分隔生死，压鬼镇墓的厌胜信仰，只是不再直接出现北斗符号和"黄神北斗"、"北斗君"等字样，代之以"北辰"、"青乌子告北辰"等内容。据上文所论，北辰所指即为北极天帝，与北斗在概念上可以互代。且自名"斗瓶"，其所表达亦属北斗厌胜信仰。

1978 年至 1980 年在湖南资兴县旧市、厚玉等地发掘了一大批古墓，其中 5 座南朝墓中共出土陶墓券 3 块，均朱书有镇墓符文。编号为 M474 的南朝墓中出土的陶墓券上还绘有北斗符咒（图 38）。

> 474:8，砖完整无损……用朱砂行书二十七行文字，每行约十八至二十字……末尾一行为符咒：上边划的似为北斗七星，下边咒语第一、二字略有残缺，其余不识。由于泥土粘连，年代久远，文字有的脱落，有的漫漶不清，残存约一半多

---

① 张勋燎、白彬：《中国道教考古》第二册，线装书局，2006 年，第 351 页。

② 戴春阳、张珑：《敦煌祁家湾——西晋十六国墓葬发掘报告》，文物出版社，1994年，第 16 页。

一点文字，现将残文全抄如下：

　　□□监四年太岁……丁巳……太上□□符敕，天一地二，孟仲四季……土文土武，土墓上墓下……丘丞墓伯，冢中二千石，左右丞侯，丘墓□□，营土将军……道上□□道左将军，道右将军，三道将军，高里父老，都猴伯长……天魁天罡寸太一登明切曹传送，随到十二神等，桂阳郡都乡宜阳里……岁问……月十二日醉酒寿终。神归三天，身归三泉，□□蒿里□先人令者乡墓……奉太上丈人道法，不敢选日问时，不避天下禁忌，道行正真……为□立宅作兆……备有丈尺，丘墓之神，地下禁忌……丘墓诸神，咸当奉板，开示亡人道地，安其尸刑，沐浴冠带……使无忧患……巽……如天曹神比，若有禁呵，不承天法……依玄都鬼律治罪。备慎天宪，明果奉行，急急如泰清，三天无极，大道太上地（陛）下，着女青诏书律（律）①。

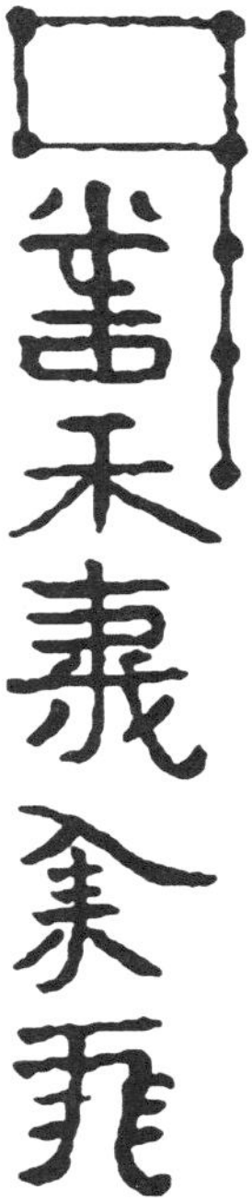

图38　资兴南朝北斗符（采自湖南省博物馆：《湖南资兴晋南朝墓》，《考古学报》1984 年第 3 期，第356 页）

　　可见，魏晋南北朝时期北斗厌胜信仰出现了由中原地区向西北及南部地区的迁移。张勋燎考证后认为这种现象的产生是天师

① 　湖南省博物馆：《湖南资兴晋南朝墓》，《考古学报》1984 年第 3 期，第355 页。

道的西传所致①。据史料记载，道教还在其正式形成之前，作为其原始形态和源头的方仙道和黄老道等就已经从中原腹地向西传播。南朝佛经《弘明集》卷八所收玄光《辨惑论》的"合气释罪是其三逆"条即称："汉时仪君，行此为道，献魅乱俗，被斥敦煌。"东汉末年利用太平道反判起义的黄巾军遭到镇压，加之三国时期的战乱，天师道在中原地区受到了沉重的打击，逐渐向西北迁移。许多道人在敦煌定居传道，使道教成为当地较有影响力的宗教信仰。

（四）北斗为炼形之宫

2004 年 12 月，在南京市大光路的基建工地，发现了一座孙吴时期的砖室墓。男棺出土名刺有墨书"薛秋"字样。墓中女棺的底部有一长 2、宽 0.37、厚 0.02 米的木板上有 14 个菱形孔，或为史籍记载的七星板②。七星板的葬俗在后世较为普遍。直到今天，部分地区仍在沿用，反映出时人魂归斗极、练形升仙的宗教思想。

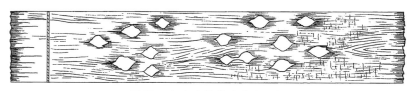

图 39　南京孙吴薛秋墓七星板

（采自南京市博物馆：《南京大光路孙吴薛秋墓发掘简报》，《文物》2008 年第 3 期，第 5 页）

1958 年发掘的湖南长沙金盆岭西晋永宁二年墓 M21 （图40），为一扁凸字形砖室墓，墓室四角距墓底 1.54 米处各有一块

---

① 张勋燎、白彬：《中国道教考古》第二册，线装书局，2006 年，第 552－561 页。

② 南京市博物馆：《南京大光路孙吴薛秋墓发掘简报》，《文物》2008 年第 3 期，第 5 页。

平砌的砖伸出壁面一段①。姜生认为该墓的空间结构乃按照北斗形状设计，整个墓室乃是死者卧斗修炼成仙的"炼形之宫"②。

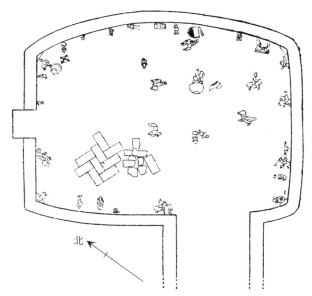

图 40　长沙金盆岭 M21 墓葬结构平面示意图

（采自湖南省博物馆：《长沙两晋南朝隋墓发掘报告》，《考古学报》1959 年第 3 期，第 78 页）

　　《太平经》曰："太阴常守斗魁"③，道教著名的"太阴炼形"之法亦以斗魁代表太阴。约出于南朝的上清派经典《洞真三天秘讳》曾论及修仙过程中北斗的重要性："斗星者，太极之紫盖，玄真之灵阙，九星之神席，天尊之偃房。学真之士，天尊授之，

①　湖南省博物馆：《长沙两晋南朝隋墓发掘报告》，《考古学报》1959 年第 3 期。
②　姜生：《长沙金盆岭晋墓与太阴炼形——以及墓葬器物群的分布逻辑》，《宗教学研究》2011 年第 1 期，第 17 页。
③　王明：《太平经合校》，中华书局，1979 年，第 304 页。

使其偃息斗中。暮卧存斗星……行之十八年，色反婴童，九星之精变成九老，俱来迎子，白日登晨。"① 可见北斗被道家视为修炼之宫。存想身卧斗魁，便可返老还童，转化升仙。魏晋南北朝时期记载此类北斗修炼之法的道经数量众多，北斗在种种修炼道法中之用途也各有不同。在本文下篇的《北斗道法》一节中，笔者将对道经中的北斗道法做进一步的归纳整理。

根据姜生重新绘制的长沙金盆岭 M21 墓室空间图（图 41），可以直观地看出整个墓的空间结构乃是按照北斗形状设计，报告中提到"用途不明"的四块突出的平砖，代表的可能是北斗斗魁上的天璇、天枢、天玑、天权四颗星，位置特殊的羡道，代表的则是北斗的斗柄。墓主的棺椁放在墓室之中，也就意味着入乘斗魁，即"太阴世界"之中。金盆岭 M21 晋墓墓室被布置成斗魁形状，其用意就是为了使墓主在墓中完成"太阴炼形"的修仙过程②。

1984 年发掘出土的济南市马家庄北齐墓，墓葬四壁均绘有壁画（图 42），其所表现应也为北斗修炼之法。报告称：

> 穹隆顶四方各绘一颗大星。北方绘北斗七星，西南绘南斗六星，东南绘两颗小星，星座有连线，诸星皆以赭色圆点表示。西方绘赭色太阳，日中以墨色绘金乌……东方绘月亮，月内绘蟾蜍、桂树和玉兔捣药③。

六朝道经《上清金阙帝君五斗三一图诀》中论及守一之道："存北斗覆头上，柄指前，如此百邪不敢干，凶祟自灭亡（图

---

① 《洞真三天秘讳》，《道藏》，第 33 册，第 639 页。
② 姜生：《长沙金盆岭晋墓与太阴炼形——以及墓葬器物群的分布逻辑》，《宗教学研究》2011 年第 1 期，第 21 页。
③ 济南市博物馆：《济南市马家庄北齐墓》，《文物》1985 年第 10 期，第 45 页。

81）。"① 此墓葬壁画内容当为此种道法的体现：在北壁上绘墓主正襟危坐，似在修炼，两童子分立左右。头顶上方独绘北斗（图43），象征墓主人身居北斗中央华盖之下，随斗运转，修炼成仙。

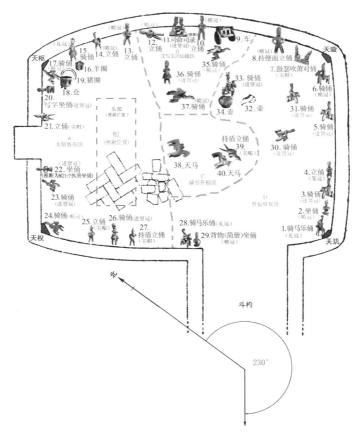

图 41　长沙金盆岭 M21 墓室空间的符号布设和区域划分

（采自姜生：《长沙金盆岭晋墓与太阴炼形》，《宗教学研究》2011 年第 1 期，第 25 页，图十）

---

① 《道藏》，第 17 册，第 223 页。

图 42　济南市马家庄北齐墓墓室四壁壁画展开图

（采自济南市博物馆：《济南市马家庄北齐墓》，《文物》1985 年第 10 期，第 45 页，图八）

图 43　济南市马家庄北齐墓北壁壁画墓主头顶上方绘北斗（局部）

（五）鬼官北斗

1987 年发掘的西安东郊田王西晋墓 M462 中的前室墓顶部的北壁及甬道口上部墙壁 0.7 米的范围内画有北斗七星图，并隶书"元康四年地下口北斗"字样（图 44）。在西壁南端画有圆月，并书"月"字①。

据姜生考证，此处残字应为"之"字。而这个"地下之北斗"所指的应该是"地斗君"，即魏晋时期道教神谱中的"鬼官

---

①　陕西省考古研究所配合基建考古队：《西安东郊田王西晋墓清理简报》，《考古与文物》1990 年第 5 期，第 50 页。

北斗君"①。

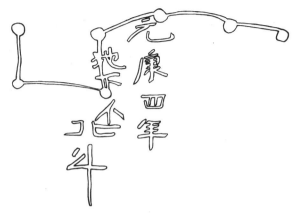

图44　西安东郊田王晋墓"地下北斗"图

（采自陕西省考古研究所配合基建考古队：《西安东郊田王西晋墓清理简报》，《考古与文物》1990年第5期，第51页）

　　"鬼官北斗信仰"应由汉代"北斗君主咎鬼"之厌胜信仰发展演变而来。在南朝梁陶弘景《真灵位业图》编订的道教神仙谱系中，"鬼官北斗君周武王"排为第七级左位第十七神②，地位较低。需要注意的是，此"鬼官北斗"非天上之北斗，仅为道家七辰北斗下属的考官。据陶弘景《真诰》曰："鬼官北斗君，乃是道家七辰北斗之考官。此鬼一官，又隶九星之精，上属北晨玉君府耳，未必尽径来也，别更一二，密可示尔同气，令知斗处幽间之泰也，道业可不勖哉。"③南朝顾欢《道迹经》残卷的《道迹灵仙记》亦载："人初死，皆先诣纣绝阴天宫中受事……祸福、

①　姜生：《地斗考》，日本中国出土资料学会编《中国出土资料研究》，第19号，第6页。

②　《洞玄灵宝真灵位业图》，《道藏》，第3册，第280页。

③　《真诰》卷十三"稽神枢第三"，《道藏》，第20册，第566页。

吉凶、宿命、罪害，由恬照第四天宫，鬼官北斗君治此中。鬼官之北斗，非天上之北斗也。鬼官别有北斗君以司生杀耳。……鬼官北斗君乃是道家七辰北斗之考官耳，此鬼一官又隶九星之精，上属北辰玉君。"① 可见"鬼官北斗君"是在地下（幽间）以司生杀。初死之人均须先往"纠绝阴天宫"中受事，经由鬼官北斗君所治的"恬照第四天宫"考核，决定是否能够成仙。

在上文提到的长沙金盆岭晋墓 M21 中，共计出土骑马或坐立人俑 32 件（出现人物 34 个），陶马俑 2 件。过去学界多认为俑作为随葬明器系由古代人殉习俗演变而来，是象征殉葬奴隶的模拟品②，因此俑往往被认为是墓主人的属史，被带到阴间继续服侍墓主人。姜生根据魏晋时期道教思想对丧葬制度的影响，重新考量了金盆岭晋墓 M21 中的人俑形象，提出了新的观点，认为这些俑已经不再是以墓主人的属吏身份作为随葬品，而是各自代表道教的诸位仙真。其中出土执册书写坐俑（M21∶20）或为鬼官北斗，"鬼官北斗是道家七辰北斗所属之考官。而墓主人所在之墓拟斗，作为考官的鬼官北斗在斗形墓中对死者进行考定，正合此逻辑"③。

据《真诰》所载，"鬼官北斗君"所治的"恬昭第四天宫"，位于北方癸地的罗酆山中：

> 罗酆山在北方癸地，山高二千六百里，周回三万里。其山下有洞天在。山之周回一万五千里。其上其下，并有鬼神宫室。山上有六宫，洞中有六宫，辄周回千里，是为六天鬼

① 《道迹灵仙记》，《道藏》，第 11 册，第 45 页。这段文字见于《真诰》卷十五及卷十三。

② 《中国大百科全书·考古学卷》，中国大百科全书出版社，1986 年，第 622 页。

③ 姜生：《长沙金盆岭晋墓与太阴炼形——以及墓葬器物群的分布逻辑》，《宗教学研究》2011 年第 1 期，第 31 页。

神之宫也。山上为外宫，洞中为内宫，制度等耳。第一宫名为纣绝阴天宫，以次东行，第二宫名为泰煞谅事宗天宫，第三宫名为明晨耐犯武城天宫，第四宫名为恬昭罪气天宫……祸福、吉凶、续命、罪害，由恬昭第四天宫。鬼官地斗君治此中，鬼官之北斗[①]。

唐代《酉阳杂俎》卷二也提到，洞天六宫是周围一万里高二千六百里的天界，第四层天是恬照罪气宫，便是管人间"祸福继命"的鬼官北斗君所治。可见鬼官北斗信仰在宋代之前广为流传。

（六）阳斗与阴斗

新疆吐鲁番阿斯塔那一座晋代墓中出土了一幅分别绘在六张纸上而合成的画面完整的纸画（图45），在画面的空中清晰可见两个北斗：

画面中央，帷帐垂挂，账内墓主人坐榻上，右手持一团扇，左旁立一女婢。左侧下方，坞堡耸立，堡内绘厨灶。鼎下炉火燃烧，鞍形烤炉内炭火通红，木案上置肉类等物，一侍女跪地上，正为主人备餐。右下方绘一马，昂首挺立，鞍垫皆备，上方并有伞盖，左旁一身着短衣的马夫，正在等待主人出行。画面上方为天空和田野。左上方日内绘金乌，象征日下有树木和田地，旁置木权、耙等农具。中间绘北斗七星，树木和凤鸟。右上方月内绘蟾蜍，旁边也绘北斗七星。整个画面只有赫红与蓝色[②]。

---

① 《真诰》卷十五"阐幽微第一"，《道藏》，第20册，第579页。
② 中国美术全集编辑委员会：《中国美术全集（绘画编1）》，人民美术出版社，1986年，介绍部分第49页。

图45　新疆吐鲁番阿斯塔那墓中纸画

(采自中国美术全集编辑委员会：《中国美术全集（绘画编1）》，人民美术出版社，1986年，第118、119页，图九二）

　　此外，在吉林集安长川一号高句丽墓后室四壁及藻井均绘正视莲花图案，盖顶石则绘日月星宿并题有朱书（图46）。据温玉成考证，此墓葬年代为公元400~430年之间①。

　　　盖顶石因刻有两道十字交叉的对角线，被划成四个等边三角形，东边的三角形内绘日象，在灰色衬地上用赭红线条画一三足乌，立足于东，面朝北，头上着弯卷的冠；西边的三角形内绘月象，在白色衬地上画蟾蜍和玉兔，蟾蜍居北，四腿张开，玉兔居南，人立着以前肢执杵捣白。盖顶石的南北两侧各绘一组星座，星辰多在白色圆地中心着黄点。南面是由黑色虚线把七颗星联系起来的勺形星座；在勺形星座的西侧和北侧，还各绘有一颗散星。北面是由黑色实线把七颗星联系起来的北斗星座；在北斗星座的东侧和斗柄最后一颗星的南侧，有两颗只着白色圆地的散星，此外，在北斗星座

---

①　温玉成：《集安长川高句丽一号墓的佛教壁画》，《敦煌研究》2001年第1期，第70页。

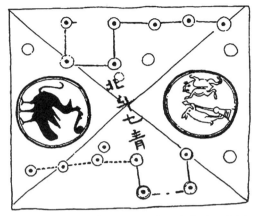

图 46　集安长川一号壁画墓后室藻井天象图

（采自吉林省工作队等：《集安长川一号壁画墓》，《东北考古与历史》第 1 辑，文物出版社，1982 年，第 170 页）

第五星的南侧和南面等腰三角形近顶端，还各绘一红色圆圈，或亦示散星。在日月图像正中，由北而南以赭色题"北斗七青"四字，字体带有隶法笔意①。

值得一提的是，长川一号墓中占据瞩目位置的男女墓主礼佛图，是迄今发现的所有高句丽古墓壁画中所仅见的。结合此墓中其他壁画内容和出土器物所反映的文化面貌判断，墓主当为佛教信仰者。但是其墓室的壁画内容仍保留有华夏传统的四神图案，尤其是藻井上的星图十分独特，上下两组星座实为两个北斗。林圣智根据《淮南子·天文训》中北斗神分雌雄的说法②，认为此

① 吉林省工作队等：《集安长川一号壁画墓》，东北考古与历史编辑委员会编《东北考古与历史》第 1 辑，文物出版社，1982 年，第 168、169 页。

② 《淮南子·天文训》中有北斗神分雌雄的说法："北斗之神有雌雄，十一月始建于子，月从一辰，雄左行，雌右行。"

处的两个北斗当为古代阴阳观念的直接体现①。

但是，在墓葬中体现阴阳观念究竟是何用意，林先生并未探讨。按《淮南子·天文训》所载，雌雄二北斗神代表阴阳二气，以不同的方向绕极旋转。雌雄两神所对的天干地支互相配合，叫作"合"，一年有"八合"。合于太阴经过之前辰位时，是凶年，预兆死亡，合于太阴经过之后辰位时，是吉年，就没有灾殃。也就是说，此理论乃于占式之用，而以如此形态出现在墓葬之中恐非预兆吉凶之意。

在笔者看来，与其说此二图上部绘有两个北斗，不如说是北斗运转的动态表达。在北斗道术中流传着这样的说法，即单日之北斗为阳斗，双日之北斗为阴斗②。如此表达既能体现其阴阳属性，又能显示其旋转往复的运动过程。尤其是集安长川一号墓中的两个北斗中，其中一个直接绘成虚线，说明并非是真实存在的北斗神。由于遗迹中北斗的位置均在墓主人头顶上方，突出北斗在运转，实则为了体现当时道教的北斗存思修仙道术。

另一方面，魏晋南北朝时期的佛教与道教相互影响、渗透。正如萧登福所言："道教的星斗崇拜，在六朝时已逐渐地影响到了佛经的传译。"③ 于是，北斗信仰的内容开始逐渐被佛教所消化吸收，并呈现出一种独特的佛教北斗信仰文化面貌。

（七）天象图中的北斗

这一时期的壁画墓墓顶，多装饰有天象图，且常常出现北斗。韩国学者金一权在《高句丽古坟壁画天文观念体系之研究》一文中总结了 22 座绘有天象图的高句丽壁画墓（见表 10），其中 18 座都

① 林圣智：《中国中古时期墓葬中的天界表象——东亚的比较视野》，中国古代墓葬美术研究国际学术讨论会论文集，2009 年，第 12 页。

② 《道法会元》卷二三二，"催生转胎符"提到"此二十四字口诵叠书在符内，阳日阳斗，阴日阴斗，直下出笔。"参见《道藏》，第 30 册，第 451 页。

③ 萧登福：《道教星斗符印与佛教密宗》，新文丰出版公司，1993 年，第 9 页。

绘有北斗①。如：吉林集安县洞沟（旧称辑安通沟）出土的西晋时期两座高句丽王室墓舞踊冢（图47）和角牴冢（图48）。两墓墓室藻井上均有北斗、南斗等七座星宿及日月、云气等图像的天象图②。

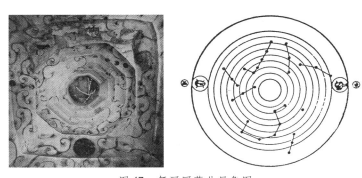

图 47　舞踊冢藻井星象图

（采自潘鼐：《中国古天文图录》，上海科技教育出版社，2009 年，第20 页）

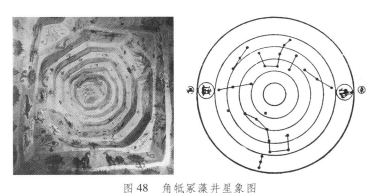

图 48　角牴冢藻井星象图

（采自潘鼐：《中国古天文图录》，上海科技教育出版社，2009 年，第20 页）

---

① ［韩］金一权著，何古来译：《高句丽古坟壁画天文观念体系之研究》，《历史与考古信息·东北亚》1999 年第 1 期，第 85 页。
② 潘鼐：《中国古天文图录》，上海科技教育出版社，2009 年，第 20 页。

表10

高句丽古墓壁画天文因素一览表

	古墓名	时期	天井法式	北斗七星	南斗六星	东双三星	西双三星	日月	四神	中央天井	二十八宿
1	安岳3号坟	357年	平行三角叠涩	△				○			
2	伏狮里古坟	4世纪末	穹隆天井叠涩	○		△	△	○	○		
3	安岳1号坟	4世纪末~5世纪初	平行三角叠涩	○	○	△	N	○			
4	德兴里古坟	408年	穹隆天井叠涩	○	○	○	W·U	○	(五星)		△
5	角抵冢(集安)	5世纪初	八角叠涩	○	○	O?	○	○	○		
6	舞踊冢(集安)	5世纪前半	八角叠涩	○	○	△	○	○	○	莲花	
7	药水里古坟	5世纪初	穹隆三角叠涩	○	○	△	○	○	○	?	
8	三室冢(集安)	5世纪前半	平行三角(第2枋室) / 平行三角(第3枋室)	○	○			○	○	日月星宿 / 日月星宿	
9	天王地神冢	5世纪中叶	八角叠涩	○		△	△	○	○	?	
10	星冢	5世纪中叶	穹隆平行三角叠涩	○		△	△	○	○		△
11	长川1号坟(集安)	5世纪中叶	平行叠涩	○(2个)				○	○	莲花(前室) / 日月星宿(玄室)	

续表 10

	古坟名	时期	天井法式	北斗七星	南斗六星	东双三星	西双三星	日月	四神	中央天井	二十八宿
12	大安里 1 号坟	5 世纪后半	八角叠涩	○				○		莲花	
13	牛山里 1 号坟	5 世纪后半	穹隆平行三角叠涩			△	△	○	○	星宿	△
14	牛山里 2 号坟	5 世纪后半	平行三角叠涩						○		△
15	双楷冢	5 世纪末	平行三角叠涩	○		○	○	○	○	莲花	
16	符猎冢	5 世纪末	穹隆平行三角叠涩	○		○	○	○	○	?	
17	德化里 1 号坟	5 世纪末~6 世纪初	八角叠涩	○	○			○	○	莲花	
18	德化里 2 号坟	5 世纪末~6 世纪初	八角叠涩	○	○			○	○	莲花	○
19	真坡里 4 号坟	6 世纪前半	平行三角叠涩	○	○			○	○	二十八宿	
20	集安 5 号墓	6 世纪前半	三角叠涩	○	○			○	○	青龙、白虎、星宿	
21	集安 4 号墓	6 世纪前半	三角叠涩	○	○			○	○	黄龙、星宿	
22	通沟四神冢	6 世纪后半	平行三角叠涩	○	○			○	○	黄龙、星宿	

（采自[韩]金一权著，何古未译：《高句丽古坟壁画天文观念体系之研究》，《历史与考古信息·东北亚》1999 年第 1 期，第 85 页）

（○为确实者，△为有差然性者，？为难于确定者）

1974 年在洛阳孟津向阳村发现的北魏元乂墓，墓顶保存有非常完整的天象图（图 49）。此图中绘有星辰约三百个左右。星象呈小圆形，大小相差不多，亮星之间多有线相连，绝大多数的星宿名称可以辨识。银河纵贯南北，河中涂有浅蓝色波浪，以示"天河"。四神图绘在了四壁之上①。前面提到的西安东郊田王西晋墓 M462 和济南市马家庄北齐墓中也明确绘出北斗。

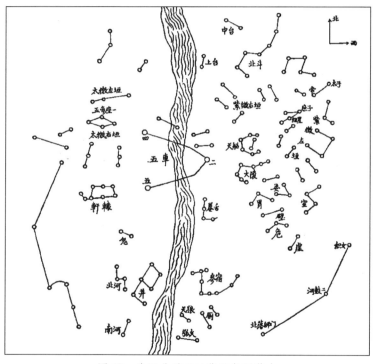

图 49   洛阳北魏元乂墓星象图摹本

（采自洛阳博物馆：《洛阳北魏元乂墓的星象图》，《文物》1974 年第 12 期，第 57 页）

---

①   洛阳博物馆：《河南洛阳元乂墓调查》，《文物》1974 年第 12 期，第 53 页。

可以看出，这几座墓葬的墓顶天象图内容反映的是实际的星空，比较纯粹，没有表现仙境的主题。虽然星宿的位置有些许偏差，但却较为清晰地用连线标示出星宿，使人能够明确辨认北斗及各个星宿。北斗通常夹杂在众星宿之中，地位并不突出。

（八）小结

根据本章对魏晋南北朝时期各种北斗信仰的归纳总结，可以看出这一时期北斗信仰的宗教性意义更加丰富。魏晋之时的原始道教逐渐将汉代北斗信仰吸收消化，并重新赋予其新的宗教内涵，使得北斗信仰呈现出多元化的文化面貌和神君化的转型。并衍生出"南斗注生、北斗注死"的北斗司命神信仰以及鬼官北斗这样的仙官体系，进而发展出一系列的北斗修炼道法，强化北斗在道教修炼过程中的辅助功能。此外，上溯至北齐，下至今日仍在使用的七星板葬制更是反映出人们魂归斗极的愿望和北斗对于道教修仙道法的重要作用。

五　隋唐宋明的北斗信仰

唐初，李唐政权提倡三教并尊，以道为大[①]。道教得到政府扶持，北斗信仰也随之发展完善。唐宋之际的道教提升北斗地位，并出现了系统而完备的北斗道经和拜斗科仪。一些道教徒相信北斗掌管人之寿命福禄，崇祠北斗可以消灾去厄，延命致福，甚至认为"万法皆从斗出，万律皆从斗役"。在宋元之际已发展

---

① 唐代皇帝自称为老子后裔，特别崇奉道教。贞观十一年，唐太宗下诏："自今以后，斋供行法，至于称谓，道士女冠，可在僧尼之前。"高宗时把佛、道的地位摆平。武则天自称是弥勒佛化身，大兴佛教，地位在道教之上。中宗时，佛教仍占领先地位。到睿宗时，再次把佛、道两教摆平，玄宗时，又将道教地位提在佛教之上。并于开元九年，迎司马承祯入京，亲受法箓，成为取得道士资格的皇帝。

完成"斗姆—九皇"的整个信仰体系。

（一）斗姆信仰

斗姆是唐宋之际道教神仙体系中出现的新神，全称是"梵气法主斗母紫光天后摩利支天大圣"、"九天雷祖大帝大梵先天干元巨光斗姆紫光金尊圣后天后圆明道母天尊"，或称斗姥、斗母。在道经中，"斗姆"的记载最早见于北宋道经《玉清无上灵宝自然北斗本生真经》，其身份为"紫光夫人"。据载，紫光夫人生九子，长子是勾陈上宫天皇大帝，次子是中天紫微北极大帝，七幼子则为北斗七星：

> 有真人从座而起，虔恭百拜，仰瞻威容。告真尊曰："臣名宝上，诸天子中最为第一，今有微愿，望赐开弘臣所愿也。中天七星巍巍赫奕，统御群曜，斡旋炁运，斟酌死生，威力至重，以何因缘殊胜第一，起自何劫，始终之化，愿详闻之。"真尊叹曰："大哉！汝之问也。在昔龙汉有一国王，其名周御，圣德无边，时人禀受八万四千大劫。王有玉妃，明哲慈慧，号曰紫光夫人，誓尘劫中已发至愿，愿生圣子，辅佐乾坤，以神造化，后三千劫于此王世。因上春日百花荣茂之时，游戏后苑。至金莲花温玉池边，脱服澡盥，忽有所感，莲花九苞应时开发，化生九子。其二长子，是为天皇大帝、紫微大帝。其七幼子，是为贪狼、巨门、禄存、文曲、廉贞、武曲、破军之星，或善或恶，化道群情于玉池中。经于七日七夜，结为光明，飞居中极，去地九千万里，化为九大宝宫。二长帝君居紫微垣太虚宫中勾陈之位，掌握符图纪纲元化，为众星之主领也。昔大愿住此刚强世界，七千万劫方还玉清紫光夫人，亦号北斗九真圣德天后、道真玄天大圣真后。应现上天南岳，是名庆华紫光赤帝之尊。"①

————————————————

① 《道藏》，第1册，第872页。

经中提到"斗母"之身世，为龙汉国王周御之玉妃"紫光夫人"。唐宋时期释道二教相互影响、糅合，道教的斗姆信仰与佛教的摩利支天信仰相结合，逐渐形成了后世的斗姆形象。

摩利支天是佛教中一位肉眼难以见其身形护法神菩萨，宋代天息灾《大摩里支菩萨经》卷一中如此描述摩利支天：

> 身如黄金色，作童女相，挂青天衣，手执莲花，顶戴宝塔庄严。……行人先作观想，想彼摩里支菩萨坐金色猪，身之上身，着白衣顶戴宝塔，左手执无忧树花枝，复有群猪围绕①。

在密宗的《佛说大摩里支菩萨经》中摩利支菩萨的化身形象是三头八臂，作忿怒相有三面，面有三目，一作猪面利牙外出，舌如闪电为大恶相②。密教经典认为，凡诸佛菩萨皆有二种轮身：一是正法轮身，由所修之行愿而报得之真实身；二是教令轮身，现忿怒相降伏诸恶魔。修忿怒法所供奉之本尊，形象一般为烟黑色，头发蓬乱，闭一目，张口作大吼状，露出上下二齿，正如摩利支天"猪面利牙外出"的"大恶相"。"利牙外出"是野猪的特征，野猪在印度神话中具有创世的功绩，大神毗湿奴曾化身为野猪，从宇宙之海中创造了世界③。

玄奘所译《佛说摩利支天菩萨陀罗尼经》说摩利支天手下的金猪，是她的御士。编定于元末的《道法会元·卷八十三·先天雷晶隐书》已经将斗姆与摩利支天合二为一：

> 天母圣相：主法斗母摩利支天大圣，三头八臂，手擎

①　《大正藏》第 21 册，第 262～263 页。
②　《大正藏》第 21 册，第 263 页。
③　［英］韦罗尼卡·艾恩斯著，孙士海、王镛译：《印度神话》，经济日报出版社，2001 年，第 69～70 页。

日、月、弓矢、金枪、金铃、箭牌、宝剑，着天青衣，驾火
辇，辇前有七白猪引车，使者立前听令，现大圆光内①。

再者，明万历间刊印的《续道藏》中所收《先天斗母奏告玄
科》亦曰：

> 九天雷祖大梵先天干元巨光斗母紫光金尊、圣德天后、
> 圆明道母天尊。浩劫法身，金莲瑞相。化形三界，总持二帝
> 之垣；子育群生，宰制七元之位。光耀前游于日月，威芒下
> 制于雷霆。凡禀阴阳，均沾化育……四头应化显神通，八臂
> 垂雄施道力。常游日月二天前，独立刀兵三界内。威光赫
> 奕，妙相圆融；接能众生，超离诸苦……西天竺国大智光
> 中，真空妙相法王师，无上玄元天母主。金光烁处，日月潜
> 辉，宝杵旋时，鬼神失色；显灵踪于尘世，卫圣驾于阎浮。
> 众生有难若称名，大士寻声来救苦；大悲大愿，大圣大慈，
> 圣德巨光天后，救一切难，摩利支天大圣圆明道母天尊②。

二经中斗姆之形象略有差别。据称，"2003 年 4 月 23 日至 7
月 20 日在台湾历史博物馆展览的印度文物中，有一个魔利支石
雕像，三头八臂，丰胸肥臀，三张脸中，有一张是猪面，由七猪
拉车……塑像是 11 世纪的产物，由印度来台展出的"③。可见，
明朝以前所见斗姆形象。以三头八臂者居多，且与猪有着神秘的
联系。

斗姆作为北斗之母，其猪面形象的形成盖源自汉唐以来的北
斗化猪信仰。唐代徐坚《初学记》卷二九引汉纬《春秋说题辞》

---

① 《道藏》，第 29 册，第 330 页。
② 《道藏》，第 34 册，第 756 ~ 757 页。
③ 萧登福：《试论北斗九皇、斗姆与摩利支天之关系》，《台中技术学院人文社会学
报》第 3 期，2004 年，第 16 ~ 17 页。

云："斗星时散精为彘。"前文提及，有学者认为汉代的思想中已经出现以猪比附北斗的信仰，甚至史前的一些猪形图案也是北斗信仰的体现。笔者考证后认为，这种观念不会早于东汉，实流行于唐代以后，唐代郑处诲《明皇杂录·补遗》中更加详细地记载了北斗七星化身为猪的故事：

> 一行幼时家贫，邻有王姥者，家甚殷富，奇一行，不惜金帛常前后济之约数十万，一行常思报之。至开元中，一行承玄宗敬遇，言无不可。未几，会王姥儿犯杀人，狱未具，姥诣一行求救。一行曰："姥要金帛，当十倍酬也。君上执法，难以情求，如何？"王姥戟手大骂曰："何用识此僧！"一行从而谢之，终不顾。一行心计，浑天寺中工役数百，乃命空其室内，徙一大瓮于中央，密选常住奴二人，授以布囊，谓曰："某坊某角有废园，汝向中潜伺，从午至昏，当有物入来，其数七者，可尽掩之，失一则杖汝。"如言而往，至酉后，果有群豕至，悉获而归。一行大喜，令置瓮中，覆以木盖，封以六一泥，朱题梵字数十，其徒莫测。诘朝，中使叩门急召，至便殿，玄宗迎问曰："太史奏昨夜北斗不见，是何祥也？师有以禳之乎？"一行曰："后魏时失荧惑，至今帝车不见，古所无者，天将大警于陛下也。夫匹夫匹妇不得其所，则殒霜赤旱。盛德所感，乃能退舍，感之切者，其在葬枯出系乎！释门以瞑心坏一切喜，慈心降一切魔，如臣曲见，莫若大赦天下。"玄宗从之。又其夕，太史奏北斗一星见，凡七日而复①。

此则记载显然是附会之说，但也从一个侧面反映了民间的北

---

① 〔唐〕郑处诲、裴庭裕撰，田廷柱点校：《明皇杂录》，中华书局，1994 年，第 43 ~ 44 页。

斗信仰形式。一行是我国唐代密教高僧及天文历算家，其著作甚多，有《北斗七星护摩法》一卷，内容为祈求北斗七星以延命增福之护摩仪则。晚唐段成式在《酉阳杂俎·前集》卷一中也转载了此故事，可见此说在民间影响较深。清初查继佐《罪惟录·方外列传》中延续了这种信仰并记载了徐有贞施斗姆法使北斗化身为猪的类似故事。

至于斗姆的神职，南宋道经《太上玄灵斗姆大圣元君本命延生心经》① 中介绍得较为详细：

> 斗母降以大药，普垂医治之功，燮理五行、升降二炁、解滞去室、破暗除邪，愆期者应期，失度者得度。安全胎育、治疗病癀、润益根荄、阳回气候、生成人物、炼度鬼神、散禳百结、资补八阳、辅正全真、召和延祚、潜施药力、职重天医，生诸天，众月之明，为北斗星之母。斗为之魄，水为之精，主生人身②。

照此说法，斗姆可说是生化万物，法力无穷的大神。"若有信心男女，能于上春日一心斋戒，肃尔神明，设九光醮，迎请紫光圣母并七元君，虔恭奉献，纵有多劫十恶重罪，冤家苦报，如九日轮照于冰山，应时消释，上至国王大臣，下及民庶，能奉之者，感获景贶，福寿增延，无量天真俱来拥卫，见世圆满，子孙昌盛，命终之后，超生大梵真天"③。因此，斗姆一直是后世道教立像拜祭的对象。直至今日，诸多道观中仍保留有斗姆的塑像。

_____

① 《道藏通考》认为《太上玄灵斗姆大圣元君本命延生心经》出于南宋。见〔法〕Kristofer Schipper and Franciscus Verellen, eds. "The Taoist Canon: a historical Companion to the Daozang"（道藏通考）. Chicago & London: The University of Chicago Press. 2004, p. 952.

② 《道藏》，第 11 册，第 345 页。

③ 《道藏》，第 11 册，第 345 页。

（二）厌胜信仰之衰落

唐代以降，北斗厌胜之信仰继续衰落，墓葬中几乎不见汉晋时那种解注陶瓶，仅少量铸有北斗的厌胜钱和铜镜还有出土，但其厌胜信仰的功能意义也已不再明显。

1973 年，浙江上虞县文化站收集到一面唐代天象镜（图50）。内圆铸有七曜、四神、北斗七星及四仙人像。中圆圆周内铸出二十八宿的名称，大圆内铸天干地支（缺"戊"、"巳"），外铸八卦图，及铭文一周："百炼神金，九寸圆形，禽兽翼卫，七曜通灵，鉴口天地，威口口口，口山仙口，奔轮上清。"[1] 镜中有四神、北斗、二十八宿、天干地支[2]。

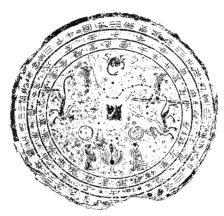

图 50　唐代天象镜拓本

（采自任世龙：《浙江上虞县发现唐代天象镜》，《考古》1976 年第 4 期，第 277 页）

此镜当为古代式盘与天象图相结合的产物，在镜的内圆和中圆部分所表现的是传统"北斗、四神及二十八宿"天象图，象征

① 　任世龙：《浙江上虞县发现唐代天象镜》，《考古》1976 年第 4 期，第 277 页。
② 　刘艺：《镜与中国传统文化》，巴蜀书社，2004 年，第 188 页。

天上仙界。大圆部分的天干地支又属式盘的模式。外铸的八卦图及铭文说明此镜亦用做道教厌胜之法器。故而在此镜中同时体现出了天界象征、星占及厌胜等诸多北斗信仰。

（三）唐宋时期墓葬天象图

唐代几乎不见画像石、画像砖墓。壁画墓出土较多，天象图为最常见的墓顶图案。和汉晋南北朝时期相同，中原地区壁画墓的天象图中星辰均为随意点缀，只为营造满天繁星的效果，尚未见星辰间有以直线相连，明确突出星座属性者，盖因北斗信仰演变之故。在新疆等边远地区的壁画墓天象图中虽然发现有明确的北斗及二十八宿星图，但北斗并不绘在中央显要的位置，因此很难判断其所反映的是某种北斗信仰。

从表 11 的归纳中可以看出，五代时一些王室墓葬墓顶多见绘有北斗的天象图。宋墓中天象图比较少见，宋太宗元德李皇后陵墓室顶部壁画发现有楼阁图和天象图"楼阁图再上一直至墓室顶部，表面皆涂一层青灰，其上画有直径 5～8 厘米的白粉圆点，象征星辰。用白粉绘制的银河，宽 0.25～0.4 米，呈带状自东南至西北斜贯于穹隆顶，以寓意天空。其'星星'密布，但看不出诸星座的准确位置"[①]。

在河北宣化地区出土了一批辽墓，根据墓葬壁画反映出的文化面貌和墓志记载可知其墓主的主要宗教信仰是佛教。在墓室顶部中央多绘有莲花，周围绘二十八宿、黄道十二宫、十二生肖等图案。其中 M1 和 M5 两墓的中央莲花附近绘有北斗。

除了墓室壁画之外，一些宋元时期的宫观壁画也有少量存世。如位于山西省芮城的元代道观永乐宫，绘有精美的大型壁画。其中就有北斗、南斗等众星君的形象。

---

① 河南省文物考古研究所编：《北宋皇陵》，中州古籍出版社，1997 年，第 318 页。

表 11　　　　　　　　唐宋时期墓葬天象图统计表

时间	地域	遗存	图像	描述
唐	陕西咸阳市	章怀太子墓①		墓前后室顶部均绘有天象图。前室穹隆顶上绘有银河及日月星辰。后室与前室同，顶部日月与部分星辰贴金。西壁的月亮和大部分星辰的贴金被盗墓人刮去。东壁太阳和星辰贴金仍保留。
		永泰公主墓②		唐永泰公主李仙蕙墓后室墓顶画有天象图：东边是象征太阳的三足金乌；西边是象征月亮的玉兔；中间是银河，满天星斗。
		懿德太子墓③		懿德太子李重润墓后室第一、二天井绘列戟，为天子之制。墓顶绘天象图，银灰色涂底，白色绘满天星辰与银河，东面画金乌，西面画蟾蜍。
	山西太原市	金胜村第六号唐代壁画墓④		墓顶的天象图保存得较为完整。墓室顶部绘有红色莲花及彩云图案，下绘人字栱及青龙、白虎、朱雀、玄武四神，东西两壁顶部空隙各绘日月星辰。在东壁红色太阳里，用墨笔绘三足乌一只；西壁月亮里，绘人像两个。

---

① 陕西省博物馆等唐墓发掘组：《唐章怀太子墓发掘简报》，《文物》1972 年第 7 期。

② 陕西省文物管理委员会：《唐永泰公主墓发掘简报》，《文物》1964 年第 1 期。

③ 陕西省博物馆等唐墓发掘组：《唐懿德太子墓发掘简报》，《文物》1972 年第 7 期。

④ 山西省文物管理委员会：《太原市金胜村第六号唐代壁画墓》，《文物》1959 年第 8 期。

时间	地域	遗存	图像	描述
唐	山西太原市	太原焦化厂唐代壁画墓①		墓顶正中因被破坏，大部分壁画已脱落，依残迹看似为星象图。星象之下用红、黄、绿三色画出挽结的花幔，其间以弧形联珠纹相接。东西南北四面分别绘出四神。……空白处布满小圆圈，表示满天星辰。
	新疆吐鲁番地区	阿斯塔那65TAM38号唐代壁画墓②		主室顶部及四壁上部绘天文图，用白点表现二十八宿，星点间以白色细线相连。东北壁以红色绘圆形象征太阳，内有金乌。西南壁以白色绘圆形象征太阴（月），内有桂树和持杵玉兔。旁有残月，象征朔望。横穿墓顶绘白色线条，可能是象征银河。
五代	浙江杭州地区	吴越国文穆王钱元瓘之墓③		全图以北极为中心，以北极附近常年可以看见的界限为小圆，直径约50厘米，内刻紫微垣，中有北斗七星等。附近周布二十八宿，所刻位置相当正确。最大圆直径达189.5厘米，表示南天可以看见的界限。

① 山西省考古研究所：《太原市南郊唐代壁画墓清理简报》，《文物》1988 年第 12 期。

② 新疆维吾尔自治区博物馆：《吐鲁番县阿斯塔那—哈拉和卓古墓群发掘简报》，《文物》1973 年第 10 期。

③ 浙江省文物管理委员会：《杭州、临安五代墓中的天文图和秘色瓷》，《考古》1975 年第 3 期。

续表 11

时间	地域	遗存	图像	描述
五代	陕西宝鸡市	李茂贞夫人刘氏墓①	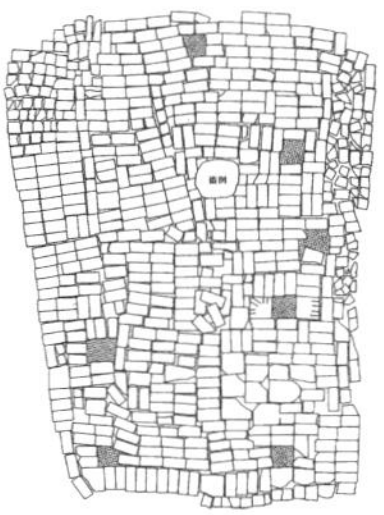	墓顶乃以砖铺出北斗七星图案，在墓葬封土下与墓葬开口同一层位处，有砖铺平面一层，平面内有七处未铺砖，被人为留空。……根据砖铺平面七处未铺砖的位置，经过描绘平面图时意外发现这七处位置连起呈现的勺子状，突然让人联系到天象的北斗七星，该砖铺面正好位于墓葬最重要的后室的垂直上部。
宋辽	河北张家口市	宣化区辽张世卿墓（M1）②	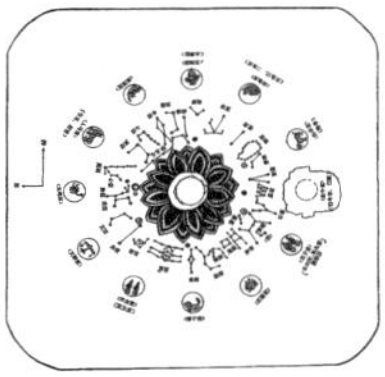	在星图中心，嵌直径35厘米的铜镜一面，象征着天空的中心。铜镜周围用朱白两色绘重瓣莲花。莲分九瓣。星际间外周绘黄道十二宫，内周绘二十八宿。每颗星以朱、蓝色涂成圆点表示，星点间联以直线。东北画北斗七星。
		宣化区辽张世古墓（M5）③	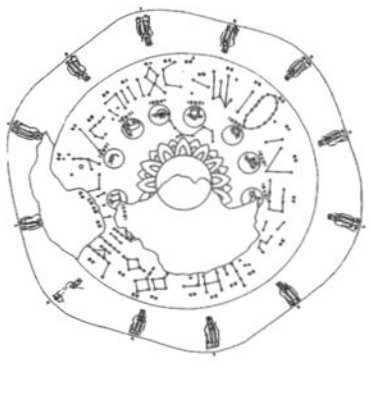	穹顶为一个巨大的凹面。自内而外分为四层。最内一层为莲花藻井之中心，北斗七星绘在正北方，斗柄朝东，唯斗柄第三星旁一小星，应为辅星。第二层为黄道十二宫，第三层是二十八宿，第四层是十二生肖神。

① 宝鸡市考古研究所：《五代李茂贞夫妇墓》，科学出版社，2008年。
② 河北省文物研究所：《宣化辽墓》，文物出版社，2001年。
③ 河北省文物研究所：《宣化辽墓》，文物出版社，2001年。

图 51　永乐宫元代壁画中的北斗星君

（采自张小琴：《永乐宫壁画白描》，天津人民美术出版社，1998 年，第 92 页）

1965 年出土于新疆吐鲁番阿斯塔那地区的 65TAM38 号唐代壁画墓，在墓顶绘有方形天象图（图 52），北斗位于左下角太阳上方，与二十八宿混排于壁画四边：

> 主室顶部及四壁上部绘天文图，用白点表现二十八宿，星点间以白色细线相连。东北壁以红色绘圆形象征太阳，内有金乌。西南壁以白色绘圆形象征太阴（月），内有桂树和持杵玉兔。旁有残月，象征朔望。横穿墓顶绘白色线条，可能是象征银河①。

---

① 新疆维吾尔自治区博物馆：《吐鲁番县阿斯塔那——哈拉和卓古墓群发掘简报》，《文物》1973 年第 10 期，第 19 页。

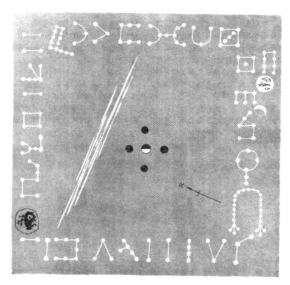

图 52　新疆吐鲁番 65TAM38 号壁画墓天象图

（采自新疆维吾尔自治区博物馆：《吐鲁番县阿斯塔那——哈拉和卓古墓群发掘简报》，《文物》1973 年第 10 期，第 18 页，图二三）

　　五代时期一些王室墓葬墓顶多见绘有北斗的天象图。20 世纪五六十年代出土于杭州地区的吴越国文穆王钱元瓘之墓，在后室顶板阴面正中位置发现石刻星图。原顶板是一块长 4.71、宽 2.66、厚 0.31 米的红色沙砾岩，已残（图 53）。

　　全图以北极为中心，以北极附近常年可以看见的界限为小圆，直径约 50 厘米，内刻紫微垣，所见者有北极、华盖、帝、后、太子、庶子、北斗七星等。小圆外缘次第刻有三个同心圆。中圆直径 119.5 厘米，表示赤道，附近周布二十八宿：东方七宿是角、亢、氐、房、心、尾、箕；北方七宿是斗、牛、女、虚、危、室、壁；西方七宿是奎、娄、胃、昴、毕、觜、参；南方七宿是井、鬼、柳、星、张、翼、轸，所刻位置相当正确。最大圆直径达 189.5 厘米。表示南天可以看见的界限①。

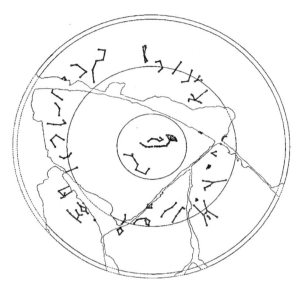

图 53　五代吴越国钱元瓘墓石刻星图摹本

（采自伊世同：《最古的石刻星图——杭州吴越墓石刻星图评介》，《考古》1975 年第 3 期，第 155 页）

唐末五代初，钱元瓘之父镇海节度使钱镠受封为吴越王。钱元瓘与其妻马王后、妃吴汉月，以及钱宽（钱元瓘之祖父）与妻之墓现已出土，墓顶均有星图，并且星座图形与位置都相当准确②。为目前所见最早将北斗圈定的中央天区突出而准确地表现出来的壁画墓群。

---

① 浙江省文物管理委员会：《杭州、临安五代墓中的天文图和秘色瓷》，《考古》 1975 年第 3 期，第 190～191 页。

② 潘鼐：《中国古天文图录》，上海科技教育出版社，2009 年，第 47、48 页。

　　位于陕西宝鸡市金台区陵原乡的李茂贞夫人刘氏墓，墓顶乃以砖铺出北斗七星图案（图54）："在墓葬封土下与墓葬开口同一层位处，有砖铺平面一层，平面内有七处未铺砖，被人为留空。……根据砖铺平面七处未铺砖的位置，经过描绘平面图时意外发现这七处位置连起呈现的勺子状，突然让人联系到天象的北斗七星，该砖铺面正好位于墓葬最重要的后室的垂直上部。"①

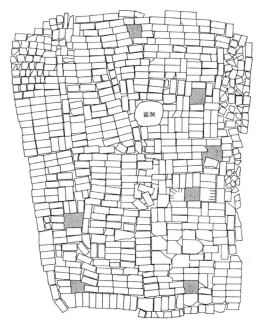

图54　五代李茂贞夫人墓墓顶砖铺北斗图

（采自宝鸡市考古研究所：《五代李茂贞夫妇墓》，科学出版社，2008年，第10页）

　　李茂贞夫人墓墓顶砖铺北斗的形式十分特殊，与烟袋山西汉中期墓女棺盖板上的铜泡北斗相类似，极有可能与墓主的身份以

① 宝鸡市考古研究所：《五代李茂贞夫妇墓》，科学出版社，2008年，第6~8页。

及当时政治等因素有关。

宋墓中几乎不见天象图。20世纪70年代在河北张家口市宣化区下八里村发现了一座辽代壁画墓M1（张世卿墓），其后室顶部彩绘有星象图（图55），其中便有北斗①。

> 在星图中心，嵌直径35厘米的铜镜一面，象征着天空的中心。铜镜周围用朱白两色绘重瓣莲花。莲分九瓣，墨勾，从莲瓣中心到周边，以红、白、黑等几色相间，层次分明。垂莲外径100厘米。再外以白灰为地，上面涂一层淡蓝色，表示晴空（颜色不匀）。星宿围绕中心莲花作圆形分布。星际间外周直径（十二宫）为2.17米，内周（二十八宿）为1.80～1.67米。每颗星以朱、蓝色涂成圆点表示，星点间连以直线。
>
> 宣化星图所绘星宿的最内层即中心莲花的周围，东北画北斗七星。斗柄近开阳一小星，即《步天歌》"辅星近着开阳淡"的辅星②。

此后又陆续有2、3号墓星图的发现③，1993年的发掘，又发现了第5、6、7、10号墓中星图④。

可见，越是在唐代这样的大统一时期，对北斗的使用越显严格。而在五代这样的分裂时期，则多见有北斗的使用。充分说明北斗与国家政权息息相关。

---

① 河北省文物管理处等：《河北宣化辽壁画墓发掘简报》，《文物》1975年第8期，第31～39页。
② 河北省文物管理处等：《辽代彩绘星图是我国天文史上的重要发现》，《文物》1975年第8期，第40页。
③ 张家口市文物管理所等：《河北宣化下八里辽金壁画墓》，《文物》1990年第10期。
④ 郑绍宗：《宣化辽壁画墓彩绘星图之研究》，《辽海文物学刊》，1996年第2期，第45页。

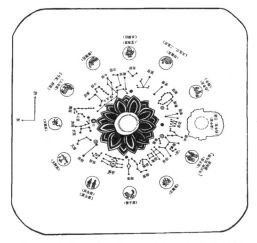

图55　宣化辽壁画墓 M1 后室顶部彩绘星图

（采自河北省文物管理处等：《辽代彩绘星图是我国天文史上的重要发现》，《文物》1975 年第 8 期，第 44 页）

（四）关于北斗主生

北斗司杀注死观念前文已经探讨。唐宋道书《太上玄灵北斗本命延生真经》中更是借老君之口，赋予了北斗诸多的神通，并认为人之生命亦来自北斗："凡夫在世，迷谬者多，不知身属北斗，命由天府"①，不同的时辰出生之人对应北斗不同的本命星君。《太上玄灵北斗本命长生妙经》中称"北斗司生司杀、养物济人之都会也"②。那么，北斗主生信仰又源于何时？

韦兵认为，北斗生化万物的哲学观念产生于周秦之际：

北斗与土地各在天上地下化育万物，古人常将北斗与土相联系。《白虎通·五行》："土在中央，主吐万物，土之为

① 《道藏》第 11 册，第 347 页。
② 《道藏》第 11 册，第 349 页。

吐也"，吐万物即化育万物。土在五行中代表中央，北斗为
天之中心，土不仅是指土地之土，它与北斗亦有关系①。

此种根据五行理论的推导模式显然过于理想化。世间万物五
行属土者甚多，并不能说与土相配就会有生化万物的功能。唐以
前之文献中亦未见有北斗主生化的记载。乃是在唐宋时期，道教
对北斗大力推崇，提升北斗地位，增加北斗职能，始出现北斗司
生之信仰，是由北斗主死信仰衍生而来。

宋代道经《太上感应篇》曰：

> 若夫北斗，乃紫极都曹，为天地日月江河海之元，合阴
> 阳木火土金水之德，象陈北斗，精应玉清，三界十方，皆所
> 统御，干旋气运，斟酌死生。六甲生人，各禀一元之气，方
> 得圆形为人，具足一躯，皆北斗也。主持人命，使保天年，
> 亦北斗也。又按《九真帝君九阴混合纵景万化隐天秘诀》，
> 人两眉间却入一寸，号曰明堂。北斗帝君、大阴九妃，常处
> 其中。又按《业报因缘经》，七星之气，常结为一星，在人
> 头上，去项三尺。其人为善，则光大而明；为恶，则光小而
> 暗。又按《北斗傍通图》，七真曰：吾每月初三，及二十七
> 日，必一下降，受人醮祭，察人善恶。然则三台北斗，在人
> 头上，录人罪名，夺其算纪，信不诬矣②。

南宋道经《洞玄灵宝自然九天生神玉章经解》卷上亦云：

> 人之受生胞胎之中，三元养育，元炁结形，故九月神
> 布，炁满能声，声满神具而降生。以故一月为胞，二月为
> 胎，三月为魂，四月为魄，均受斗极陶铸之功。案河图经：

---

① 韦兵：《道教与北斗生杀观念》，《宗教学研究》2005 年第 2 期，第 135～139 页。
② 《道藏》，第 27 册，第 10 页。

"北斗是九天之精魂，九地之灵魄，九星之妙象，九州岛之神威，本命之元辰。"①

南宋洪迈在《夷坚志》中收录有詹林向北斗祷告求子的故事：

> 湖口人詹林，以妻宁氏无子，夫妇常焚夜香祷北斗求嗣，经十余年不验。绍熙之初，忽起怨心，至启告云："詹林自省，平昔不曾作恶事，今年四十四岁，妻四十二岁，焚祷十年，并无感应，不知有天地上真否？"方咨白未了，见一老人咄之曰："詹林专好食鱼子，及淹藏鸡鸭卵不令生抱，故造物磨折，永无后嗣。汝不思己过，反敢怨天，岂得为便？"言迄而没。林悚然追悔，斋洁谢愆，乞自今以后，不复更食鱼子及藏鸡鸭卵。于是每遇春时，置鱼苗及子放生；而奉斗益谨庆元元年遂生男②。

约成书于唐末宋初《太上玄灵北斗本命长生妙经》中已经将北斗的能力扩大到司生司杀、无所不能之地步：

> 是以北斗司生司杀，养物济人都会也。凡诸有情之人，既禀天地之气、阴阳之令，为男为女，可寿可夭，皆出其北斗之政命。……北辰垂象，而众星拱之。为造化之枢机，作人神之主宰，宣威三界，统御万灵……五行共禀，七政同科。有回生注死之功，有消灾度厄之力。……凡夫在世，迷谬者多，不知身属北斗，命由天府③。

---

① 《道藏》，第6册，第429页。
② ［宋］洪迈：《夷坚志》三志己卷第四《宁氏求子》，中华书局，1981年，第1334页。
③ 《道藏》，第11册，第349页。

其他诸多佛道经文中也有类似的说法：

> 镇上玄元北极北斗，从王侯及士庶，尽皆属北斗七星，常须敬重，当不逢横祸凶恶之事，遍救世人之衰厄，得延年益算，无诸灾难……①

> 斗极位处帝居，推运四序，总生成之化。正、二、三月，杓建寅、卯、辰、之位，以生化万物；四、五、六月，杓建巳、午、未之位，以长养万物；七、八、九月，杓建申、酉、戌之位，以成熟万物；十、十一、十二月，杓建亥、子、丑之位，以收藏万物。斗杓不运，则四时不节；五行不应，则寒暑失度；阴阳不调，则万物不成，所以为造化之枢机也②。

后世道教徒认为北斗真君常同"天、地、水"三官大帝一起巡游四方，调查人间和阳间的功过善恶。如果在上元、中元、下元三节，三官巡访到作恶者，便报告北斗神，由他将犯人减寿或打入地狱。时人相信北斗司掌人之寿命福禄，崇祠北斗可以消灾去厄，延命致福。

（五）元代的打压与明代的复兴

元初，因为道士邱处机很受元太祖成吉思汗的尊敬，道教的"全真派"一度极为鼎盛，并编成一部《道藏》——《大元玄都宝藏》。但后因全真道在佛道之争中败北，元世祖忽必烈十八年，诏告天下："道家诸经，可留《道德》二篇，其余文字、版本及画图，一概焚毁，隐者罪之。"全真道在元初所编辑的《大元玄都宝藏》，计有七千八百多卷，几乎被焚毁殆尽。

目前所见元代之北斗文物极少。在河北省沽源县的"梳妆

---

① 《葛仙公礼北斗法》，《大正藏》第21册《梵天火罗九曜》附。
② 《太上玄灵北斗本命延生经注》卷中，《道藏》，第17册，第73页。

楼"元代蒙古贵族墓,其西侧砖室的木棺内底部隔板有七大一小共八个圆孔组成北斗形状,随葬有大定、至大等年号的宋元铜钱多枚①。然此墓形制较为特殊,相关资料也未正式公布,故难以进行深入研究。

元末明初,随着道教的复兴,北斗信仰也更加受到重视。有研究表明,明孝陵的整体布局参照北斗进行设计。从空间上看,自孝陵的大金门开始,至牌楼、神道、望柱、魁星门、金水桥、文武方门、享殿、宝城,其走势呈"北斗星"状,从大金门到金水桥部分为斗魁,从金水桥到宝城部分为斗柄②。从玄宫所在地的包乘来看,东有青龙象,西有白虎象,西南有前湖为朱雀象,宝城所依之玩珠峰呈玄武象。北斗星布局正好处于四象之间③。无论北斗形状还是四象布置都与天象极其相符,应该不会仅是巧合。营建者把孝陵设计成北斗的形状,反映出朱元璋思想中保留有"魂归斗极"的终极愿望。

此外,中国古代都城城墙的形制大多以方形或矩形为主,而明南京城墙的形制则十分特殊,"周边随着地形曲折围合而成,其总平面西北窄、东西宽,呈宫扇形"④。王少华根据道教以壶天、壶中为圣地,以"壶公"为神仙,认为南京城墙建成了"目前所见到的壶状(葫芦、瓶)形态"⑤。

杨国庆则认为,南京明城墙的形状也可能为"南斗北斗"聚合形布局(图56)。在南京城墙东南角的通济门至西北角钟阜门

①　任亚珊、张春长:《沽源萧后"梳妆楼"实为元代蒙古贵州墓》,《中国文物报》2000 年 4 月 23 日第一版。
②　贺云翱:《明孝陵》,邹厚本主编:《江苏考古五十年》,南京出版社,2000 年。
③　参见束有春:《南京明孝陵》,《寻根》2000 年第 5 期;及《明孝陵志新编》,黑龙江人民出版社,2002 年。
④　张泉:《明初南京城的规划与建设》,中国古都学会主编:《中国古都研究》第二辑,浙江人民出版社,1986 年。
⑤　王少华:《南京明代城墙的建造》,《东南文化》1997 年第 3 期。

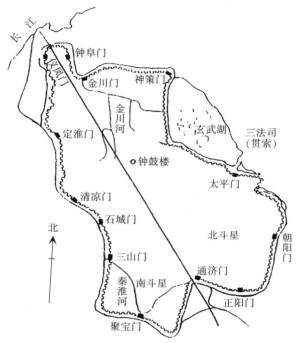

图 56 　明南京城墙 "南斗北斗" 聚合形布局

（采自杨国庆：《明南京城墙设计思想探微》，《东南文化》1999 年第 3 期，第 70 页）

与仪凤门之间作一划分，南为 "南斗六星"，北为 "北斗七星"。
"南斗星" 的六颗星座以聚宝门、三山门、清凉门、石城门、定
淮门、仪凤门六座城门隐喻； "北斗星" 的七颗星座以通济门、
正阳门、朝阳门、太平门、神策门、金川门和钟阜门七座城门隐
喻[1]。笔者认为此种解释比较合理。虽然明南京城的营建理念没
有在古代文献中明确记载，但是法天建城的先例在历史上却非常
普遍，如汉长安城、隋大兴城（隋唐长安城）、元大都等大型都

——————————

①　杨国庆：《明南京城墙设计思想探微》，《东南文化》1999 年第 3 期，第 71 页。

城的营建都体现出效法天象的设计理念。

明南京城墙修得如此不规则，不排除由于周边地理环境、地形地貌等方面的限制，抑或是出于军事防御方面的考虑。但在道教的堪舆思想中，城墙形状的象征意义极其重要，关系到帝国的兴衰气运，不能妥协。即使出于地理环境及军事防御的考虑，也一定要满足堪舆思想的宗教解释方可。因此，城墙采用南斗北斗聚合的形状，既体现了君权的神圣性，同时又可以兼顾地形和军事。

再者，朱元璋信奉天人合一的道教思想，在明史典籍中多有体现。南京城建造之时（1366 年），朱元璋曾称："天道微妙难知，人事感通易见，天人一理，必以类应。下修人事，上合天道……上下交修，斯为格天之本"①。洪武元年，按礼部所设皇太子位在奉天殿前的引导旗幡，在两侧十二面"龙旗"的护卫下，正中一面就是"北斗星"旗②。足见朱元璋政权对法天思想和北斗信仰的认同与推崇。

王秀玲研究认为明万历皇帝的葬式为肢体侧卧，双腿微曲如睡眠状的"北斗七星"葬式，并推断明代帝王之葬可能均作此式③。虽然笔者认为此种所谓的"北斗"葬式只是普通的屈肢葬，但王室墓葬中使用屈肢葬的葬式到底是出于何种考虑，尚不得而知。王文观点或可备一说。

上有所好，下必甚焉。帝王如此重视北斗，百姓自然也不会等闲视之。除了道经的记载，在明代的小说里亦有丰富的北斗信仰的记录，表现了民间思想中的北斗信仰之面貌。罗贯中在《三国演义》第一〇三回中所写诸葛亮点七星灯祈北斗延寿的故事：

---

① 《明太祖实录》卷二十一。

② 《明太祖实录》卷三十五。

③ 王秀玲：《试论明定陵墓主人的葬式》，"世界遗产论坛——中国明清皇家陵寝学术研讨会"论文，2004 年 3 月 5～7 日，南京。

"若七日内主灯不灭，吾寿可增一纪；如灯灭，吾必死矣"，虽不能代表三国时的北斗信仰，至少体现了明代北斗延命观念的成熟和普及。此外，罗贯中还在《三遂平妖传》第二回中，细致而生动地描述了北斗星君的形象、出行的排场及其注死之职能：

> 不多时，只见旌幡宝盖，簇拥着北斗星君到来，怎见得？亦有"西江月"为证："七政枢机有准，阴阳根本寒门。摄提随柄指星辰，斗四杓三一定。天道南生北运，七公理狱分明。招摇玄武拥前旌，不教人间法令。"当下修文舍人降阶接入行礼，让星君坐于上首。……分明认得是北斗星君！这一惊非小，原来南斗注生，北斗注死！随你颜回杨乌这般寿夭，若求得南斗星君添上几竖几画，便活到一百九十，阎罗天子也不敢去想他会面；倘惹着北斗星君性气，把笔尖略动一动，疾时了却性命，便是玉帝御旨降一千道赦书，也休想他起死回生！今日这一番多凶少吉如何不惊恐？①

广西上思县于 2008 年出土了两座明墓。其中 M1 墓主身下垫一块长 1.52 米，宽 30 厘米，厚 2 厘米的木板（图 57）。木板中间刻有七个排布似北斗七星的圆孔，并阴刻六条线将七孔相连，应该是古代文献中提到的"七星板"。M2 墓主人身垫的"七星板"长 1.72 米，宽 30 厘米，厚 2 厘米。也发现以七个小孔连缀而成的北斗七星②。

七星板葬俗历史悠久，为古代棺中垫尸之板。上凿七孔，孔间多刻有线条，使七孔相连，大殓时纳于棺内。北齐颜之推《颜氏家训·终制》有："吾当松棺二寸，衣帽已外，一不得自随，

---

① ［明］罗贯中、冯梦龙：《三遂平妖传》，北京大学出版社，1985 年，第 10～11 页。
② 此墓葬资料尚未发表。以上墓葬信息及图片系笔者赴广西上思县文物管理所考察所得，并获所长王善初授权使用。

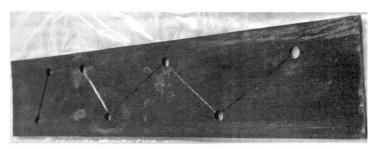

图 57　广西上思县明墓七星板

（图片由广西上思县文物管理所提供）

床上唯施七星板"的说法①。唐杜佑《通典·礼四五》引《大唐元陵仪注》曰："其日大敛……司空引梓宫升自西阶，置于大行皇帝西南首，加七星板于梓宫内，其合施于板下者，并先置之，乃加席褥于板上。"宋代朱熹在《朱子家礼·治棺》上也说道："斜凿枘槽一道，使七孔相连。"宋诩《宋氏家仪部》："治棺不用太宽，而作虚檐高足，内外漆灰裨布，内朱外黑，中炒糯米焦灰，研细铺三寸厚，隔以绵纸，纸上以七星板，板上以卧褥，褥中以灯草，此皆附于身者。"明彭演《重刻申阁老校正朱文公家礼正衡》："七星板，用板一片，其长广棺中可容者，凿为七孔。"

　　明代这种使用七星板的葬俗已经普及到民间。万历年间成书的《金瓶梅词话》第六三回记载李瓶儿死后的入殓仪式："放下一七星板，搁上紫盖，仵作四面用长命丁一齐钉起来。"可见，七星板当为明代以降较为普遍的丧葬用具，上自封建帝王，下至庶民百姓，皆得用之。

　　虽然，广西上思县明墓并没有出土非常丰富的随葬品，但此墓葬棺外用非常结实的三合土做椁，制作精良，亦耗费了不少的

① 见王利器：《颜氏家训集解》（增补本），中华书局，1993 年，第 601 页。以下本段关于"七星板"的引文参见该书第 603 页注八。

人力、财力，非是普通百姓能够负担。墓主当为拥有一定身份地位的贵族或官员。

这种使用七星板配合七枚垫背铜钱的葬俗不仅历史悠久，影响范围广大，而且经久不衰，至今仍有地区沿用此葬俗（请见下节有关叙述）。

另外，由于北斗对于道教的修仙方术意义重大。南朝上清派经典《洞真三天秘讳》在论及修仙过程中北斗的重要性时说道："斗星者，太极之紫盖，玄真之灵阙，九星之神席，天尊之偃房。学真之士，天尊授之，使其偃息斗中。暮卧存斗星……行之十八年，色反婴童，九星之精变成九老，俱来迎子，白日登晨。"①。可见北斗为道家修炼之宫。若能身卧斗魁，便可返老还童，转化升仙。使用七星板的目的就是希望墓主人死后身卧斗中，魂归斗极，还于司命，以获新生。

（六）佛教中的北斗信仰

从上文所举墓葬资料可知，至少在南北朝时期，佛教已经深受道教星辰信仰的影响，"尤以佛教密教及流传于日本之东密为甚"②。萧登福在著作《道教星斗符印与佛教密宗》③及论文《从〈大正藏〉所收佛经中看道教星斗崇拜对佛教之影响》④《〈太上玄灵北斗本命延生真经〉探述》⑤、《〈太上玄灵北斗本命延生真经〉探述（下）》⑥中对佛教中北斗信仰有较为详细的归纳；吴慧《"北斗八女"考——另附汉译密教佛经中南斗北斗之汉化分

① 《洞真三天秘讳》，《道藏》，第33册，第639页。
② 萧登福：《〈太上玄灵北斗本命延生真经〉探述（下）》，《宗教学研究》1997年第4期，第30页。
③ 萧登福：《道教星斗符印与佛教密宗》，新文丰出版公司，1993年，第12页。
④ 萧登福：《从〈大正藏〉所收佛经中看道教星斗崇拜对佛教之影响》，《台中商专学报》第23期，1991年，第105～156页。
⑤ 萧登福：《〈太上玄灵北斗本命延生真经〉探述》，《宗教学研究》1997年第3期。
⑥ 萧登福：《〈太上玄灵北斗本命延生真经〉探述（下）》，《宗教学研究》1997年第4期。

析》简要探讨道教的北辰北斗崇拜对密教的影响①；陈勇的硕士论文《道教北斗九皇信仰研究》也介绍了中国和日本的佛教中的祭斗仪轨②。由于本文重点从考古学探讨北斗信仰，在此仅对一些记载有北斗信仰的佛经略做简要介绍。

据萧登福统计可知，敦煌所见多部受道教星斗崇拜影响的佛经。其中有些是直接以星斗之名为题，有些仅是经中偶尔提及。内容上多是讲述祀斗之法，以为祀星可以避灾解难③。

而据《大正藏》所收录之佛经，受道教星斗崇拜影响者有：《文殊师利菩萨及诸仙所说吉凶时日善恶宿曜经》、《七曜攘灾决》、《七曜星辰别行法》、《北斗七星护摩法》、《梵天火罗九曜》、《宿曜仪轨》、《北斗七星念诵仪轨》、《北斗七星护摩秘要仪轨》、《佛说北斗七星延命经》、《七星如意轮秘密要经》、《佛说大孔雀咒王经》、《佛母大孔雀明王经》、《大方等大集经·日月藏分》、《供养护世八天法》、《七佛八菩萨所说大陀罗尼神咒经》、《大威德陀罗尼经》、《龙树五明论》、《佛说炽盛光大威德消灾吉祥陀罗尼经》、《大圣妙吉祥菩萨说除灾教令法轮》、《大方广菩萨藏文殊师利根本仪轨经》、《诸星母陀罗尼经》、《摩登伽经》、《舍头谏太子二十八宿经》、《宝星陀罗尼经》等等。在《大正藏·图像部七》所收日人撰《白宝口抄·卷百五十五·北斗法》中，所载佛教星斗祈供之书甚多，而今已佚者，亦复不少，如：《大唐祭北斗法》、《北斗供次第》、义净撰《属星秘法》等等，今皆已佚④。

---

① 吴慧《"北斗八女"考——另附汉译密教佛经中南斗北斗之汉化分析》，《世界宗教研究》2008 年第 2 期。

② 陈勇：《道教北斗九皇信仰研究》，硕士学位论文，四川省社会科学院，2009 年。

③ 参见萧登福：《道教星斗符印与佛教密宗》，新文丰出版公司，1993 年，第 12 页。

④ 参见萧登福：《〈太上玄灵北斗本命延生真经〉探述（下）》，《宗教学研究》1997 年第 4 期，第 30 页。

其中与北斗崇拜相关者，简述如下：

有的佛经中将道教的北斗七星君视为佛教的佛与菩萨。如《佛说北斗七星延命经》（题为"婆罗门僧将到此经唐朝受持"），经首有北斗七星披发执笏图和各星神符箓，并以北斗七星为七佛之化身[①]：

> 南无贪狼星，是东方最胜世界运意通证如来佛。
> 南无巨门星，是东方妙宝世界光音自在如来佛。
> 南无禄存星，是东方圆满世界金色成就如来佛。
> 南无文曲星，是东方无忧世界最胜吉祥如来佛。
> 南无廉贞星，是东方净住世界广达智辨如来佛。
> 南无武曲星，是东方法意世界法海游戏如来佛。
> 南无破军星，是东方琉璃世界药师琉璃光如来佛。

此外，佛经中还有以北斗七星配观音者，日人所撰《白宝口抄》卷百五十六"北斗法第二"引《类秘钞》：

> 一、（东方）贪狼星：大白衣千手观音；又圣观音。
> 二、寅方巨门星：马头观音。
> 三、丑方禄存星：不空羂索观音。
> 四、子方廉贞星：水面观音；又弥沙大王。
> 五、亥方武曲星：阿噜利迦观音。
> 六、戌方文曲星：十一面观音。
> 七、顶上虚空中间破军星：虚空藏[②]。

此处"贪狼"、"巨门"、"禄存"、"文曲"、"廉贞"、"武曲"、"破军"之星名全部来自道经。在道教的影响下，佛经中渐

————————————————————

① 《大正藏》第 21 册，第 425～426 页。
② 《大正藏》图像部七，第 301 页。

将北斗七星君及其他星神推演为佛、菩萨之化身。萧登福认为，《佛说北斗七星延命经》不仅以北斗七星君配系佛教七佛，更载录了七星君形貌及灵符图，"完全是抄袭道教说并杂糅佛教名相以成经"[①]。

　　早期佛教典籍中，日月星辰仅位于欲界最低一天的四天王天[②]。自四天王天以上其余欲界五重天、色界十八天、无色界四天，都无日月星宿。佛经传到中国后，受道教星斗崇拜影响，方使星神渐成治病消灾者和受歌咏与祭祀的对象[③]。

　　此外，道教在《北斗经》中，将人按出生时辰配属北斗七星君，确立本命星。而密教，尤其是东传之密教，也以出生年（日）配系北斗七星君，并提出了当年星、本命宫、本命宿、本命曜等本命星神之说[④]。可见，佛教中的北斗崇拜基本上是照搬道教北斗信仰相关内容，不作为本文探讨的重点，仅简略介绍。

（七）小结

　　隋唐宋明时期的出土北斗文物资料明显减少，北斗信仰的文化面貌也与之前不同，厌胜信仰日趋衰落。但从文献资料可以看出，从唐至明这个阶段却是北斗信仰的兴盛时期。唐代道教对北斗推崇备至，并逐渐形成了庞杂而完备的"斗姆—九皇信仰"体系，将北斗九皇与斗姆塑造成化育万物、法力无边的万能神祇，在宫观中立像祭祀。佛教也深受道教北斗信仰的影响，视北斗为佛或观音，顶礼膜拜。蒙元时期，随着道教的被打压，北斗信仰

---

① 萧登福：《试论北斗九皇、斗姆与摩利支天之关系》，《台中技术学院人文社科学报》，第 3 期，2004 年，第 8 页。
② 四天王天，梵文 Caturmahārājakāyikās，佛教用语，是诸天中位置最低的一层天，也是离世间最近的天，处于须弥山腰犍陀罗山的四座山顶，分别是多闻天、持国天、增长天、广目天。
③ 参见萧登福：《道教星斗符印与佛教密宗》，新文丰出版公司，1993 年，第 151 页。
④ 详见萧登福：《道教星斗符印与佛教密宗》，新文丰出版公司，1993 年，第 158 页。

也经历了短暂的衰落。明代建国之初，北斗信仰又重新复兴，南京城的城墙和明太祖的孝陵均仿北斗之形营建，可见汉人观念中对北斗笃信之深。

六　清代以降的北斗信仰

清代以降，随着道教地位的下降，大传统意义上的北斗信仰明显呈现出衰落的迹象。但在民间的小传统中，拜斗、祭斗之风却依然兴盛，甚至比以往更加兴盛。

清王朝是满族统治的国家政权，其传统民族宗教信仰是萨满教[①]。满洲人入主中国后对汉人有一定的歧视和顾忌。出于政治需要，清王朝崇奉藏传佛教，欢迎达赖喇嘛到北京，并修建了众多喇嘛寺院，琳宫梵刹遍布京城、承德、内蒙古等地。代表汉文化的道教被打击和压制。例如，把统理天下道教的张天师，从国师二品的地位贬为五品，品级不如一个知府的地位，同时永禁张天师到北京。虽然雍正曾因龙虎山法官娄近垣拜斗灵验而予以嘉奖，但总体上，北斗信仰在大传统的层面呈现出衰落之态势。

（一）艰难的延续

随着道教地位的急转直下，北斗信仰也随之衰落。在清代文献中有关北斗信仰的记载较为匮乏，且多出现在占星记录和诗词歌赋中。《清史稿·礼志》中介绍神位祭器时，有"月坛正位夜明，配北斗二十八宿、周天星辰，共一幄"[②] 的简短描述，可见

---

① 萨满教属多神教，早期分宫廷萨满和民间萨满两种。清代历朝皇帝举行各种祭神祭天典礼，如宫廷萨满设"堂子"祭天，都用满语诵经跳神。直到 20 世纪 40 年代，在东北的宁古塔（今黑龙江省宁安）和爱辉等地，满族民间仍保有萨满教。民间萨满又分以跳神为职业的萨满和管祭祀的家萨满两种，现已消失。

② 赵尔巽等：《清史稿》卷八十二《礼志》，中华书局，1977 年，第 2492 页。

其受祭地位之下降。在民间，斗姆庙还有少量修建和存留，如清道光五年（1825 年）建于洛阳龙门香山之巅的斗姆庙等。

清初查继佐在《罪惟录·方外列传》中记载了徐有贞施斗姆法使北斗化身为猪的故事：

> 斗母老僧，不知何许人，善斗母法。景泰中，徐有贞尝就教筑张湫法，堤成往谢，僧曰："盍有异学乎？"曰："能斗母法。"僧曰："子所传有误。"为正六七字，诚曰："可以卫身矣。"度七月难至，临难幸注想老僧无恙。后有贞以罪下狱，且不测，亦便如法存想。是日，风雷大作，猝见七豕奔殿上，忽不得所在。于是太史奏斗星不见。寻武功奉赦戍金齿，便道谒僧。僧饭有贞，引至小室，穴纸窥之，见七豕僵卧，曰："非老僧降此，公不免矣。"有贞谢，自信所学不如僧①。

清代所编《道藏辑要》所收与斗姆相关之道经有：孚佑上帝纯阳吕祖天师疏解《先天斗帝敕演无上玄功灵妙真经》一卷、《九皇斗姥戒杀延生真经》等。对斗姆形貌也有不同的描述。在姚复庄的《玉枢经龠》中，斗姆形象基本没有什么变动："斗母紫光天后摩利支天大圣，化身四头八臂，天神相，左猪，右鬼，后狮相。八臂，两手抵日月，一手执戟，戟上有黄幡，上有金字，云九天雷祖大帝；一手剑，一手印，或曰杵；一手金绳，一手弓，一手箭。坐七猪辇。……法主四首，披天青云锦法服，首上宝髻，有黄金塔九层，顶放曼优钵陀罗尼花，名曰无忧花。……抑斗部与雷部，有表裹之义，故斗姥亦称雷祖大帝，而雷神皆隶之。"② 而在《九皇斗姥说戒杀延生真经》中，"斗姆"为一头二

---

① 　［清］查继佐：《罪惟录》，浙江古籍出版社，1986 年，第 2509、2510 页。
② 　见姚复庄《玉枢经龠》卷二十注，《藏外道书》第 4 册 787、788 页。

臂，左手执拂，右手执杵，乘五龙车的形象，与"摩利支天"分
属两个神祇："九皇斗姥金轮开泰元君，头挽螺髻，身被霞绡，
耳坠金环，足登珠舄，左手执拂，右手执杵，乘五龙之车，跌八
宝之座会，三登上真于摩利支天，谈生天生地之道，阐不生不灭
之旨。"①

　　除道教文献外，尚有一些图画或塑像存世，如四川发现的清
代《道正宗师图》② 中，斗姆位于第二阶中央。她头挽螺髻，首
上宝髻有无忧花，身披天青云锦法服，三头六臂，其上两手高
举，分别持日月二轮，应阴阳二气，以象太极之意；中两手，分
别持如意、黄幡，以降魔招灵；下两手，一握帝钟（法铃），一
捧灵珠，以示号令斗府雷部。北京白云观元辰殿所供之斗姆，则
为头挽螺髻，八臂三眼，坐莲花座，据说是依清宫所藏图本
而来。

　　在民间，拜斗、祭斗之风却比以往更加兴盛。其组织形式多
以"斗社"、"斗堂"等民间宗教结社为主。清朝的早期帮会倡导
反清复明，以北斗作为汉民族的象征，组织和带领会众拜斗、朝
斗。根据马来西亚学者王琛发考察发现，马来西亚等南洋各国华
人至今仍保留有洪门会党的朝斗之风，从农历九月初一到初九，
信众毫不忌讳以类似全民服孝的素服素食形式进出神庙，庆祝斗
母与北斗九皇神诞③。

　　相关的北斗遗迹现象也鲜有发现，仅七星板的葬俗遗迹还有
保留。2008 年在重庆沙坪坝区后山坡清理一座清代墓葬，该墓为

① 《藏外道书》第 4 册 15 页。文物出版社、上海书店、天津古籍出版社 1988 年版。
② "道正宗师"图，其作者无考，为四川原道文化博物馆收藏。全图为一手绘纸本，
　纵 188 厘米，横 79 厘米。图下方左右二角有题记，左角中央提有"道正宗师"四
　个大字。
③ ［大马］王琛发：《国殇：隐藏在马来西亚九皇信仰背后的洪门天地会意识》，"第
　五届台湾、东南亚文化文学国际学术研讨会"论文，2008 年 6 月。

同坟异穴三棺坟，三棺呈"品"字排列。其中2号棺的底板发现有刻有类似于北斗七星的"天文图案"，7个镂空的圆圈在曲折的线上依次排列（图58）①。

图58　重庆沙坪坝清代墓葬2号棺棺底七星图案
（图片由重庆市文化遗产研究院提供）

关于七星板的论述此处不再赘言。直到今天，我国的许多省市如辽宁、山西、河南、北京仍残存着用七星板装殓尸体的民间葬俗。《东于村志》记载有山西省太原市清徐县东于镇东于村上至元明清，下至2005年的民俗风貌。其入殓仪式为："长者去世后，要为其沐浴整容，口内放一枚有孔铜钱，人称为口含钱。穿寿衣时本村有撕领、拽扣、剪底襟之习，忌黑色和皮毛类。穿戴完毕后，停放时，头朝烟囱，足蹬窗户，放置于门扇板上。棺木现成，便可入殓。先将棺材里用壁纸糊裱，材底放煤、柴灰、谷

① 此墓葬资料尚未发表。以上墓葬信息及图片由重庆市文化遗产研究院提供，并授权使用。

草，上面放七星板、七个硬币，铺三尺盖四尺红布，头枕莲花枕（亦称元宝枕），足蹬脚枕，脸上盖张麻纸，叫盖脸纸。"①

（二）小结

清王朝是满族统治的国家政权，对汉人有一定的歧视和顾忌。出于政治需要，清王朝崇奉藏传佛教，排斥并打压代表汉文化的中国传统道教，北斗信仰也随之受到冲击。清代以降，有关北斗信仰方面的文献记载和出土遗存都十分匮乏，标志着延续了数千年之久的北斗信仰开始走向衰落——或者说，转向了民间。

通过上篇对北斗信仰各个阶段文化面貌的梳理，我们对中国古代北斗信仰的发展脉络已经有了一个比较清晰的认识。在下篇中，笔者将运用多学科交叉的方法，有针对性地对北斗信仰问题做进一步的专题探讨。

———————————————

① 贺灵宝主编：《东于村志》，山西人民出版社，2008年，第308页。

下篇　北斗信仰的专题研究

通过上篇的介绍，我们对北斗遗存丰富的表现形式有了一个较为系统的了解。而在本篇中，则要分专题深入挖掘各种类型的北斗信仰产生的原因、发展的背景以及表达的宗教思想、影响程度等具体问题。

一　北斗信仰产生的原因

作为中国古代天学的重要组成部分，北斗信仰是伴随着中国古代天学的产生而产生的。明末学者顾炎武曾断言："三代以上，人人皆知天文。"但关于中国古代天学具体是何时起源，学术界至今尚无定论。最主要的观点有二：西来说与自生说。江晓原在《中国天学的起源：西来还是自生?》中详细对比了诸家学说之后，认为中国天学的起源问题是不可能得出确切答案的，最终只给出了一个较为保守的结论："古代中国天学起源甚早，它在较晚时期（例如战国时期）才从西方传入的可能性可以排除。中国天学的起源问题是与中国文明的起源问题分不开的，而此两问题都还有进一步研讨的余地。"①

据上文的分析可知，仰韶时期或已出现北斗信仰之雏形。能够确证北斗信仰产生的证据不晚于商代。那么，满天繁星，为什么选择北斗作为崇拜的对象？北斗在当时人们的意识中到底代表了什么？地位如何？是什么因素导致了中国古代北斗信仰的产生？

（一）地理位置因素

首先，中国古代北斗信仰产生的最主要原因是我华夏先民所处的独特地理位置。由于中华文明发源于黄河中下游地区，地理纬度大概在北纬 36 度左右，即古人所说的北极出地 36 度的区域。在这一片区域生活的古人所观测到的天北极也就高出地平线约 36 度。因此，以北极为中心，以 36 度为半径的圆形区域称为恒显圈，圈内的各种恒星常年不会落到地平线以下。由于岁差的原因，数千年前的北斗星更接近北天极，处于恒显圈之内，对于居住在黄河流域的华夏先民来说，北斗始终位于地平线之上，终年长显不隐，以至于春秋时称北斗为恒星②。北斗星组的七颗星中有 5 颗是 2 等星，2 颗是 3 等星，较为明亮。在夜空中，此七星组合位置固定，形状特殊，最易辨认。华夏上古先民在观测天象时，总是以北斗作为参照物定位其他星宿。因此，北斗七星成为浩瀚群星中最具标志性的星组。而重视北斗星的观察和北极星的作用也成为中国传统天文学区别于西方天文学的一个突出特点。究其原因，都是由于各自所处的不同地理位置所产生的不同观测结果所致③。

———————————————

① 江晓原：《中国天学的起源：西来还是自生?》，《自然辩证法通讯》1992 年第 2 期，第 55 页。

② 《左传·庄公七年》："夏四月辛卯，夜，恒星不见。夜中，星陨如雨。"《玉烛宝典》四引贾逵注曰："恒星，北斗也。"

③ 以上论述内容参考了冯时：《中国天文考古学》，社会科学文献出版社，2001 年，第 89 页。

（二）实用性的考虑

北斗的实用性主要表现在可以用来判断时间和分辨方向。刚刚脱离了自然界的原始人，不得不把外在世界作为对象来重新认识。于是，时间与空间的观念就显得至关重要。恩斯特·卡西尔在《人论》中说道："在原始社会条件下的原始生活中，我们几乎看不到任何抽象空间观念的痕迹。原始人的空间是一种行动的空间；而这种行动是集中于直接的实际利益和实际需要的。"① 在原始人创立时空观的过程中，夜空中的北斗成了规定时空的坐标，以及认识时空概念的参照物。也许正是由于北斗对于时间、空间的双重规定性而倍受人们的重视和崇拜。

首先，北斗可以用来指示方向，确定空间坐标。在指南针发明之前，人们在夜间出行（尤其是在水上航行），辨别方向主要是依赖北斗寻找北极。据《淮南子·齐俗训》载："夫乘舟而惑者，不知东西，见斗极则寤矣。"

其次，先民通过观测北斗判断时令。中华文明在很早的时候就已进入定居或半定居的农耕文明，而农业生产能够持续进行的一个重要前提就是对季节以及时令的变化有比较准确的认识和把握。因此，在华夏文明的早期阶段，"观测天象、制定历法，敬授民时"的作用举足轻重。据《尚书·尧典》所记载，尧的首件政务即是派专人观测天象，制定历法："乃命羲、和，钦若昊天，历象日月星辰，敬授民时。分命羲仲，宅嵎夷，曰旸谷。寅宾出日，平秩东作。日中、星鸟，以殷仲春。厥民析，鸟兽孳尾。申命羲叔，宅南交，平秩南讹，敬致。日永、星火，以正仲夏。厥民因，鸟兽希革。分命和仲，宅西，曰昧谷，寅饯纳日，平秩西成。宵中、星虚，以殷仲秋。厥民夷，鸟兽毛毨。申命和叔，宅朔方，曰幽都，平在朔易。日短、星昴，以正仲冬。厥民隩，鸟

---

① ［德］恩斯特·卡西尔着、甘阳译：《人论》，上海译文出版社，1992 年，第 57 页。

兽氄毛。帝曰：'咨！汝羲暨和。期三百有六旬有六日，以闰月定四时成岁。允厘百工，庶绩咸熙'。"①

山西陶寺城址中发现了"迄今发掘最大的陶寺文化单体建筑"，集观象和祭祀功能于一身②，证实了《尧典》的记载。可见"敬授民时"在当时的确属于头等重要的大事。在上古时期的黄河流域，人们观象授时主要依赖对北斗的观测。先民们在长期的生产、生活实践中发现，通过观测北斗斗柄在天空中的不同位置能够大致判断出时间。不停旋转的北斗仿佛一个悬挂于夜空中巨大的天文钟，而北斗斗柄则是这钟的指针。随着地球的自转，北斗呈绕北天极做周日视运动旋转，在没有其他计时设备的古代，可以指示夜间时间的早晚。

此外，随着地球的公转，北斗星还呈现出周年视运动。表现为大约每天西移一度，每月三十度左右，经过一周年移动后回到原处。如果在夜晚某个固定的时间观测北方的星空，就可以根据斗柄所指的方位，判断出所处季节。相关研究也表明，在古代历法的形成与使用过程中，一个主要的环节就来自对北斗的观测③。正是由于对北斗运行规律的发现，使得农业生产的安排变得相对容易。

卡西尔曾说过："空间和时间是一切实在与之相关联的构架。我们只有在空间和时间的条件下才能设想任何真实的事物。按照赫拉克利特的说法，在世界上没有任何东西能超越它的尺度——而这些尺度就是空间和时间的限制。在神话思想中，空间和时间

---

① ［清］阮元：《十三经注疏》，中华书局，1980年影印本，第119～120页。标点与个别校字，参考王世舜：《尚书译注》第5页，四川人民出版社，1982年；黄怀信《尚书注训》第13页，齐鲁书社，2002年。

② 中国社会科学院考古研究所山西工作队、山西省考古研究所、临汾市文物局：《山西襄汾县陶寺城址发现陶寺文化大型建筑基址》，《考古》2004年第2期。

③ 参见潘鼐：《中国恒星观测史》，学林出版社，1989年，第8页。

从未被看作是纯粹的或空洞的形式，而是被看作统治万物的巨大神秘力量；它们不仅控制和规定了我们凡人的生活，而且还控制和规定了诸神的生活。"① 可以说，上古先民对于时间和空间的规定性皆来自北斗。在以农耕文明为主要特色的中华文明形成初期，在生产力水平还十分落后的早期社会，对北斗的认识和利用与国计民生可谓是息息相关，其实用价值无与伦比。

中国古代墓葬中经常出现的北斗文化遗存，应该也有从实用性方面考虑的因素。根据华夏先民古有的视死如生的丧葬观念，人死之后只不过是换了一个场所，一样是要吃穿住行，和在世之时没有什么两样。因此，墓主人生前的相关生活必需品也就作为随葬品被埋入墓中，供墓主人在阴间继续使用。由于北斗具有辨别方向、掌握时间、参悟天机等日常生活中不可或缺的实用性功能，使得人们觉得在死后世界里也需要有北斗的存在。于是便产生了在墓室顶部或棺盖上绘制北斗图形，以及随葬各种代表北斗的随葬器物，从而达到将北斗带入阴间的实用性目的。

随着文明程度的提高，计时仪器被普遍使用②。同时，随着天文知识的积累和观测水平的提高，大约春秋时期，华夏先民已经掌握了十九年七闰的规律以及比较准确的朔望月和回归年长度，制定出了比较科学的四分历③，农业生产的安排已不再主要依赖于观象授时④，北斗的计时功能与月历功能也逐渐被后世

---

① ［德］恩斯特·卡西尔着、甘阳译：《人论》，上海译文出版社，1992年，第54页。

② 大约在夏代之前，始出现计时仪器"漏壶"；而商代时漏刻计时技术已发展较为成熟；春秋战国时期，人们已经在使用四十一根刻箭来计量一年中不同时期昼、夜的漏刻（参见中国天文学史整理研究小组编著：《中国天文学史》，科学出版社，1981年，第203页）。

③ 参见中国天文学史整理研究小组编著：《中国天文学史》，科学出版社，1981年，第71～73页

④ 虽然春秋时期就已经出现了较为科学的四分历，但在春秋战国和秦汉时期，《月令》在指导农业生产方面仍然发挥着重要的作用。

遗忘。

（三）宗教神学观念的附会

宗教观念的最初产生，源于在社会生产力水平极低情况下，原始人对自然现象的神秘感。这种神秘感，是在人类社会生产力发展到一定阶段时，人的意识和思维能力有了相应的发展，达到足以形成宗教观念的时候产生的。确切地说，当人出现了自我意识，能够把自己从与大自然浑然一体的状态中分离出来时，便开始把自然看作一种异己力量，并认为它在支配着人本身和人周围的一切事物，因而产生了最初的宗教观念①。

虽然北斗具有非常重要的实用性功能，但是作为一种信仰，它所承载的更多的是其神秘主义象征意义和作为宗教神祇的神学职能。当人类开始产生自我意识，区别于动物而出现时，便开始将周围的一切作为对象来看待，并有目的地观察研究，以构建自己的认识体系。当人们注意到天文现象与世间事物之间存在着某种对应关系时，原始天学就开始孕育产生了。

需要说明的是，原始天学并不是我们今天所谓的天文学。上古先民虽然发现了北斗运行的规律，并广泛应用于生产生活，但是囿于其科学技术的落后性和思想认识的局限性，古人无法客观地认识天文星象的本质，不能理解北斗为什么能够指方向、定时令，往往凭借想象与猜测对其附会以神秘主义的解释。因此，原始天学最重要的一个特点，"就是将超自然力的信仰掺进了天文学。由于天象本身有一定的神秘性，又与农事有了联系，使人们对天上的星星、太阳产生了某种神奇的幻想，把太阳和一些亮星当作超自然的神来崇敬。他们向太阳、星星、天空祈求对农业生产的保护"②。

————————————————————

① 参见杨海廷：《世界文化地理》，长春出版社，2008 年，第 53 页。

② 鹿羊：《天文学的起源》，《中国科技史杂志》1980 年第 2 期，第 70 页。

在古人的想象中，满天的繁星是住在天上的神灵，他们法力无边，主宰人间诸事。日出日落、月缺月盈、风雨雷电、草木枯荣、星移斗转、春去秋来……这些自然现象均取决于天神的主观意志。在上古时期北斗非常接近北天极，曾一度被认为是极星。日月星辰皆绕北斗而旋转，所谓众星拱斗。如果把天上的星辰当作神灵，北斗无疑是地位最尊的大神。正是由于北斗的重要实用价值和醒目的天象位置，最终确立了北斗在先民观念中无可替代的神圣地位。

生命长度的衡量标准是时间。时间的流逝、四季的更迭导致了花草的盛衰、人畜的生老。因此，在上古先民的意识中，主宰时间的神祇不但能够左右农作物的丰歉，亦能决定人畜的生命长度（寿命）。所以，司时之神便与人的生死息息相关。"观象授时"不但是关乎国计民生的头等大事，更深一层的目的是要通过观测天象来预知天意，并通过一些方法（巫术）来取悦司时之神，以祈求获得更多的时间（寿命）。由此逻辑便产生了司时之神主生杀的信仰。而这位主宰时间的神明最终指向了北斗。就这样，北斗的作用在先民的宗教意识中被逐渐夸大，罩上了各种人为的光环，并受到人们的崇敬与膜拜，北斗信仰的观念也由此逐渐形成。

二 何谓"璇玑"

古代文献对于"璇玑"概念说法不一，长久以来一直是学术界争论的话题。较为普遍的观点是，西汉学者所说的"璇玑"是指星象，而东汉及后世学者提到的"璇玑"则是指天文仪器[①]。

[①] 夏鼐：《所谓玉璇玑不会是天文仪器》，《考古学报》1984年第4期，第403页。

笔者考证，"璇玑"的本意当指星象，而后世发明的观测星象之天文仪器亦被命名为"璇玑"而已，非是"璇玑"概念在后世学者的观念中发生了改变。

（一）天文仪器"璇玑"考

有资料表明，东汉时期出现的浑天仪即以"璇玑玉衡"命名。英国学者库伦（Christopher Cullen）认为《尧典》中提到的"璇玑玉衡"可能是与式盘有关的某种仪器①。《尚书》注疏引马融的解释云：

> 璇，美玉也。玑，浑天仪，可转旋，故曰玑。衡，其中横筒，所以视星宿也。以璇为玑，以玉为衡，盖贵天象也。七政者，北斗七星，各有所主：第一曰主日，法天；第二曰主月，法地；第三曰命火，谓荧惑也；第四曰伐水，谓辰星也；第五曰煞土，谓填星也；第六曰危木，谓岁星也；第七曰罚金，谓太白也。日月五星各异，故名七政也。日月星皆以璇玑玉衡度知其盈缩进退失政所在。圣人谦让犹不自安，视璇玑玉衡以验齐日月五星行度，知其政是与否，重审己之事也。

又引郑玄之说："璇玑玉衡，浑天仪也。七政，日月五星也。动运为机，持正为衡，皆以玉为之。视其行度，观受禅是非也。"司马贞《史记索隐》引郑玄注《尚书大传》云："浑仪中筒为旋机，外规为玉衡。"孔颖达《尚书正义》引蔡邕之言："玉衡，长八尺，孔径一寸。下端望之，以视星辰。盖悬玑以象天，而衡望之，转玑窥衡，以知星宿。"

从以上描述可知，这种称为"璇玑玉衡"的浑天仪为玉所

---

① ［英］Christopher Cullen："Some Further Point on SHIH"，Early China，6（1980 – 1981）.

制，分中筒和外规两部分，可以视星宿。李约瑟认为"璇玑玉衡"应是一种类似于窥管（dioptra）的"望筒"①。

据清代学者孙星衍考证，其实汉魏人多不以璇玑为浑仪，马融、郑玄所说实本自纬书②。由于这些文献并未清楚地记载下作为天文仪器的"璇玑玉衡"器形的具体细节，所以，这种所谓的"璇玑"到底是何形象，从文献资料中无从了解。

在考古发掘中，经常能见到一些以"玉璇玑"命名的玉制工艺品，其造型特殊、形象美观，但又很难说清楚其用途与文化含义。目前所知出土璇玑的地方已不少，大致分布在黄河流域及其以北地区，时代跨度从大汶口文化延续到周代，经历了数千年（图 59），是否就是所谓的天文仪器"璇玑玉衡"？

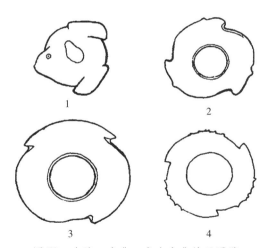

1　　　　　　　　2

3　　　　　　　　4

图 59　大汶口文化、龙山文化的玉牙壁

（1. 辽宁长海县广鹿岛出土　2、3. 山东胶县三里河出土　4.《古玉图考》）

---

① [英] 李约瑟编著，韩北忠译：《中国科学技术史（天文气象卷）》，上海古籍出版社，1990 年，第 384 页。

② [清] 孙星衍：《尚书今古文注疏》，中华书局，1986 年，第 36～38 页。

有据可考的资料显示，最早将这种玉器定性为"璇玑"的是一百多年前的吴大澂（1835～1902），并怀疑其是浑天仪中所用之机轮①。后世学者多赞同此说，甚至把一切外缘带有三节或四节叶状突起（牙形）的玉璧都叫作"璇玑"。

陆思贤曾撰文详细论述了此种"玉璇玑"代表的是北斗绕极运转的天体旋涡模型②。这种提法颇为牵强。自然界中经常能够见到水的旋涡、风的旋涡，及各种盘卷成螺旋状的物体（如：蜗牛、海螺等）。而因地球自转造成的天体旋涡是最不直观的一种，需要长期的天文观测加上成熟的逻辑思考能力才可能逐渐形成天体旋涡的观念。即使当时已经出现了这种天文观，是否用"玉牙璧"这种形式来表现也值得商榷。

夏鼐经考证后也否定了这种所谓的"玉璇玑"作为天文观测仪器使用的说法③。同时，这种环形玉璧"璇玑"的名称也随之被否定。既然它不是所谓的"璇玑"，自然和北斗、天象等概念无关。

（二）星象"璇玑"考

早期文献中的某些记载一直认为"璇玑"与天极和极星有关，但对它们的确切理解却始终存在分歧，归纳起来主要有北斗说、北极说和空间说三种说法。

1. 北斗说

北斗说以司马迁为代表，主张把"璇玑玉衡"视为北斗七星之别名。《史记·天官书》云："北斗七星，所谓旋、玑、玉衡以齐七政"。此处的"旋、玑、玉衡"被视为北斗七星的组成部分。

汉纬中多继承这种说法。《春秋运斗枢》云："北斗七星，第

① ［清］吴大澂：《古玉图考》，上海同文书局石印本，清光绪十五年（1889年），第51页。
② 陆思贤、李迪：《天文考古通论》，紫禁城出版社，2000年，第90～97页。
③ 夏鼐：《所谓玉璇玑不会是天文仪器》，《考古学报》1984年第4期，第403～410页。

一天枢,第二旋,第三玑,第四权,第五玉衡,第六开阳,第七摇光。第一至第四为魁,第五至第七为杓,合为斗。"①《春秋文耀钩》云:"斗者,天之喉舌。玉衡属杓,魁为琁玑。"②《尚书纬》亦曰:"璇玑斗魁四星;玉衡拘横三星。合七,齐四时五威。五威者,五行也。五威在人为五命,七星在人为七瑞。北斗居天之中,当昆仑之上,运转所指,随二十四气,正十二辰,建十二月。又州国分野年命,莫不政之。故为七政。"③

由此可知,北斗说的观点认为,璇、玑、玉衡为北斗各部分之名称,"璇玑玉衡"亦可指代北斗,为北斗的别称。

2. 北极说

此观点认为璇玑为北极。按汉初伏生《尚书大传》的说法:"琁者,还也。机者,几也,微也。其变几微,而所动者大,谓之琁机。是故琁机谓之北极。"刘昭注《续汉书·天文志》引《星经》云:"璇玑,谓北极星也。玉衡,谓斗九星也。"明确将璇玑指北极星,而将玉衡特指北斗九星。

3. 空间说

空间说的主要依据是西汉时期天文学著作《周髀算经》中的记载:

> 欲知北极枢璇周四极,常以夏至夜半时北极南游所极,冬至夜半时北游所极,冬至日加酉之时西游所极,日加卯之时东游所极,此北极璇玑四游。正北极,璇玑之中,正北天之中,正极之所游④。

---

① [日] 安居香山、中村璋八:《纬书集成》,河北人民出版社,1994年,第713页。
② [日] 安居香山、中村璋八:《纬书集成》,河北人民出版社,1994年,第663页。
③ [日] 安居香山、中村璋八:《纬书集成》,河北人民出版社,1994年,第393页。
④ [汉] 赵君卿注,[周] 甄鸾重述,[唐] 李淳风注释:《周髀算经》卷下,文物出版社,1980年,第80页。

按《周髀算经》的说法，"北极"、"正北极"与"璇玑"是三个完全不同的概念。"正北极"指真天极，在"璇玑"的正中心。而"北极"是当时的北极星，在"璇玑"范围之内围绕真天极旋转。江晓原认为《周髀算经》此段文字表明北极星所画出的圆形天区就是所谓"璇玑"的横截面[①]。冯时据星名考证此处的北极（枢）为北斗的第一星"天枢"[②]，并且根据天枢星绕真天极运行规律绘制了璇玑范围示意图（图60虚线圆内范围）。但仔细阅读这段文字后发现，其实文中只讲"北极"在"璇玑"范围之内"璇周四极"，并未称其所规划的范围即为"璇玑"之边界。考其他文献所反映汉时的天学概念，北斗七星总是作为一个整体星组出现，未有单独将天枢当作北极星（枢）之说。

据《史记·天官书》："中宫天极星，其一明者，太一常居也……北斗七星，所谓旋、玑、玉衡以齐七政"，可见在汉初的官方说法中，北极星应为"太一"，"璇玑玉衡"指代北斗，《周髀算经》所指"璇玑天区"自然也应包括北斗。璇玑范围则应是整个北斗七星所规划出的中央天区（图60阴影范围），即所谓的中宫。由于天璇、天玑二星为此天区范围的最外边界，故而命名"璇玑"。

需要注意的是，以上确定的圆形区域仅为"璇玑"的底部平面。真正的"璇玑"其实是天盖之上的一个圆锥状空间。《周髀算经》还清楚地给出了"璇玑"的底面积和高度："璇玑径二万三千里，周六万九千里，此阳绝阴彰，故不生万物"；"极下者，其地高人所居六万里，滂沲四𬯀而下，天之中央亦高四旁六万里"[③]。可知，"璇玑"高达60000里，上端是尖的，为正北极。

---

① 江晓原：《〈周髀算经〉盖天宇宙结构》，《自然科学史研究》第15卷第3期，1996年，第250页。

② 冯时：《中国天文考古学》，社会科学文献出版社，2001年，第97页。

③ ［汉］赵君卿注，［周］甄鸾重述，［唐］李淳风注释：《周髀算经》，文物出版社，1980年，第84、77页。

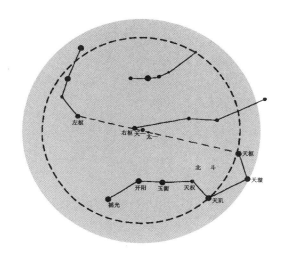

图 60 璇玑范围示意图

（采自冯时：《中国天文考古学》，社会科学文献出版社，2001 年，第 98 页，灰色部分
为作者标注）

逐渐向下增粗，直至北斗，与二十八宿等星体处在一个平面之
上，其底的直径为 23000 里（图 61）。

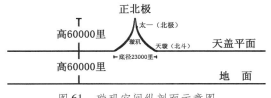

图 61 璇玑空间纵剖面示意图

由于"璇玑"空间呈圆锥状，顶部是北极，底部是北斗，故
而古人会同时用"璇玑"来指代北极和北斗，从而解释了上文提
到的北极说和北斗说两种观点。同时，《史记·天官书》中的记
载也明朗起来："璇玑"是为"阳绝阴彰，不生万物"的天帝之

宫，位于天盖平面之上。北斗为天帝之车，候在天宫门口，与天盖相衔接，成为天帝与天盖上日月星辰沟通之媒介，亦作为天帝指示的传达者和执行者（运于中央，临制四乡）。天帝高高在上，居于"璇玑"之顶点，通过北斗管辖日月五星（所谓旋、玑、玉衡以齐七政）、二十八宿及人间诸事。

三　墓顶天象图意义探讨

通过本文上篇对各个历史时期墓葬天象图遗迹的归纳整理可以看出，墓葬中的天象图类北斗遗迹主要出现在壁画墓及画像石（砖）墓的墓室顶部，棺的盖板（或前挡），以及随葬器物之上。在本章中，笔者拟通过对历代墓葬中出现的各种类型的天象图墓葬做一系列对比分析，推测古人在墓葬中绘制天象图的真实用意。

根据上篇中对中国古代各个历史时期中墓葬天象图的归纳分析，可知其主要特点为：

1. 配置有天象图的墓葬往往规模较大，等级较高，说明墓主财力丰厚、身份显贵。

2. 在汉、唐大统一时期，帝国版图之内（尤其是作为政治中心的长安、洛阳两京地区）的墓葬天象图中几乎不见北斗，天象内容主要以日月云气为主，即使有的墓中绘出星辰，其星与星之间也不用线条连接，仅是在云气间点绘出星辰。各星辰之间关系不明，不易辨识。边远地区（江苏、新疆）有少量墓葬天象图中出现北斗。

3. 在南北朝、五代这样的分裂时期，墓葬天象图中偶尔出现北斗，但在天象图中的位置并不突出。

4. 在五代一些王室墓葬中（吴越王钱氏五墓、秦王李茂贞夫人墓），墓顶天象图中央显要位置出现北斗。

尽管各个时期都盛行着北斗与死亡的某种对应关系，但是在墓葬天象图中出现北斗的仅为少数。这一现象值得关注。目前学界对古代墓葬中所出天象图之研究多集中在星辰的识别和比较，试图了解古人当时对天文知识的掌握程度和星图测绘水平。至于古人在墓室顶部绘制天象图的意义何在，尚缺乏深入探讨。对此问题，笔者有如下推测：

（一）地下星空——仙境之符号

由于墓葬中终年不见天日，阴暗潮湿，阴森恐怖。这样的死后世界让人很难接受。墓葬设计者在墓室顶部绘制天象图的本意或许只是为了给阴暗的墓室中带来光明，为死者营造一个模拟的地下星空。于是在墓葬中装饰天象图成为一种贵族专享的丧葬制度。

在常见的天象图中，日月星辰或以神君化的形象出现，并伴随有其他的仙人、神树、珍禽、异兽等诸多的神仙元素。使得墓顶的天象图不再只是单纯的星空象征，而是被神学化了的星空——神仙世界。换言之，在墓室顶部绘制天象图的做法，表现了人们这样的死后世界观：希望将亡魂所居的墓葬布置成美好的神仙世界。

然而，无论是生者还是死者（生前）都清楚地知道，在墓室顶部绘制的天象图壁画，毕竟仅仅只是图画而已，不是真正的仙界。那么，这种做法是否可以看作是一种"画饼充饥"式地敷衍死者的行为？

显然不能这样理解。在墓室顶部绘制出天象图绝非古人自欺欺人式地自我安慰，而是一种根深蒂固的信仰传统。事实上，古人坚信死后升天成仙是可以通过某种途径得以实现的，墓葬中的天象图最终将会指引墓主的灵魂进入神仙世界。

是什么让古人相信手绘的天象图拥有如此神奇的力量？答案

是：宗教仪式。宗教家能够通过宗教仪式将某些物品神圣化，从而赋予其所需的宗教职能。仪式行为者往往通过行动、姿势、舞蹈、吟唱、演奏等表演活动和对象、场景等实物安排构拟出一个有意义的仪式情境，并从这样的情境中模拟体验这些意义带给他们的心灵慰藉和精神需求。在仪式的整个过程中，表演活动和场景、实物都是表达或实现意义的手段。这种意义感，恰恰正是仪式所能赋予的最大利益所在，也是所有仪式的终极功能：即赋予人生以不同于动物生存的更深刻的意义①。这种看似荒诞的非理性方式正是宗教所特有的意义实现手段。一个仪式，就是一个充满意义的世界，一个用感性手段作为意义符号的象征体系。人为布置出来之"仙境"的意义所在就是配合主持葬礼的方士（巫师）完成发送死者的灵魂进入彼岸世界的丧葬仪式。由于宗教仪式体验建构了信众们属于他们自我意识中神界与人界相衔接的"虚拟世界"，所以在这个发送亡魂的宗教仪式中，天象图这种人工绘制的"虚拟仙界"便代表了人们意识中"真实存在"的仙界。

（二）仙国路标——中国神州之象征

通过对中国古代墓葬中北斗图像资料的归纳可知，在中原地区（古代之中国）的古代墓葬中几乎没有直接在墓室顶部及棺盖（或前挡）上绘出北斗的，而中原以外的边远地区则经常能够见到。笔者猜测，由于历史上黄帝占据中原，统御中国。后来，黄帝从地上"中国"乘龙上升到天上"中国"（以北斗为边界的天国），并成为天国的大神。因此地上之"中土"神州与天上之"中国"仙境有了相互对应的关系，进而诞生出汉唐文化"尚中"的中国优越论神学。

---

① 以上论述参考罗惠翾：《从人类学视野看宗教仪式的社会功能》，《新疆师范大学学报（哲学社会科学版）》，2009 年第 1 期，第 39 页。

神州者，神仙之州也。"中国"首先是一个神学概念，然后才是一个逐渐被落实的地理概念。在汉唐思想领域，中土被赋型为神圣的天下中心，形成一种强烈的千年不变的中国中心论的自豪心态①。

《北斗经》载："老君告天师曰：'人身难得，中土难生，假使得生，正法难遇。'"所谓正法，即经中所指的《北斗本命经诀》。并称只要了悟此因，念此大圣北斗七元真君名号，便可"长生人道，种子不绝，世世为人，不生无道之乡，不断人之根本，更能心修正道，渐入仙宗，永离轮回，超升成道"②。

这段经文充分体现了北斗与这种"中国"优越论神学的关系。在"中国"优越论神学的思想支配下，作为黄帝后代的所有"中国人"都有一种天生的自豪心态，认为自己居于天下之中，死后也将自然回归天之"中国"。因而，在墓葬中多绘以表现四方的四灵形象，借以突出中央的方位概念。周边地域被蔑称为夷、狄、蛮、戎，为"无道之乡"。于是，居于周边夷狄之国的汉人，为了死后也能得道成仙，顺利回归到天上之"中国"，便在墓葬中绘出象征天心的北斗，以引导墓主之灵魂往升中央天国。

（三）北斗代表王权，不敢僭越使用

《春秋佐助期》曰："天子法斗，诸侯应宿。"③ 天子法斗，"运于中央，临制四乡。"顺斗极，以齐七政，北斗与王权有着重要而神秘的联系。诸侯只可与二十八宿对应，墓葬中不能僭越使用北斗。

受到儒家传统等级观念的影响，汉人将天上仙界的不同区域

---

① 有关"中国优越论"的论述，详见姜生、汤伟侠主编《中国道教科学技术史（南北朝隋唐五代卷）》，科学出版社，2010年，第11～25页。

② 《道藏》，第11册，第346页。

③ ［日］安居香山、中村璋八：《纬书集成》，河北人民出版社，1994年，第819页。

也划分成不同的等级。北斗圈定的中央天区属"帝廷"所在，地位最尊，只有天子驾崩后灵魂才有资格升入斗极"帝廷"，自然也只有天子有权在墓葬顶部绘制北斗。普通百姓虽然也有"魂归斗极"的终极梦想，迫于统治压力，只能回避使用北斗，或是用其他图案代替。抑或是通过修习道教法术，以达到入斗成仙之目的。

这一点在西安交通大学西汉晚期壁画墓（图22）中表现得尤为明显。此壁画墓天象图与曾侯乙墓漆箱上的天象图属同一模式，只是在中部本该绘制北斗的位置以九只仙鹤代替。在中国古代曾流行过北斗有九星之说（详见下文《道教的北斗九星说》），墓主显然是出于某种顾忌而不便直接绘出北斗，只好以九只仙鹤隐喻之。其他如洛阳烧沟61号西汉壁画墓（图23）墓顶天象图中虽然绘出星辰，但星辰间没有连线，其中有第1幅和第11幅两组星座都为七星，形状也颇似北斗，盖出于类似考虑。

纵观中国历史上墓葬中的天象图情况，便可发现：仅在南北朝、五代这样的分裂时期，墓葬天象图中才会偶尔出现北斗。而在汉、唐这样的大统一时期，帝国版图内之墓葬几乎未见有在天象图中绘出北斗的情况，即使太子、公主亦未见使用。这一现象进一步证实了笔者的猜测：越是中央集权的统治时期，等级制度越受重视。而丧葬制度作为等级制度的一个方面，自然对北斗使用权的垄断也越为严格。

可惜的是，从目前考古资料中无法得知汉、唐帝陵墓室顶部的具体装饰情况。但是在五代时期，吴越王钱氏五墓出土的墓顶星图（图53）已经公然将北斗绘于中央天区，地位突出。虽然不排除这些天象图存在客观描绘星空的目的，但这种"客观描绘"依然是作为王室墓葬的特权。同是五代的秦王李茂贞让其夫人刘氏做了皇后，在刘氏墓砖铺墓顶也见到了刻意留空形式出现的北斗。可见在王室墓葬中，墓顶中央显要位置是允许出现北斗的。

综上分析，在中国古代墓葬天象图中，无论是出现北斗还是刻意回避北斗，都能够从不同侧面反映出相关的北斗信仰。解释的关键一定要从墓葬的终极意义出发，才能对种种丧葬文化做出较为合理的解读。

四 北斗、至上神与王权

根据上文的分析可知，北斗与"太一"、"天一"等至上神之关系密切，汉代北斗被视为至上神"太一"及"天一"之车，而作为中国古代至上神之一的黄帝亦被认为是北斗神之精。除了与神界的最高统治者有着种种的神秘联系之外，北斗与人间的最高统治者也有着密切的天人感应。帝王在修建城池、治理国家方面要取法北斗，驾崩之后在墓葬中也要垄断对北斗的使用权。

然而，北斗与至上神究竟会有怎样的关系？又是出于何种原因，使得人们相信北斗与人间帝王会有密切的感应？

要解决这个问题，首先需要厘清中国古代至上神信仰的发展脉络。

（一）中国上古至上神

中国古代的至上神观念经历了一个逐渐演变的过程。有学者考证至少在夏代，中国已经出现至上神崇拜[①]。从中国上古时期到汉代为止，曾出现"天"、"帝"、"上帝"、"天帝"、"黄帝"、"天一"、"太一"等多个至上神概念。这些至上神概念究竟是同一个至上神的不同名称，还是多个不同的至上神？在古代的文献

---

① 王伟：《夏商周的上帝神话与文化变迁》，硕士学位论文，首都师范大学，2007年，第11页。

记载中也是颇多含混,莫衷一是。曹胜高①、许富宏②、叶舒宪③、刘屹④、王晖⑤等多位学者都曾撰文探讨过中国古代至上神的问题。

综合考量各家之言,结合宗教发生学的相关逻辑,笔者认为:日神崇拜应该是最早的天神崇拜。根据王晖对卜辞的考证,殷商时代的至上神"帝"、"上帝",其原型当为日神⑥。先周将天神与商代的上帝合而为一,称为昊天上帝或皇天上帝,逐渐不再以日神为原型,而以莽苍之"天"为原型。随着华夏先民天文知识的增长,渐渐发现日月星辰绕极旋转的运行规律。于是认为至上神的居所应当在斗极附近的天心区域。于是,到战国秦汉,在原型为苍天的昊天上帝和皇天上帝之外,又出现了另一个原型为北极的北辰"天帝"。古代文献中,"天一"、"太一"甚至北斗都曾指代北辰"天帝"。

"太一"之称最早见于先秦诸子文献中(或作大一、泰一、太乙、天一、太极等),但其所指较为抽象。《庄子·天下》中认为老子哲学"建之以常无有,主之以太一"。《荀子·礼论》也认为:"太一者,天地之本也。"《吕氏春秋·仲夏纪大乐》称:"万物所生,造于太一,化于阴阳。"皆认为太一是万物的本源。《石氏星经》虽称:"道起于元,一为贵,故太一为北极天帝位。"但此经之出现年代学界一直存疑,难以形成有效的证据。

---

① 曹胜高:《"太一"考》,《洛阳大学学报》,2002 年第 3 期,第 26 ~ 29 页。
② 许富宏:《汉初上帝信仰的演变及其原因》,《青海民族学院学报(社会科学版)》2008 年第 3 期,第 62 页。
③ 叶舒宪:《中国神话哲学》,中国社会科学出版社,1992 年,第 11 页。
④ 刘屹:《敬天与崇道——中古经教道教形成的思想史背景》,中华书局,2005 年。
⑤ 王晖:《论商周秦汉时期上帝的原型及其演变》,《中国历史博物馆馆刊》1999 年第 1 期。
⑥ 王晖:《论商周秦汉时期上帝的原型及其演变》,《中国历史博物馆馆刊》1999 年第 1 期,第 50 页。

　　较为稳妥的说法是，至少在西汉初年，人们逐渐把太一与星空联系起来，认为太一住在天极星上。《淮南子·天文训》曰："太微者，太一之庭也。紫宫者，太一之居也。"《史记·天官书》云："中宫天极星，其一明者，太一常居也。"这样太一之神格也逐渐具象，是为统御天界的天神。汉纬《春秋元命包》云："北者，高也；极者，藏也。言太一之星，高居深藏，故名北极也"①。上文有论，古人所指北极概念，实指北斗。也就是说，北斗所圈定的"璇玑"天区即为"太一天帝"所居之"帝廷"。而北斗因不停地绕极四游，而被视作"帝车"。

　　太一天帝是天上至高无上的代表，皇帝是人间至高无上的代表。据董仲舒"天人合一"思想的附会，二者之间当存在相互的"感应"。天子法斗而治，则是顺应天（帝之）意，得天神庇佑，国泰民安。

　　（二）黄神北斗

　　在汉晋墓葬出土的解注瓶上常见有"黄神北斗"字样的符文内容。汉代纬书中，将中华始祖黄帝说成是北斗之精。唐《开元占经》卷六十七引《春秋纬》曰："北极星，其一明大者，太一之光，含元气，以斗布常，开命运，节序神明，流精生一，以立（位）黄帝。"宋人王瓘著《广轩辕本纪》卷三亦言黄帝"升天为太一君"，可知太一天帝，亦为黄帝也。韦兵认为黄帝是北斗的人格化，"无论其身世，制作都无一不与北斗相关"②。本文在此就北斗与黄帝之关系问题做进一步的梳理和补充。

　　黄帝信仰也是一个起源很早的原始信仰，源于华夏先民的祖先崇拜。今本《竹书纪年》载："黄帝母附宝，见电光绕北斗，

---

① ［日］安居香山、中村璋八：《纬书集成》，河北人民出版社，1994 年，第 649 页。
② 韦兵：《斗极观与晚周秦汉的黄老之学——兼论楚简"天心"》，硕士学位论文，四川大学，2003 年。

枢星光照野，感而孕。"在汉代纬书中可以发现大量黄帝与北斗相关涉的内容，黄帝被附会成北斗之精，而北斗亦称黄神。《河图始开图》："黄帝名轩，北斗黄神之精。母地祇之女附宝，之郊野，大电绕斗，枢星耀，感附宝，生轩。胸文曰：黄帝子。"[1]《诗含神雾》中也提到："大电光绕北斗枢星，照郊野，感附宝而生黄帝。"[2] 黄帝的身世被赋予了神秘色彩，为北斗黄神下凡，其胸部生来带有"黄帝子"三个字，更是为了彰显其神性。

至于汉人缘何将黄帝视作北斗神，笔者分析，其原因有四：

首先，黄帝为中央之帝，五行属土，与北斗相配；其次，黄帝注重观象授时，了解北斗天象；再者，黄帝成仙，升天赴斗；最后，黄帝造车，被称为轩辕氏，斗为帝车之说很可能与黄帝有关。详述如下：

1. 黄帝居中

在历史上，黄帝占据中原，统御中国；在神仙体系中，黄帝为中央之帝，土德，位置与五行所属都和北斗相合。《尚书帝命验》载："黄曰神斗"，注曰："黄帝含枢纽之府，而名曰神斗。斗主也，土精澄静，四行之主，故谓之神主，周曰太室"[3]。北斗居天之中央，属土，色黄，比附黄帝恰如其分。

王莽篡位之后，尊北斗尤甚。盖因其自称黄帝后嗣之故[4]，按《史记·历书》的说法："王者易姓受命，必慎始初，改正朔，易服色，推本天元，顺承厥意。"王莽自命为土德，视北斗为自己的保护神，实为效法黄帝以顺承厥意。

---

[1] ［日］安居香山、中村璋八：《纬书集成》，河北人民出版社，1994 年，第 1105 页。
[2] ［日］安居香山、中村璋八：《纬书集成》，河北人民出版社，1994 年，第 461 页。
[3] ［日］安居香山、中村璋八：《纬书集成》，河北人民出版社，1994 年，第 367 页。
[4] 《汉书·王莽传》："黄帝二十五子，分赐厥姓，十有二氏。虞氏之先受姓曰姚，其在陶唐曰妫，在周曰陈，在齐曰田，在济南曰王。姚、妫、陈、田、王氏，凡五者皆黄帝苗裔。"

2. 黄帝尊天

在古代传说中，黄帝极其重视天学。《史记·历书》载：

> 盖黄帝考定星历，建立五行，起消息，正闰余，于是有天地神祇物类之官，是谓五官。各司其序，不相乱也。民是以能有信，神是以能有明德。民神异业，敬而不渎，故神降之嘉生，民以物享，灾祸不生，所求不匮①。

由于黄帝注重观象授时，掌握了天文历法，以天象治民事，将部落治理得井井有条。北斗被认为是天界秩序的规定者，而黄帝是人间秩序的规定者。因此黄帝被视为北斗神下界，拥有天赋神权。同时，正因为原始社会的生产生活、天地秩序均以天文历法为基础。一旦天文历算推测失误，先民的生产生活将受到严重影响，天地秩序大乱。这便意味着这个首领已丧失了上天赋予的统治权力和宠信。

考古发现，在山西襄汾陶寺遗址出土了具有观象授时与祭祀功能的大型夯土建筑ⅡFJTI，规模宏大，结构复杂，集天文观测与祭祀等功能于一体②。赵瑞民认为，在一个政权需要面对的诸多大事中，其最为重要的无论如何也不会是观测天象、制定历法这类事，然而《尚书·尧典》记载的首件政务却是派员观测天象，制定历法。现在有了陶寺城址中"迄今发掘最大的陶寺文化单体建筑"，集观象和祭祀功能于一身，《尧典》的记载似乎容易理解了。据此二者的联系，我们可以推测，华夏文明的早期国家有一个最突出的特征，就是观测天象、制定历法，以"敬授民时"③。

---

① 司马迁：《史记》卷二十六《历书》，中华书局，1959 年，第 1256 页。
② 何驽：《山西襄汾县陶寺中期城址大型建筑ⅡFJT1 基址 2004—2005 年发掘简报》，《考古》2007 年第 4 期，第 21 页。
③ 赵瑞民、郎保利：《观象授时与中国文明起源——从陶寺观象祭祀遗迹谈国家起源时期公共权力的形成》，《晋阳学刊》2005 年第 1 期，第 61 页。

诚如是说，天文律历即为黄帝之学的重要内容。《尚书中候》载："帝轩提像，配永循机，天地休通，五行期化。"注曰："轩，轩辕，黄帝名。永，长也。循，顺也。黄帝轩辕观摄提之像，配而行之，以长为顺，斗机为政。休，美也。天地美气相通行，应四时之期而变化。"① 上古天学中的诸多重要概念如阴阳、四时、律历均系于北斗，此处"斗机为政"足见北斗在这个天学体系中的中心地位。

由于黄帝观象授时，掌握天学。也就是说黄帝能够读懂北斗的神秘"启示"。故而被当作北斗神下凡。

3. 黄帝成仙

黄帝是史书所载第一位通过封禅，成功登龙升仙之人。《史记·封禅书》中记载："黄帝采首山铜，铸鼎于荆山下。鼎既成，有龙垂胡涎下迎黄帝。黄帝上骑，群臣后宫从上者七十余人，龙乃上去。"其成仙的传说成为后世道教修仙理论的依据，并大大鼓舞了时人的升仙理想。其后之秦皇汉武亦想步其后尘，通过封禅白日飞升，然不可得。只好另寻其他升仙途径。

由于在传说中黄帝是北斗之精，升天之后自然回归北斗。那些渴望效法黄帝升仙之道人方士，自然将北斗作为其升仙仪式的重要内容。解注瓶中常见的北斗符号及"黄神北斗"、"黄神越章"等解注文，除了通过北斗压制鬼宿而镇墓除祟之外，另外一个原因就是利用北斗与黄帝的密切关系，求得黄帝首肯，同意墓主死后升仙。

后世道书《云笈七签》卷二十四《日月星辰部·总说星》记载："黄帝曰：以鸡鸣时，想北斗七星，而天神下不死药，益寿不老。"亦是此种黄帝——北斗信仰体系在后世道教中的变体。

---

① ［日］安居香山、中村璋八：《纬书集成》，河北人民出版社，1994年，第399、400页。

4. 黄帝造车

《楚辞·远游》云："轩辕不可攀兮"，东汉王逸注曰："轩辕，黄帝号也；始作车服，天下号之为轩辕氏也。"照王逸看来，黄帝号轩辕乃与他发明了车有关系，故以车的主要部件（"轩辕"乃车的两个主要组成部分）来为之命名。

古代文献中不乏此类关于黄帝造舟车之记载。如《易·辞系下》云："刳木为舟，剡木为楫。舟楫之利，以济不通，致远以利天下。"《汉书》曰："黄帝作舟车，以济不通。"《路史·前纪七》载："轩辕氏，作于空桑之北，绍物开智，见转风之蓬不已者，于是作制乘车。"相传为战国时赵国史官所作《世本》曰："黄帝之臣共鼓、化狄（又称化狐）造舟。容成刳木为舟。"柏杨释曰："姬轩辕把木头插在圆轮子中央，使它运转，因而造成车辆。又把树木当中剖空，做成可以浮化在水面上的小舟。从此人们能够走向较远的地方。"《太平御览》卷七七三引《古史考》云："黄帝作车，少皓时略加牛。"

由于传说中黄帝造车，黄帝又被称为轩辕氏，斗为帝车之说很可能与黄帝有关。《后汉书·天文上》引张衡《灵宪》曰："苍龙连蜷于左，白虎猛据于右，朱雀奋翼于前，灵龟圈首于后，黄神轩辕于中。"可见天象中在四灵之中的北斗此处神格化成为黄神[1]。

综上所述，由于历史上黄帝占据中原，统御中国。后来，黄帝从地上"中国"乘龙上升到天上"中国"（以北斗为边界的天国），并成为天国的大神。于是，地上"中国"的始祖"黄帝"与天上"中国"的规定者"北斗"发生了联系，并最终产生了"黄帝—北斗"信仰体系。

---

[1] 　当然，在中区天区内还有一星组即名为"轩辕"，但文献中较少提及。此处"黄神轩辕于中"也不排除指的是"轩辕"星组。

（三）法斗而治

在"黄帝——北斗"信仰的影响下，其他如尧、舜、禹等许多著名的古代帝王与北斗之间也被附会上许多神秘的联系，以作为其出身神圣的象征，从而"证明其统治权威来源于宇宙秩序的化生之源北斗。北斗为上天之主，则有北斗标记的帝王理所当然是人间的统治者"①。

汉纬《尚书帝命验》载："禹身长九尺，有只虎鼻河目，骈齿鸟缘，耳三漏，戴成钤，裒玉斗，玉骭履已。"② 注曰："禹胸有墨如北斗。"又《孝经援神契》曰："舜龙颜重瞳，大口，手握褒。"③ 注曰："大口以象斗星，又为天作喉舌。"再者，《春秋元命包》曰："帝俈载干，是谓清明，发节移度，盖象招摇……尧眉八彩，是谓通明。历象日月，璇玑玉衡。"④

甚至在某些纬书中，孔子、刘邦也被神化为斗唇或戴斗的异象，以显示其权威。《孝经钩命决》曰："仲尼斗唇，舌理七重，吐教陈机受度。"⑤ 既然这些圣人、帝王身上有北斗的神秘标记，其治国之道自然也是取法北斗，以循天意。

在汉初居于统治地位的道家哲学其主导思想就是循"道"而行事。何以知"道"？《道德经》曰："人法地，地法天，天法道，道法自然。"因"天法道"，故"参天以明道"。在中国古代人们的意识中，世间最高明最正确的行事准则便是"法天"，即"天人合一"。江晓原在其著《天学真原》中通过大量的文献详细论证了这一事实：上古天学最根本的目的便是洞悉天意，以循

① 韦兵：《斗极观与晚周秦汉的黄老之学——兼论楚简"天心"》，硕士学位论文，四川大学，2003 年，第 51 页。
② ［日］安居香山、中村璋八：《纬书集成》，河北人民出版社，1994 年，第 369 页。
③ ［日］安居香山、中村璋八：《纬书集成》，河北人民出版社，1994 年，第 965 页。
④ ［日］安居香山、中村璋八：《纬书集成》，河北人民出版社，1994 年，第 591 页。
⑤ ［日］安居香山、中村璋八：《纬书集成》，河北人民出版社，1994 年，第 1011 页。

天道。

在中国传统文化中，"天人合一"是一个含蕴极广的概念。就广义而言，"天"被用来指整个自然界。这个自然界，或者说天，在古代中国人心目中，并非像近代科学的"客观性假定"中那样是无意志、无情感、可认识、可改造的客体，而是一个有意志、有情感、无法彻底认识、只能顺应其"道"与之和睦共处的庞大神秘活物。这或许就是一些现代中外学者所盛称的古代中国人的"有机自然观"。所有天人合一与天人感应的大道理，最终都可归结为一点：人如何与天共处，即如何知天之意、得天之命，如何循天之道，邀天之福[1]。

在这种以洞悉天意为目的的天文观测中，北斗星无疑是第一号的星座[2]。早期道家学派的哲学观念中将北斗与"道"相关联，认为道在北斗上能够得到体现。《庄子·大宗师》曰："维斗得（道）之，终古不忒。"《韩非子·解老》："道者，万物之所然也……天得之以高，地得之以藏，维斗得之以成其威。"西汉学者焦延寿在《焦氏易林》中有言："据斗运枢，顺天无忧，与乐并居。"[3] 汉纬之兴，更是将这种神秘主义天学理论中的北斗天道观充分发挥。《易纬辨终备》曰：

> 孔子表河图皇参持曰：天以斗视，日发明皇，以戏招始，挂八卦谈。煌煌之燿，干为之冈。合凝之类，坤握其方。雄雌呿吟，六节摇通。万物孳甲，日营始东。（注曰：

---

① 江晓原：《天学真原》，辽宁教育出版社，1995 年，第 10 页。
② 吴其昌："汉以前恒星发现次第考"，《真理杂志》第一卷第三期，1944 年。
③ 《焦氏易林》（中华书局，1985 年，第 199 页）："节"卦："据（别本作握）斗运枢，顺天无忧，（别本下有所行造德四字），与乐并居。"按别本此为小过卦。

皇参持，河图名也。言以北斗之星视听，而以日月发其明，以昭示天地三皇。伏戏始卦，以示后世之人，谓使观见之矣。）①

西汉刘安《淮南子·天文训》："帝张四维，运之以斗"，东汉张衡《灵宪》："众星列布……一居中央，谓之北斗，动变定占，实司王命，四布于方各七。"北斗"帝车"是天帝意志的传达者和执行者，所以顺应北斗便是遵循天意。早期道教经典《太平经》载，斗前之气为王气、生气；斗后之气为死气。所以，帝王欲长治久安，不可不顺斗而为，以合天地之心：

> 此气（王气）皆在天斗前日进，欲见助兴，故动之，其余气者，皆在天斗后，天气所背，去气日衰，故不宜兴动，与天反地逆，不合天地之心，故凶。故天之所向者兴之，天之所背者废之。是为知时气，吉凶安危可知矣②。
>
> 乃当顺用天地之心意，不可逆太岁诸神。同合其气，与帝王用事，同喜同心，同指同方，同运同枢，同根同意。故古者圣人陈法使帝王，春东方，夏南方，秋西方，冬北方者，主与此天气共事也。气同故相迎也，是主所谓谨顺天之道，与天同气，故相承顺而相乐，主所言和同者，相乐也③。

古代帝王相信，贤明的君主一定要法北斗以治天下，方可上应天道，下顺民心。其中最为典型的例子当属王莽。王莽不具备"天子"血统所负载的神性，其君权的获得亦属非正式继承。

在当时"君权天授"的观念影响下，其政权的合法性必须获

---

① ［日］安居香山、中村璋八：《纬书集成》，河北人民出版社，1994 年，第 182 页。
② 王明：《太平经合校》，中华书局，1979 年，第 631 页。
③ 王明：《太平经合校》，中华书局，1979 年，第 629～630 页。

得"天人感应"神学理论的支持。为显示自己获得了天之授命，王莽更改了祭礼，加祀北斗。《汉书·郊祀志》载：

> 中央帝黄灵后土畤，及日庙、北辰、北斗、填星、中宿、中宫，于长安城之未地兆①。

进而，为了证明自己的篡汉乃是"天命所归"，王莽还为自己制造"上应天命"的威斗。并且要由头戴"天文冠"、号曰"赤星"、象征"司命"天神的孔仁负之不离左右。按《汉书·王莽传》：

> 是岁八月，莽亲之南郊，铸作威斗。威斗者，以五石铜为之，若北斗，长二尺五寸，欲以厌胜众兵。既成，令司命负之，莽出在前，入在御旁②。

当"司命"孔仁之妻因某事受牵连而自杀，孔仁见王莽，自免天文冠谢罪。王莽却使尚书弹劾孔仁道："乘'乾'车，驾'坤'马，左苍龙，右白虎，前朱雀，后玄武，右杖威节，左负威斗，号曰赤星，非以骄仁，乃以尊新室之威命也。仁擅免天文冠，大不敬。"③ 甚至汉兵攻入宫中，在性命攸关的最后时刻，王莽仍在未央宫，命天文郎在旁以式盘占星，并调整自己的座席方向与斗柄一致：

> 莽避火宣室前殿，火辄随之。宫人妇女啼呼曰："当奈何！"时莽绀绋服，带玺韨，持虞帝匕首。天文郎案栻于前，日时加某，莽旋席随斗柄而坐，曰："天生德于予，汉兵其

---

① 班固：《汉书》卷二五《郊祀志》，中华书局，1962 年，第 1268 页。
② 《汉书》卷九十九《王莽传》，中华书局，1962 年，第 4151 页。
③ 《汉书》卷九十九《王莽传》，中华书局，1962 年，第 4153 页。

如予何！"①

《汉书·扬雄列传》载："上帝眷顾高祖，高祖奉命，顺斗极，运天关，横巨海，票昆仑，提剑而叱之，所麾城撕邑，下将降旗，一日之战，不可殚记。"可见，只要"顺斗极，运天关"便可得上帝眷顾，自然所向无敌。王莽祀斗、法斗之行为并非单单为自己政权的合法性制造神学舆论，迷惑百姓，实是发自内心笃信这种天道观念，真的以为只要自己的座席与天帝的"斗车"在"合一"状态，便是天命所归、天心所向，得上帝之庇护，从而化险为夷、国泰民安以至千秋万代。

在纬书中更是不乏此类记载。《春秋运斗枢》曰："五帝所行，同道异位，皆循斗枢玑衡之分，遵七政之纪，九星之法。"②《礼斗威仪》云："宫主君，商主臣，角主父，征主子，羽主夫，少宫主妇，少商主政，是法北斗而为七政。"③《易纬坤灵图（补遗）》："遂皇始出，握机矩，是法北斗而成七政，表计真图。"④《易纬通卦验》亦载："遂皇始出，握机矩，表计宜，其刻白苍牙通灵。"郑注："矩，法也，遂皇，谓遂人，在伏羲前，始王天下，但持斗运机之法，指天以施教令。"又《易纬通卦验（补遗）》："天地成位，君臣道生，粤有天皇。遂皇始出，握机矩，是法北斗，而成七政，表计真图。其刻曰：苍渠通灵，苍牙通灵，昌之成运，孔演明道经。"⑤《春秋佐助期》更是直言"天子法斗，诸侯应宿"⑥。《孝经援神契》："天覆地载，谓之天子，上

① 《汉书》卷九十九《王莽传》，中华书局，1962 年，第 4190 页。
② ［日］安居香山、中村璋八：《纬书集成》，河北人民出版社，1994 年，第 713 页。
③ ［日］安居香山、中村璋八：《纬书集成》，河北人民出版社，1994 年，第 516 页。
④ ［日］安居香山、中村璋八：《纬书集成》，河北人民出版社，1994 年，第 313 页。
⑤ ［日］安居香山、中村璋八：《纬书集成》，河北人民出版社，1994 年，第 246 页。
⑥ ［日］安居香山、中村璋八：《纬书集成》，河北人民出版社，1994 年，第 819 页。

法斗极。"①

　　同时，在汉代的这套"天人感应"神秘主义天学体系中，人皇对应天帝。即：北斗所规划出的天心璇玑区域所对应的正是人间统治阶级的核心——皇帝及其权力集团。按汉代占星学说法，天子的是非功过会在北斗七星的明暗程度上有所表现。《孝经援神契》曰：

> 天子不祠名山，不敬鬼神，则斗第一星不明；数起土功，坏决山陵，逆地理，则第二星不明；天子不爱百姓，则第三星不明；发号施令，不从四时，则第四星不明；用乐声音淫佚，则第五星不明；用文法深刻，则第六星不明；不省江河淮济之祠，则第七星不明②。

　　在占星家的理论中，帝王治道能够反映在北斗的天象变化上，君王有道则北斗光明宏大，显示许多吉象。如《河图》："黄帝治，景星现于北斗也。"③《孝经援神契》："王者德至天则斗极明。"④《孝经纬》："主德大，则斗极星明，甘露下。"⑤《礼纬》："天王正珪帽，则北辰列齐。"⑥

　　但是，若君王失道，则会有怪异天象见于北斗。《左传》定公四年载："孛入于北斗，有星周内史曰：'不出七年，齐、宋、晋之君皆将乱死。'"《广博异志》卷二引《独异志》："周厉王时，北斗与三台并流，不知其所，厉王没后，两主星复现。"《孝

①　［日］安居香山、中村璋八：《纬书集成》，河北人民出版社，1994 年，第 963 页。
②　［日］安居香山、中村璋八：《纬书集成》，河北人民出版社，1994 年，第 990 页。
③　［日］安居香山、中村璋八：《纬书集成》，河北人民出版社，1994 年，第 1220 页。
④　［日］安居香山、中村璋八：《纬书集成》，河北人民出版社，1994 年，第 973 页。
⑤　［日］安居香山、中村璋八：《纬书集成》，河北人民出版社，1994 年，第 1059 页。
⑥　［日］安居香山、中村璋八：《纬书集成》，河北人民出版社，1994 年，第 533 页。

经钩命决》:"周襄王不能事其母弟,慧入斗,亡其度。"① 《孝经
雌雄图三光占》曰:"荧惑入北斗魁中,而守之十日,天下大乱,
易其王,天子死,五都亡。期二年,远三年。"② 《春秋潜谭巴》:
"星孛入北斗,璇玑更受,天子起走";"慧星芒于斗枢,天子亡,
诸侯息"③。《春秋感精符》:"星孛入北斗,兵大贼起,大国结盟
伐天子。"④

　　北斗的变化预示着天意的变化,揭示王朝统治秩序的危机。
这也是历代统治者严令禁止人民私习天文的原因所在。君王与北
斗之间有着神秘的感应,人间君王统治的合法性,其权力的来源
在于天上的北斗,故君王重视对北斗的祭祀与崇拜⑤。汉长安城
乃是依北斗而营建之"斗城",亦体现君王欲循天意而治天下之
态度。正如后世道书所载:"凡奉事上真,或不能法天象地,随
斗杓而建坛,先违道训也,不如不修之为愈。……不能纪述天
文,对扬元妙,则无知北斗之尊也。"⑥

五　北斗、鬼宿与厌胜

　　根据上篇统计可知,在厌胜器物上多绘有北斗。然而,究竟
是什么原因使古人认为北斗有驱鬼辟邪的功能?"厌胜"的"厌
(压)"又当作何解?

---

①　[日]安居香山、中村璋八:《纬书集成》,河北人民出版社,1994年,第1008页。

②　[日]安居香山、中村璋八:《纬书集成》,河北人民出版社,1994年,第1050页。

③　[日]安居香山、中村璋八:《纬书集成》,河北人民出版社,1994年,第847页。

④　[日]安居香山、中村璋八:《纬书集成》,河北人民出版社,1994年,第754页。

⑤　参见韦兵:《斗极观与晚周秦汉的黄老之学——兼论楚简"天心"》,硕士学位论
　　文,四川大学,2003年,第53页。

⑥　《道门科范大全集》卷五十五,《道藏》,第31册,第885页。

仰观星空，北斗七星正好压在鬼宿之上。大概正是由于"北斗压鬼宿"这一天文现象，孕育了中国古代以北斗符号压鬼镇祟、除妖驱邪的厌胜法，并被广泛施行在死于非命者的丧葬仪式中，期以解除注祟，护佑生人。

（一）解注瓶上的北斗图案分析

2001 年 8 月，在咸阳市渭城区窑店镇聂家沟村北发现了一件东汉时期的陶瓶（图 13），瓶身自肩以下周壁用朱砂满绘星图、道符，并书有文字（图 63）①。由于此瓶身所绘图文的内容较为独特，为我们理解北斗之厌胜功能提供了重要的实物依据。

在简报中，作者对此陶瓶上图文的有关细节作了如下的描述：

> 陶瓶的图文按其相对位置分为左右两部分。左侧中央由三颗星连成等腰三角形，其中顶部一星最大，下侧两星稍小。星图内自上而下有三字，仅最后一字完整：经辨认，推断为"天心星"三字。星图右侧上部书"右贼史"，"如道"之下残；左侧上部书"左贼史"。星图下有两道符箓，已残缺。其中左符与长安县南李王村汉墓的朱书符上端相似，右符与户县东汉墓的符箓上部近同。陶瓶右部上面有一幅北斗七星图，星间有连线，斗魁内有三颗星，连成等腰三角形，斗柄下有四颗星，连成菱形。此图之下右侧有六颗星，两两相连，相互平行。左侧朱书五行二十四字："生人有乡，死人有墓。生人前行，死人却行。死生异路，毋复相忏。"

---

① 刘卫鹏、李朝阳：《咸阳窑店出土的东汉朱书陶瓶》，《文物》2004 年第 2 期，第 86、87 页。

耐人寻味的是，此陶瓶右侧北斗七星的斗杓之下绘四颗星。连成菱形，魁内则绘三颗星，成等腰三角形。但是，据《晋书·天文志》记载："魁中四星为贵人之牢，曰天理也……杓南三星及魁第一星西三星皆曰三公。"（图62）显然，窑店朱书瓶魁内和杓下的星数与文献记载相反，难道是画符者的粗心所致？

图 62   北斗图（紫微垣图局部）

（采自陈遵妫：《中国天文学史》第二册，上海人民出版社，1982 年，第 291 页）

要知道，在古人的宗教意识中，埋葬死者是一件庄严而神圣的大事。丧葬过程乃是将死者之灵魂转化、发送到彼岸世界的通过仪式。各个步骤一定要严格符合其宗教逻辑要求方可达成其"终极关怀"的实现。解注瓶上内容势必严格地代表着某种特定的宗教象征符号，以实现其神学功用。因此，粗心失误是不可能被允许的。斗柄下的四星显然不是"天理"，而应是二十八宿中的舆鬼，即鬼宿①。

卡西尔说："最早的天文学体系的空间不可能是一个单纯的理论空间……这种充满着魔术般的、神圣的（空间）……不过是一个想象的空间，是人类心灵的一种虚构……是一种对宇宙的神

_____

① 简报作者亦持此观点。

图 63　咸阳窑店陶瓶上的图文摹本

（采自刘卫鹏、李朝阳：《咸阳窑店出土的东汉朱书陶瓶》，《文物》2004 年第 2 期，
第 87 页，图三）

话式解释。"① 解注瓶本身就是汉晋社会的意识形态——尤其是丧
葬意识的积淀与物化，其上的图文不是要在陶瓶上客观地记录天
象，而是要实现"解除注祟"这一宗教功能。具体到窑店解注
瓶，实欲通过绘制北斗压鬼宿的天象，表达厌胜驱邪、分隔人鬼
的思想宗旨。

　　东汉时期的早期道教经典《太平经》曾记载北斗有分隔生死
二气之功能："生气者属天属阳属前，天道以神气生，故斗前六
神皆生。后六神属地属阴，天道以死气为鬼，为物凶咎。"② 因
此，北斗能够分阴阳，隔生死。所谓"死气为鬼"，即指二十八
宿之"鬼宿"也。

　　鬼宿又称舆鬼，南宫朱雀七宿之第二宿，有四颗光线较微弱
的星，依次为巨蟹座 θ、η、γ 及 δ。鬼宿四星围形似柜，中有一
星团（Praesepe 星团），古人名之曰"积尸气"。《石氏星经》的
描述为："鬼中央一星，白如粉絮，似云非云，似星非星，见气
而已，名曰积尸，亦曰积尸气。"《史记·天官书》载："舆鬼，
鬼祠事；中白者为质。"唐张守节《正义》曰："舆鬼四星，主祠

① ［德］恩斯特·卡西尔着、甘阳译：《人论》，上海译文出版社，1992 年，第 62 页。
② 王明：《太平经合校》，中华书局，1979 年，第 698 页。

事，天目也，主视明察奸谋。东北星主积马，东南星主积兵，西南星主积布帛，西北星主积金玉，随其变占之。中一星为积尸，一名质，主丧死祠祀。占：鬼星明大，谷成；不明，百姓散。质欲其没不明；明则兵起，大臣诛，下人死之。"① 唐李淳风《观象玩占》也提到："鬼四星曰舆鬼，为朱雀头眼，鬼中央白色如粉絮者，谓之积尸气，如云非云，如星非星，见气而已。"可见文献记载中，鬼宿是由四颗星组成的柜形星宿，主死丧祠祀。由于积尸气如云非云，如星非星，也有文献中把积尸气也当作一颗星，认为鬼宿有五颗星，同是李淳风，在《晋书·天文志》中亦有"舆鬼五星，天目也"之说。因此，有些古代星图把鬼宿绘成四星，也有的绘为五星。

1. "鬼宿"——"鬼之归宿"

既然鬼宿以"鬼"名之，主丧死祠事，自然与"鬼"有着密切的联系。

《太平经》载"夫人死，魂神以归天，骨肉以付地腐涂"②。魂神归天，至于何处？鬼宿也。《后汉书·天文志》："荧惑为凶衰，舆鬼尸星主死亡，荧惑入之为大丧。轩辕为后宫。七星，周地。客星居之为死丧。其后二年，光武崩。"唐李贤注曰：

> 舆鬼五星，天府也。黄帝占曰："舆鬼，天目也，朱雀头也，中央星如粉絮，鬼为变害，故言。一名天尸，斧钺，或以病亡，或以诛斩。火克金，天以制法。其西南一星，主积布帛；西北一星，主积金玉；东北一星，主积马；东南一星，主积兵，一曰主领珠钱。"郗萌曰："舆鬼者，参之尸也，弧射狼，误中参左肩，举尸之东井治，留尸舆鬼，故曰

① 《史记》卷二十七《天官书》，中华书局，1975年标点本，第1302页。
② 王明：《太平经合校》，中华书局，1979年，第53页。

天尸。鬼之为言归也。"又占:"月、五星有入舆鬼,大臣诛,有干(戚)钺乘质者,君贵人忧,金玉用,民人多疾,从南入为男子,从北入为女,从西入为老人,从东入为丁壮。棺木倍价。"①

古人认为,人的吉凶祸福是天所赋予,上天主宰着世人的命运。天上的星宿乃是天界的仙官,不但控制风雨雷电等自然现象,亦掌管婚丧嫁娶、战争、祭祀等人间诸事,不同的天官有不同的职能②。舆鬼为尸星,一名天尸,即为天神(参宿)的尸体。"主死丧"正是出于对"鬼"这个星名含义和作用的推理。

同时,天人感应的思想使古人认为地上的一切在天上均有与之相应的天象。《易·系辞上》:"天垂象,见吉凶,圣人象之。"《礼记·都特牲》:"地载万物,天垂象,取材于地,取法于天,是以尊天而亲地也。"《论衡·订鬼篇》:"凡天地之间,气皆纯于天,天文垂象于上,其气降而生物。气和者养生,不和者伤害。本有象于天,则其降下,有形于地矣。故鬼之见也,象气为之也。"

星宿之名来源于其"取材于地"的形象。鬼宿四星最初或是因像"鬼"之形象而得名(鬼的原始形象应为四目兽头之人形怪物,详细论述见下文)。隋代的丹元子《步天歌》③中讲到鬼宿"四星册方似木柜,中央白者积尸气"。可知鬼宿四星状如一尸躺在棺内,也曾被演绎为二人抬尸④。总而言之,古人认为鬼宿是

---

① 《后汉书》志十《天文上》,中华书局,1987年标点本,第3223页。
② 《北斗牿法武威经》、《无上黄箓大斋立成仪》卷五十五及《道门定制》卷三等经中均有记载:"凡二十八宿各有司,尽关璇玑之分,若风雨雷雹人间万汇,并随武威占克,无不具载,明者察之。"
③ [南宋]郑樵《通志·天文略·天文序》:"隋有丹元子者,隐者之流也,不知名氏,作《步天歌》。"
④ 详见陕西省考古研究所等:《西安交通大学西汉壁画墓》,西安交通大学出版社,1991年,第40页。

地下死者在天上的反映，同时也把鬼宿视为掌管死丧祠祀的天官。

二十八宿又名二十八舍、二十八次，《史记·律书》："《书》曰二十八舍……舍者，日月所舍。"司马贞《索隐》："二十八宿，'七正'之所舍也。舍，止也。宿，次也。言日月五星运行，或舍于二十八次之分也。""宿"、"舍"与"次"均有留宿和旅居之意，而汉字"宿"的早期写法乃像人在房中休息。所以在古人看来，一段段天区也正如地球上沿途分布的驿站一样，应当是为日、月、五星准备的临时住所①。鬼宿，顾名思义，鬼之居所，魂之归宿也。郗萌说鬼宿为天尸，又称"鬼之为言归也"。表明在汉代死后世界观中，应存在死后灵魂归于鬼宿之说。

2. "鬼宿"与"鬼魂"的联系

陈久金认为："将鬼宿解释为死人的鬼魂，实际是战国以后星占家的附会和误解。鬼宿的名称，从分野理论出发应该源出于中国殷周时期西北方的少数民族——鬼方"②。此观点值得商榷。经冯时考证，二十八宿体系的建立可以上溯到公元前四千纪甚至更早③，远早于鬼方部落名称的出现（殷周时期）。根据古人"地法天"的思想及星宿分野理论，"鬼方"之名倒很有可能由鬼宿而来。即使是战国以后的星占家将鬼宿附会成死人的鬼魂，也足以说明，至迟到战国时期，人们的观念中鬼宿已经和鬼魂发生了联系。

至于舆鬼四星所代表的究竟是什么鬼？合理的答案是——非正常死亡（凶死）之厉鬼。

《礼记·月令》曰："季春之月，令国难（傩），九门磔禳，

---

① 详见冯时著：《中国天文考古学》，社会科学文献出版社，2001 年，第 261 页。
② 陈久金：《泄露天机——中西星空对话》，群言出版社，2005 年，第 102、103 页。
③ 详见冯时著：《中国天文考古学》，第 268 页。

以毕春气"。郑玄注曰：

> 此傩，傩阴气也，阴寒至此不止，害将及人。所以及人者，阴气右行，此月之中，日行历昂，昂有大行积尸之气，气佚则厉鬼随而出行。命方相帅百隶索室欧疾以逐之。又磔牲以禳于四方之神，所以毕止其灾也。王室明堂。礼曰，季春出疫于郊，以禳春气。

仲秋之月"天子乃难（傩），以达秋气"郑注：

> 此傩，傩阴气也，阳暑至此不衰，害亦将及人。所以及人者，阳气左行，此月宿值昂。毕，昂、毕亦得大陵积尸之气，气佚则厉鬼亦随而出行。于是命方相氏帅百隶而傩之。王居明堂。礼曰，仲秋九门磔禳，以发陈气，御止疾疫。

又，季冬之月"命有司大难（傩），旁磔"注曰：

> 此傩，傩阴气也。傩阴始于此者，阴气右行，此月之中，日历虚、危。虚、危有坟墓四司之气，为厉鬼，将随强阴出害人也。旁磔于四方之门者，磔，禳也。

此材料证明，至少在郑玄看来，周代先民已将世间的厉鬼与天空中的积尸气联系起来，并且通过观察积尸气的明暗程度及所在星宿间的位置，判断是否有厉鬼出来害人，进而决定何时举行傩仪驱鬼。

汉代以后，道教的兴起带来了一种新的驱鬼手段——符箓。这是对后世中国民间影响颇深的驱鬼方法。同时，也由于巫觋的日益世俗化，原始驱鬼活动中的动作因素逐渐减弱（汉族地区尤其明显），口头驱鬼的手段脱胎独立，念咒语与画符箓遂结合在一起，成为后世沿袭不衰的主要的驱鬼手段——厌胜法①。《论衡》曰："解逐之法，缘古逐疫之礼也。"道教作为秉承原始巫觋传统的地道的中国宗教，与"鬼"有着不可分割的联系。原始道教被称为"鬼道"，劾鬼治鬼是道教徒的主要职能②。窑店解注瓶上符文所表现就是原始道教吸收巫觋"傩"文化传统之后发展出来的符箓厌胜之法，瓶身所绘北斗斗杓之下所压舆鬼四星代表的乃是四种非正常死亡的厉鬼。

这一结论可以从其他考古资料得到证实。与窑店陶瓶发现地相隔不远的陕西长安县三里村也曾出土一件朱书陶瓶，上绘北斗七星（图64），魁内书写"北斗君"三字，图下朱书四行文字："主乳死咎鬼，主白死咎鬼，主币死咎鬼，主星死咎鬼。"③此四咎鬼正好与窑店陶瓶上的舆鬼四星相对应。也就是说，窑店陶瓶上的舆鬼四星应分别代表此处的"乳死咎鬼，白死咎鬼，币死咎鬼，星死咎鬼"。关于这四类咎鬼，王育成的解释是：乳死咎鬼为年幼夭折之鬼；白死（应为"自死"）咎鬼为自杀身死之鬼；币死（应为"师死"）咎鬼为在军事冲突中死去之鬼；星死（应为"刑死"）咎鬼为受过肉刑，形体亏损者死后所成之鬼。其考证过程摘录如下：

> "乳死"与夭死同义。《史记·扁鹊列传》"怀子而不乳"，《素隐》云："乳，生也。"故乳死当指出生不久便死去的婴儿。汉代人以为这是一种非常厉害的鬼。《论衡·订鬼篇》："《礼》曰，颛顼氏有三子，生而亡去为疫鬼，一居

---

① 参见赖亚生著：《神秘的鬼魂世界——中国鬼文化探秘》，人民中国出版社，1993年，第111、112页。
② 参见赖亚生著：《神秘的鬼魂世界——中国鬼文化探秘》，第112页。
③ 王育成：《南李王陶瓶朱书与相关宗教文化问题研究》，《考古与文物》1996年第2期，第63页。

图 64　三里村东汉墓"北斗君"朱书摹本

（采自王育成：《南李王陶瓶朱书与相关宗教文化问题研究》，《考古与文物》1996 年第 2 期，第 62 页）

江水是为虐鬼，一居若水是为魍魉鬼，一居人宫室区隅沤库善惊人小儿。""白死"之白当是"自"字的省减写法。东汉解除文中这种写法常见，如洛阳延光元年朱书有"生自属长安，死人自属丘丛墓"之句，两个自字全写成白①。故"白死"实为"自死"，意指自杀身死而成之鬼。道书《上清天枢院回车毕道正法》卷下有"自刑女鬼"、"自缢之鬼"，即此类自死咎鬼。"帀死"，帀为师之省，在战国秦汉文字资料中这是通例。如马王堆汉墓帛书《春秋事语》"率师以御晋人"、"恒公率师以侵蔡"、"献公之师袭虢"，师字皆写作"帀"②。故"帀死"即"师死"，指在军事冲突中死去的人。前举《上清天枢院回车毕道正法》卷下有"兵死

———————————————

① 王育成：《洛阳延光元年朱书陶罐考释》，《中原文物》1993 年第 1 期，第 71～76 页。

② 马王堆汉墓帛书整理小组：《马王堆汉墓出土帛书〈春秋事语〉释文》，《文物》1977 年第 1 期，第 32～35 页。

鬼"、"兵死阵死鬼"，似是"师死咎鬼"一类。"星死"，星当是刑字的同音假借，指受过肉刑、刑体亏损者。这种人在古代极受歧视，世有"刑人不在君侧"之说。《论衡·四讳篇》载东汉四大忌讳之一便是"被刑为徒不上丘墓"。故刑死者也是当时人畏惧的咎鬼之一。此名唐代仍存，敦煌文书伯2856《发病书记》载致人病死的邪鬼名有"星死鬼"、"星死不葬鬼"，即此类"星死咎鬼"①。

对于"星死"，张勋燎认为是"犯触星忌，灾星为祟"而至于死亡②。总而言之，均属非自然死亡的凶死之鬼。

古人认为死于非命者的魂可以化做厉鬼，作祟害人。《左传·成公十年》："晋侯梦大厉，被发及地，搏膺而踊。"《楚辞·九章·惜诵》："昔余梦登天兮，魂中道而无杭。吾使厉神占之兮，日有志极而无旁。"王逸注曰："（厉神）盖殇鬼也。"厉鬼的观念最初产生于民间，至封建社会的祀典中，规定平民不得祀厉鬼③。据《礼记·祭法》所记，厉鬼，在王为群姓立七祀中称泰厉，在王自为立七祀中称公厉，在大夫所立三祀中称族厉。自适士以下至庶人，不祀厉鬼。正是由于一些厉鬼无人奉祀，常常在人间进行报复和泄恨。据《左传》记载，郑国人杀了伯有，伯有鬼魂作祟杀人，直到子产封伯有的儿子为大夫，恐怖的局势才得以平息。子产曰："匹夫匹妇强死，其魂魄犹能依于人，以为淫厉"，解决的办法是使"鬼有所归，乃不为厉"④。子产不信天道，曾言"天道远，人道近"，却相信有作祟的鬼魂，这代表此

---

① 王育成：《南李王陶瓶朱书与相关宗教文化问题研究》，《考古与文物》1996年第2期，第63页。
② 参见张勋燎、白彬著：《中国道教考古》第一册，第131页。
③ 傅亚庶：《中国上古祭祀文化》，东北师范大学出版社，1999年，第227页。
④ 《左传·昭公七年》。

为当时流行的世俗观念。

据丁山考证，春秋时所行之"傩"祭，即等于贵族所祀之厉神。厉、傩两字一声之转：

> 凡《祭法》、《檀弓》及《左传》、《山海经》所谓厉者，在其他记载里则谓之傩。《论语·乡党》"乡人傩，孔子朝服而立于阼阶"，《礼记·郊特牲》作"乡人禓，孔子朝服立于阼阶，存室神也"。郑玄注："禓，强鬼也。谓时傩，索室驱疫逐强鬼也。禓，或为献，或为傩。"是士庶人阶级未尝不祭厉神①。

根据此材料对"傩"祭的描述，可见古人对"鬼"亦敬亦恨。对待厉鬼的态度，似乎经历了从开始的恐惧屈服、祭祀安抚，到后来的极力反抗、驱逐厌禳之过程。三里村解注瓶图文上写明四大咎鬼均由"北斗君"所主（图64），可以判断，此墓墓主应属非自然死亡者。为防其鬼魂作祟以害生人，在下葬之时需要道士在仪式中礼请"北斗君"实施厌胜法，利用北斗压制厉鬼，并将其发送致鬼宿，使"鬼有所归，乃不为厉"。进而达到"生人有乡，死人有墓。生人前行，死人却行。死生异路，毋复相忏"的解注目的。这就是为什么解注器物上多见北斗符号。

山东嘉祥的武氏祠中，后石室第4石的第四层中的"北斗星君图"（图65）斗杓组成车辕之下，或站或跪列有四名仙官，也应为上文提到的鬼宿四天官。

此三图可以互为佐证。三里村陶瓶为窑店陶瓶的文字性解释，而武氏祠北斗星君图则是三里村陶瓶的图像化表达。三图表现的内容相同，都是利用北斗厌胜鬼宿咎鬼，从而为死者解除注祟，护佑生人平安。

---

① 丁山：《中国古代宗教与神话考》，上海文艺出版社，1988年影印本，第252页。

图65　山东嘉祥武氏祠北斗星君图（故宫博物院藏清代拓本）

3. "北斗压鬼"道符

汉晋解注器上大量出现的上"斗"下"鬼"结构的道符画法，亦为"北斗压鬼"这一思想主旨的符号式抽象表达（如图66、图67、图68，也有如图69那样以简化鬼宿图形符号形式出现的道符）。

关于图66、图67和图68中均出现的上"斗"下"鬼"道符，学者多将其上半部释为"尾"字，认为代表尾宿[①]，李零则认为是上"斗"下"土"组合而成的"斗"字，并做了如下考证：

> "土"字写法同于中国历史博物馆藏汉铜式铭"戊土门"之"土"字，"斗"字与磨咀子汉墓（M62）出土漆木式铭之"斗"字亦相近。斗居中宫，当土位，土、斗密切相关。如曾侯乙墓出土漆箱盖上的青龙白虎二十八宿图，图中的北斗是由"土"、"斗"二字构成，双古堆汉墓出土漆木式（六壬式）的土门（地门）亦作"土斗戊"[②]。

根据上文对汉晋时期"北斗压鬼"信仰的考证，笔者更倾向于李零的解释，并认为这种解注器上出现的上"斗"下"鬼"的组合符，可统称为"北斗压鬼"符。

---

① 王育成：《南李王陶瓶朱书与相关宗教文化问题研究》，《考古与文物》1996年第2期，第66、67页。
② 李零：《中国方术考（修订本）》，东方出版社，2001年，第81页。

图 66　陕西南里王村东汉墓解注瓶摹本

（采自安志、马志军：《长安县南李王村汉墓发掘简报》，《考古与文物》1990 年第 4
期，第 69 页）

图 67　陕西户县曹氏符摹本

（采自禚振西：《陕西户县的两座汉墓》，《考古与文物》1980 年创刊号，第 47 页，图六）

图 68　陕西临潼斜口乡解注瓶摹本

（采自林泊、李德仁：《临潼发现汉初平元年墓》，《文博》1989 年第 1 期，第 41 页，图十）

图 69　河南洛阳唐寺门解注瓶底摹本

（采自洛阳市文物工作队：《洛阳唐寺门两座汉墓发掘简报》，《中原文物》1984 年第
3 期，第 38 页）

（二）"鬼"观念之滥觞

那么，古代中国之"鬼"观念又诞生于何时？"鬼"最初是
何种原始形象？"鬼宿"之命名是否与"鬼"信仰有关？

《礼记·祭义》曰："众生必死，死必归土，此之谓鬼。骨肉
毙于下，阴为野土，其气发扬于上，为昭明。焄蒿凄怆，此百物
之精也，神之着也。"汉王充《论衡》中提到："世谓人死为鬼，
有知，能害人。"

墨子认为在夏代之时人们已经有了鬼神观念，《墨子·明鬼
下》载："今执无鬼者言曰，夫天下之为闻见鬼神之物者不可胜
计也，亦孰为闻见鬼神有无之物哉。子墨子言曰，若以众之所同
见与众之所同闻，则若昔者杜伯是也。……此吾所以知《周书》
之鬼也。且《周书》独鬼而《商书》不鬼，则未足以为法也。然
则姑尝上观乎《商书》曰……此吾所以知商周之鬼也。且《商
书》独鬼而《夏书》不鬼，则未足以为法也。然则姑尝上观乎
《夏书·禹誓》曰……此吾所以知《夏书》之鬼也。……则鬼神
之有，岂可疑哉。"

《礼记·祭法》云："大凡生于天地之间者皆曰命，其万物死皆曰折，人死曰鬼，此五代之所不变也。"郑注："五代谓黄帝尧舜禹汤。"在这里，郑玄更是将古人的鬼神观念上溯到了黄帝时代。根据宗教学对原始信仰产生问题的研究可知，最初的鬼神信仰是伴随着原始人类社会的产生而同时出现的，因此，中国先民理论上应该在上古时期就已经产生了"鬼"的信仰。有据可考的资料显示，至少在殷商时期，已经产生了鬼是死人魂这样的观念①。

至于"鬼"的形象，文献记载中似乎众说纷纭。《论衡·订鬼篇》中列出了汉代人观念中七类有形与无形之鬼，并进行了较为细致的描述。然而，在鬼观念诞生之初，最早的"鬼"之原形又是何等形象？

《说文解字·鬼部》："鬼，人所归为鬼，从人，象鬼头，鬼阴气贼害"（《尔雅》训同）。又《甶部》："甶，鬼头也，象形。"加之甲骨文卜辞中的"鬼"字结构（图70），据沈兼士考证，其造字理念应是在描绘商代人观念中鬼的形象——长着"田"字形兽头的类人怪兽②。

中国古代曾盛行一种较原始的集体定期驱鬼的习俗——"傩"。甲骨文中的"宄"辞和"方相"辞，是迄今有关傩的最早实录。于省吾考证，殷商甲骨文中的"宄"字表现的就是"索室驱疫"的傩仪③。根据《周礼·夏官·方相氏》的记载："方相氏掌蒙熊皮，黄金四目，玄衣朱裳，执戈扬盾，帅百隶而时难（傩），以索室驱疫。"方相氏如此打扮，目的是扮演成更加凶恶之鬼（众鬼之主）以驱鬼逐疫。其头戴黄金四目面具以模仿"田"字形状的鬼头，表明在古人的观念中，鬼的形象应该是头

---

① ［日］石诚彦：《鬼神考》，《东洋学报》，第22卷，第2期，1935年，第111页。

② 沈兼士：《"鬼"字原始意义之试探》，《沈兼士学术论文集》，中华书局，1986年，第186~200页。

③ 于省吾：《甲骨文字释林·释宄》，中华书局，1979年，第48、49页。

生"四目"的人形怪兽。甲骨文及金文的"鬼"字来源于头戴黄金四目面具的方相氏所扮演的鬼,尤其是金文的"鬼"字,带有"攴"、"殳"、"礻"偏旁(图70),更是清楚地表达了执戈扬盾的驱鬼过程及其祭祀仪式的本质。

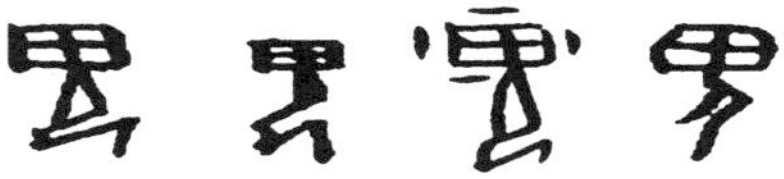

甲骨文"鬼"字
采自 《甲骨文编》,中华书局,1965 年

金文"鬼"字
采自 《金文编》,中华书局,1985 年

图 70　甲骨文与金文"鬼"字

　　既然鬼的原始形象为头生"四目"的人形怪兽,而天上星宿又是根据与世间万物的对应形象而加以命名,鬼宿四星或许正是与鬼之"四目"形象相仿而得名,其明暗程度也被古代的星占家附会为厉鬼出来害人的征兆。

　　(三)北斗压鬼宿之星象学考察

　　在汉代的星空中,是否真的存在"北斗压鬼宿"的天文现象?

　　首先,考察文献记载中鬼宿在汉代星空中的位置,确应居于北斗之下。《史记·天官书》载:"北斗七星,所谓旋、玑、玉衡以齐七政。杓携龙角,衡殷南斗,魁枕参首。"朱文鑫根据《史记》的《策解》与《正义》,曾对其位置关系作过梳理[①],潘鼐

————————————

① 朱文鑫:《史记天官书恒星图考》,商务印书馆,1927 年,第 11 页。

解释曰，从帝星出发，通过斗杓末一星，可以连接角宿，这叫杓携龙角。第五星玉衡，当南斗中天时，它在北方与南斗遥遥相对，两者南北相当，这便是衡殷南斗。斗魁四星恰好在参宿两肩之上，似参宿白虎之首以魁为枕。故称魁枕参首[①]。如此，则北斗与四象二十八宿的位置关系便十分清楚：斗杓指向东宫苍龙的角宿，斗魁对着西宫白虎的参宿，斗口向上冲向北宫玄武的斗宿（南斗），北斗之下则压着南宫朱雀的鬼宿[②]。

其次，考察"舆鬼"之意。《说文解字》对"舆"字的解释是："舆，车底也。"结合起来从字面上理解，"舆鬼"即为车底下之亡魂。《史记·天官书》载："斗为帝车，运于中央，临制四乡。分阴阳，建四时，均五行，移节度，定诸纪，皆系于斗。"所谓"帝"乃指天帝。既然斗为帝车，"舆鬼"中的"舆"便应是指"帝车（北斗）之底"。"舆鬼"之义，便是压在"北斗帝车"底下之鬼[③]。这令我想到，斗魁的"魁"字，正好也是由"鬼"和"斗"二字组合而成，其造字理念想必亦是出于对斗魁与鬼宿位置关系的考虑。

需要说明的是，本文所表达的北斗底下是指斗口的反方向（如果把北斗视为车的话，斗魁内即为车上，斗口的反方向就是车底），不是绝对位置的上下。虽然北斗和二十八宿周年在天球上旋转，似乎两者间的位置关系不断变化。但是这种旋转是地球自转造成的，因此处于北半球的人所观测到的星宿运动为：众恒星整体绕着天球北极自东向西作顺时针方向旋转，但星宿之间的相对位置关系基本上不会改变（鬼宿永远不会移到北斗的斗口之上）。

---

① 此处引潘鼐对朱文鑫梳理结果的白话文解释，参见潘鼐：《中国恒星观测史》，学林出版社，1989年，第76页。
② 鬼宿为朱雀七宿的第二宿，在地面上观测，是二十八宿中距离北斗最近的宿，看上去似被压在北斗之下。
③ 当然"舆"字还有很多其他的意思，笔者此处仅就其"车底"之意略作探讨。

　　进一步地，为验证这一判断，笔者使用 Stellarium 天文软件系统生成了公元元年 8 月 29 日 20：49 位于北京的观测者观测到的天象图（图71）。在此图上可以清楚地看到北斗"压在"鬼宿之上的这种位置关系。并且，这种位置关系至今并无改变。

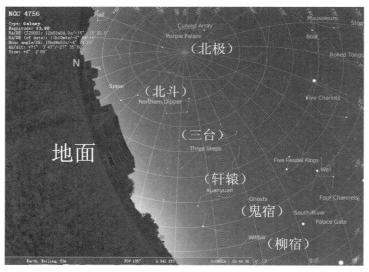

图 71　公元元年 8 月 29 日 20：49 的天象图

六　道教的北斗信仰

　　许多人看到太极图就会联想起道教，盖因太极图案多出现在道教宫观、法器及道服之上。事实上，太极图主要用来配合卦象解释《周易》，当为儒道两家所共有之标识，而道教最突出的标识实为北斗。前文已述，祭斗之俗可上溯至殷商；东汉拜斗求长生之风盛行；唐代以降，随着"北斗—九皇"信仰系统的确立，禳星礼斗之法也日渐丰富和完备。

　　早期道教在吸收了原始北斗信仰之后，将其进一步宗教化、神君化，并发展出相应的北斗修炼之法。纵观道教诸多经典，科仪，尤其是涉及道术层面上的内容，几乎都离不开北斗。

　　被称为《北斗经》的道教经典《太上玄灵北斗本命延生真经》① 是道经中介绍北斗信仰较为全面的一部。经中称，北斗七星乃造化之枢机，人神之主宰，有回生注死之功，消灾度厄之力。凡人性命五体，悉属本命星官主掌。因而要于本命生辰及诸斋日，清净身心，焚香诵经，叩拜本命所属星君，广陈供养，自可消除罪业，福寿臻身，远离诸祸。

　　《北斗经》的作者和成书年代等问题在学界历来聚讼不已。萧登福认为《北斗经》始自张道陵，由其徒弟或子弟写定，经后人增纂而成②。朱越利则认为《北斗经》的成书年代不迟于唐③，《道藏提要》中的说法是《北斗经》成书于唐末宋初④，《中华道教大辞典》考证其应为北宋初蜀中道士编集⑤。笔者分析，《北斗经》经文中谈到北斗信仰之宗教内容相当成熟，其行文风格和所述北斗之职能与早期道经截然不同，根据本文上篇对各时期北斗信仰的分析判断，认为其可能为唐代以后的作品。

　　后世道门极重瞻星礼斗，道经中与北斗有关的经典甚多（前文已经列述）。相传只要诚心信仰北斗，便能得道成仙，从死籍上除名。凡人有灾难，当投告斗官，认本命星君，修斋设醮，可得安康。元代徐道龄《太上玄灵北斗本命延生真经注》⑥ 云：

---

① 　《道藏》，第 11 册，第 346 ~ 348 页。
② 　萧登福：《〈太上玄灵北斗本命延生真经〉探述》，《宗教学研究》1997 年第 3 期，第 52 页。
③ 　朱越利：《道藏分类解题》，华夏出版社，1996 年，第 65 页。
④ 　任继愈主编：《道藏提要》，中国社会科学出版社，2005 年，第 617 页。
⑤ 　胡孚琛主编：《中华道教大辞典》，中国社会科学出版社，1995 年，第 295 页。
⑥ 　《北斗经》古来注解者众多，至于《太上玄灵北斗本命延生真经注解》，《道藏》本即有玄元真人、傅洞真、徐道龄等三家。

"北斗居天之中，为天之枢纽，斡运四时。凡天地日月，五星列曜，六甲二十八宿，诸仙众真，上至天子，下及黎庶，寿禄贫富，生死祸福，幽冥之事，无不属于北斗之总统。人若诚心祈祝，叩之必应。"

（一）道教的北斗九星说

北斗九星说多见于道教经籍，一般指的是北斗七星之外加上辅星和弼星二颗暗星。所谓北斗九星，二隐七现。

据南朝梁代道士周子良与陶弘景所撰《周氏冥通记》卷一记载："北斗有九星，今星七现，二隐不出。"其他道经亦多见类似说法。《太上玄灵北斗本命延生真经注》曰："北斗者，乃天地之元灵，神人之本命也；九者，干道也，阳体也，生生而不少息也；辰者，乃众星之宗主，万象之都会也；是以斗居北方，二隐七显，合为九位，即人身中之九窍也。"① 《洞神八帝元变经》："步纲摄纪者，斗有九星。"② 《太上洞玄灵宝天地运度自然妙经》："北斗九星，二星阴不见。"③《洞真太上飞行羽经九真升玄上记》："夫九斗者，天枢之正盖，玄轴之华宝，机纽八维，总旋九度。"④ 《太上玄灵北斗本命延生经注》："北斗九辰者，七星与尊帝二星也，咒中有九辰名，故也，后人改作七星，则不见两辰矣。"⑤ 《云笈七签》："北斗九星，七见二隐，其第八、第九是帝皇太尊精神也。"⑥

另一种说法认为北斗九星是在北斗斗柄的延长线上再加上招摇和玄戈二星。这样，北斗斗柄看上去几乎整体延长了一倍，而其延长线将会通过左、右摄提星座，与大角星相连。据陈久金考

① 《太上玄灵北斗本命延生真经注》卷三，《道藏》，第17册，第25页。
② 《道藏》，第28册，第398页。
③ 《道藏》，第5册，第865页。
④ 《道藏》，第33册，第641页。
⑤ 《道藏》，第17册，第80页。
⑥ 《道藏》，第22册，第179页。

证，在西周以前，北极位于斗魁四星附近，北斗九星在北方天空不停地回旋，十分显赫。春秋战国以后，由于岁差的原因，招摇和玄戈二星已不在恒显圈以内，故作为时针的斗柄只能缩短，由九星变为七星。因此推断北斗九星说可能是一种起源比北斗七星说更为古老的北斗观念①。

（二）北斗神君身份、名号及其演变

随着道教的多元化发展，北斗逐渐被神君化，成为北斗神君，并且被赋予了多种身份。汉代纬书认为黄帝为北斗之精。东汉道书《老子中经》称北斗君为天之侯王。主制万二千神，持人命籍。魏晋时期，随着神仙体系的扩充，"南斗注生、北斗注死"的信仰广为流行。而在南朝的梁代时，北斗神之概念进一步分化，出现了天上"七辰北斗"与地下"鬼官北斗"之别。

灵宝派最重要的经典，东晋道书《度人经》第一卷②中则将"南斗注生、北斗注死"的观念进一步发展为五斗神君。其司职分别为："东斗主算，西斗记名，北斗落死，南斗上生，中斗大魁，总监众灵。"③ 在《度人经》后六十卷中，除卷四"永延劫运保世升平品"、卷二十六"明体贯气品"、卷三十四"腾曜二景五星品"、卷四十一"五行备足生灵寿域品"、卷四十五"解禳山谷瘴疠品"、卷四十八"安镇九垒土袄不祥品"、卷五十三"斩灭五行邪怪品"这七卷外，其余五十三卷中均提到五斗神君在不同的斋醮仪式中之不同司职，地位极其重要（详见表12）④。

---

① 陈久金主编：《中国少数民族科技史丛书·天文历法卷》，广西科学技术出版社，1996年，第15页。
② 《灵宝无量度人上品妙经》的第一卷为本经，作于东晋时期。后六十卷为后世道人敷衍之经文，完成于北宋时期。见卿希泰、赵宗诚：《度人经》，《宗教学研究》1983年第2期，第29页。
③ 《灵宝无量度人上品妙经》，《道藏》，第1册，第4页。
④ 《灵宝无量度人上品妙经》，《道藏》，第1册，第4～413页。

表 12 《灵宝无量度人上品妙经》各卷中五斗神君司职统计表

第一卷	东斗主算，西斗记名，北斗落死，南斗上生，中斗大魁，总监众灵。
第二卷	东斗肇形，西斗运精，北斗育质，南斗降神。绕身缠络，太上千真，金玉混光，掷奔火铃，中斗帝宫，摄告万灵。
第三卷	东斗定化，西斗伏袄，北斗斩奸，南斗卫生，中斗镇恶，总监八维。……天丁缚鬼，北斗戮精，掷火万里，流铃八冲。
第四卷	无
第五卷	东斗丰殖，西斗持兵，北斗注寿，南斗政明，中斗养德，恩沛下民。
第六卷	东斗左扶，西斗右携，北斗正枢，南斗转机，中斗天盖，太一内行。
第七卷	东斗运神，西斗炼精，北斗凝结，南斗布灵，中斗摄炁，符瑞化生。
第八卷	东斗授符，西斗司直，北斗上功，南斗定籍，中斗合延，正天无极。
第九卷	东斗主历，西斗定刑，北斗察非，南斗司奸，中斗奉化，统布大权。
第十卷	东斗生识，西斗受命，北斗分神，南斗得性，中斗意真，五官以正。
第十一卷	东斗受识，西斗铸形，北斗禀慧，南斗运心，中斗大空，是道真形。
第十二卷	东斗阳精，西斗阴津，北斗感胎，南斗授生，中斗运斡，五炁混冥。
第十三卷	东斗青龙，西斗金虎，北斗灵龟，南斗鹑首，中斗大魁，四像依土，土为阴胞，脱胎乃生。
第十四卷	东斗辅左，西斗弼右，北斗殿军，南斗太冲，中斗随轮，骖日之后。朱阙山耸，绛都玉就，运精施生，世道乃行。

第十五卷	东斗龙光，西斗虎翔，北斗狼据，南斗凤珰，中斗麟伏，共成华芒，为月阴景，变化奇常。
第十六卷	东斗生阳，西斗诞阴，阴阳斗降，金魄木魂。北斗玄津，南斗赤明，中斗总御，常司众灵。
第十七卷	东斗降阳，西斗耀明，北斗玄沆，南斗光凌，中斗益生，总括万灵。
第十八卷	东斗授神，西斗化形，北斗注籍，南斗开生，中斗黄华，合景耀灵，三真之炁，发为金英。
第十九卷	东斗注生，西斗司伐，北斗执契，南斗定格，中斗帝室，宣流圣泽。
第二十卷	东斗玉光，西斗皓华，北斗太妙，南斗辉耀，中斗黄云，覆我生方，五炁错霞，碧空成章。
第二十一卷	东斗延生，西斗炼胞，北斗除秽，南斗化胎，中斗混洞，一合生神。
第二十二卷	东斗发生，西斗除殃，北斗延等，南斗注昌，中斗化形，总卧众灵。
第二十三卷	东斗奏言，西斗授章，北斗奉简，南斗化光，中斗元标，运斡万方。
第二十四卷	东斗运机，西斗司气，北斗玄枢，南斗生神，中斗混合，总监众灵，神变五帝，下领天人。
第二十五卷	东斗执契，西斗召仙，北斗奏简。南斗列言，中斗坐镇，运转元关，帝魁玉篆，洞鉴冥无。天真玄一，五斗之符，下元化气，太劫丹书。
第二十六卷	无
第二十七卷	东斗保生，西斗降神，南斗注籍，北斗化精，中斗混合，紫光丹灵。

续表 12

第二十八卷	东斗青房，西斗玉阙，北斗紫户，南斗玄丹，中斗黄庭，合会飞仙，口吐青气，锡祚万年。
第二十九卷	东斗主算，西斗记名，北斗落死，南斗上生，中斗大魁，度人降真。
第三十卷	东斗监生，西斗除殃，北斗辅灵，南斗化魂，中斗成真，总监众灵。
第三十一卷	东斗度魂，西斗制魄，北斗炼真，南斗养神，中斗华盖，下荫九元。
第三十二卷	东斗延生，西斗合气，北斗养胎，南斗行势，中斗受形，三界福凝。
第三十三卷	东斗执节，西斗捧符，北斗宣令，南斗定书，中斗大魁，开天立图。
第三十四卷	无
第三十五卷	东斗发生，西斗执权，北斗布泽，南斗主迁，中斗广化，摄御灵官。
第三十六卷	东斗主算，西斗记名，北斗落死，南斗上生，中斗大魁，总监众灵。
第三十七卷	东斗开生，碧落乘烟。西斗皓华，景耀飞天。北斗玄辉，变化真仙，目夺日光，手握天关。南斗赤精，乘龙仗幡，司执典录，统御无边。中斗帝气，宝冠垂莲，身御龙衮，佩带五篇，前引天刚，万神莫干。
第三十八卷	东斗青简，西斗素文，北斗玄纲，南斗火铃，中斗神符，总监天兵。
第三十九卷	东斗主算，西斗记名，北斗落死，南斗上生，中斗大魁，总监众灵。
第四十卷	东斗天苍，西斗天狱，北斗帝车，南斗天机，中斗黄屋，五斗降神，牛女交宿，符下北都，除殃赐福。

第四十一卷	无
第四十二卷	东斗禀气，西斗铸形，北斗降魄，南斗赐魂，中斗内主，泥丸尊神。
第四十三卷	东斗布算，西斗定名，北斗结胎，南斗送魂，中斗大魁，土为胎真。
第四十四卷	东斗校录，西斗摄灵，北斗禳解，改易灾名。南斗符命，赤书护身，中斗注寿，大福总灵。
第四十五卷	无
第四十六卷	东斗纪善，西斗降祥，北斗水考，南斗火殃，中斗定刑，燎溺存亡，罪大殒命，责轻受厄。
第四十七卷	东斗雷府，西斗雨都，北斗暴泛，南斗赤田，中斗主符，水旱都诠。
第四十八卷	无
第四十九卷	东斗断传，西斗杀虫，北斗缚鬼，南斗疗痾，中斗大魁，五脏之精，消除病疠，总监众灵。
第五十卷	东斗建杓，西斗生气，北斗水神，南斗火帝，中斗大空，为劫之会。
第五十一卷	东斗消疾，西斗除愆，北斗保命，南斗延年，中斗大魁，主领元官。
第五十二卷	东斗苍精，西斗素童，北斗玄真，南斗丹凤，中斗黄耀，珠光化镕。
第五十三卷	无
第五十四卷	东斗降气，西斗垂纲，北斗勃法，南斗火然，中斗紫宸，役御九天。
第五十五卷	东斗擢神，西斗炼精，北斗追冥，南斗度生，中斗统运，总司众灵。

第五十六卷	东斗受性，西斗结形，北斗保命，南斗超升，中斗大魁，总御生成。
第五十七卷	东斗主讼，西斗司刑，北斗出命，南斗变生，中斗降神，魂魄以灵。
第五十八卷	东斗送魂，西斗箓魄，北斗定品，南斗课年，中斗主福，大魁保生，周护三台，总监众灵。
第五十九卷	东斗主算，西斗记名，北斗落死，南斗上生，中斗大魁，化尸受形。
第六十卷	东斗炁青，西斗炁素，北斗炁冥，南斗炁赤，中斗黄庭，炁炼五斗。寓变色形，色形至真。
第六十一卷	东斗发生，西斗义成，北斗存道，南斗降灵，中斗运神，九老三真。

需要强调的是，在《度人经》中，五斗神君中的北斗似乎与"北斗七星官"分属两个不同的概念。在其卷三十七"七星除祆品"中，称北极大帝、北阴大帝均为元始天尊之不同化身，而此所谓的"七辰北斗"则是北极大帝伴驾左右的七位近臣仙官：

> 天尊告曰：吾本无形，以道为质。住此玉京，散为五形，变神万亿。……吾下化为玉宸大混，居紫玉宝阙华盖之下，紫微垣中，号北极大帝。……赤明开图之初，为上清神公。开皇之后，为北阴大帝。……此北极大帝，总制三界星宿鬼神，万神千灵，莫不叩头请命。五岳四渎山川之神，皆再拜伏候，乞请水旱风雨。北极是吾第五化身，位居皇极正统，玉帝为祖，立太空之元。在九宫则号中黄太一，衣紫锦袍，腰十二流金火铃，状如婴儿，手把七元，口吐青色。今

居天中荫华盖，乘斗车，履三台，席大角，坐明堂，左右七人，服紫绣者，北斗七星之精也①。

同时，此卷中还提到北斗与人之七窍相配之原则，以及北斗七星拥有除妖驱魔之神力：

> 元始未生，旷劫无迹，混沌既坼，七窍乃张。大为日月，细为星辰，日月五星，总号七元，而配属北斗。北斗十二星，五星为隐曜，斗口之中，有天一太一二十四玉皇，光芒不显，惟七曜大明，彰示万方。七星之精，在人七窍。亦分其神，能视听言貌，知识悉皆由也。辅弼二星之精，分降为目中瞳子。七星之神，有阴魄阳魂，及正星之神。斗中除祅之神，有五帅四德，七千神将，天罡河魁，大杀大角，豀落立斗，黑衣玄冥，七杀之神，以灭除凶祅，荡遂魔鬼②。

汉晋墓葬中常见有解注瓶（斗瓶）、厌胜钱之类法器，其上多绘北斗图案，并书写"北斗君"、"黄神北斗"之类符文，是为北斗除妖驱魔之厌胜信仰的体现。按《度人经》中的说法，"兆能齐心修斋，服佩符箓，奏告恳祝，则七星大神下降兆所，立除祅害。有能稽索道要，勤企止清，七星之神教兆上道，飞升神仙，七祖升度，炼化自然"。

随着道教北斗九星说体系的成熟，北斗神君也变成了九位。后世道教派系众多，在不同的道书中，北斗诸星名号也多有差别。如宋代道经《无上三天玉堂正宗高奔内景玉书》卷下北斗九星名号分别为：第一太星精，名玄枢神，四（曰）阳明魂，曰天枢魂；第二元星精，名北台神，名阴精魂，曰天璇魂；第三真星精，名允极上

---

① 《灵宝无量度人上品妙经》，《道藏》，第 1 册，第 245 页。
② 《灵宝无量度人上品妙经》，《道藏》，第 1 册，第 246 页。

真神，曰真人魂，曰天机魂；第四纽星精，名璇根神，曰玄冥魂，曰天枢魄；第五纲星精，名太平神，曰丹元魄，曰玉卫魄；第六纪星精，名命机神，曰北极魄，曰闿阳魂；第七关星精，名亢阳，神曰天关魂，曰摇光大明斗天之上帝；第八帝星，名曰高上玉皇神，曰八景虚元君；第九尊星，名曰太微玉帝神，曰七晨七素君①。同时期的《无上玄元三天玉堂大法》卷五中北斗星名号与此基本相同，仅少数略有出入②。在《太上玄灵北斗本命延生真经》中，九星分别称为：北斗第一阳明贪狼太星君、北斗第二阴精巨门元星君、北斗第三真人禄存真星君、北斗第四玄冥文曲纽星君、北斗第五丹元廉贞纲星君、北斗第六北极武曲纪星君、北斗第七天关破军关星君、北斗第八洞明外辅星君、北斗第九隐光内弼星君③。后世文献中执这种说法的较为普遍。

除了北斗九星君说，还有北斗众星君说。在南北朝道书《上清天关三图经》的描述中，北斗神君们已经成了一个数目众多的神仙团队，北斗九星的每颗星上都对应若干位神君：第一太星玄枢阳明天枢魂神上玄九君、第二元星北胎阴精天璇魂神上玉九君、第三真星九极上真上元夫人天玑魄精上素九君、第四枢星璇玑玄冥天权魂精上虚九君、第五刚星天平丹元玉衡魂灵上玄九皇后、第六纪星命机北极闿阳魂灵上丹皇虚九君、第七关星玄阳天关摇光太明太上玉皇道君（见下文图76），及第八九两颗辅星（帝尊二星）高上玉皇八景元君九尊和太微帝君太素七星元君（图77）。后世所谓的三十六天罡、七十二地煞星，每星各有一神，皆为北斗丛星之星神。道士在斋醮作法时，常召请他们下凡驱鬼。宋元道经《上清天枢院回车毕道正法》说："三十六天罡，天中大神王。炎帝烈我血，赐我

---

① 《道藏》，第4册，第129～130页。
② 《道藏》，第4册，第10～11页。
③ 《道藏》，第11册，第347页。

为上黄。七总太元君，为吾驱祸殃。"①

除了赋予每个北斗星君各自的身份和形象，道教也赋予其固定的司职和非凡的法力。譬如天枢太星君（图72）就被认为是"神升天之太尉，司政纠非。上总九天，中监五岳飞仙，下领学仙之人、天地神灵"②。纽星君（图73）则被看成是"灵斗天之游击，主伐逆。上总九天鬼神，中领北帝三官，下监万兆"③。再如《云笈七签·日月星辰部》记载："阳明星，天之太尉，司政主非，上总九天上真，中监五岳飞仙，下领后学真之人，天地神灵，功过轻重，莫不隶焉"；"丹元星，天之斗君，主命录籍。上总九天谱录，中统鬼神簿目，下领学真兆民命籍。诸天诸地，莫不总统"。

图 72 太星君　　　　　图 73 纽星君

（采自《道藏》第 4 册，第 10 页）

---

① 《道藏》，第 10 册，第 480 页。

② 《道藏》，第 4 册，第 10 页。

③ 《道藏》，第 4 册，第 10 页。其他星君形象较为类似，因此不再赘引。

　　虽然不同道书上北斗诸星君之名称有些许出入，但无一例外都被描绘成执掌天界、人间及阴间事务的关键大神。之后在宋元之际形成的"斗姆—九皇"的信仰体系之下，又逐渐发展出北斗九皇及斗姆元君这样至高无上的大神（其发展进程见图74）。

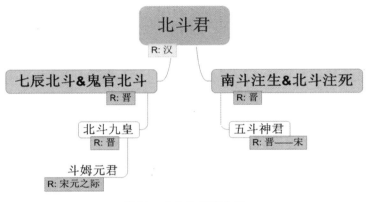

图74　北斗神君演化图

　　（三）北斗道法

　　道教在吸收了北斗信仰之后，与修道之思想相结合，发展出诸多与北斗信仰相关的道法方术，如厌胜法、炼丹术、步罡踏斗、卧斗术等。在《周易参同契》中载有大量北斗星辰的文字内容，反复强调练内丹与外丹均需参照天地日月星辰的运行规律来指导练习。所谓"循斗而招摇兮，执衡定元纪（大丹赋）"。可见北斗运转对炼丹的影响十分重大。而在道经记载中，内容最多、应用最广的当属卧斗存思之术。

　　1. 卧斗存思术

　　存思斗星的修炼道法自东汉就开始出现。边韶撰《老子铭》有关于"世之好道者"称老子升仙之法为"升降斗星，随日九变，与时消息。规矩三光，四灵在旁，存想丹田，太一紫房。道成仙化，蝉蜕度世"①。约出于汉末魏晋间②的早期道经《太上三五正一盟威箓》卷四更有"登升天机，驾魁乘刚，所指者亡"③之句。兴盛于南北朝时期的卧斗存思术亦表明北斗在炼仙过程中具有非常强大的转变之功。约出于南朝的上清派经典《洞真三天秘讳》曾论及修仙过程中北斗的重要性："斗星者，太极之紫盖，玄真之灵阙，九星之神席，天尊之偃房。学真之士，天尊授之，使其偃息斗中。暮卧存斗星……行之十八年，色反婴童，九星之精变成九老，俱来迎子，白日登晨"④。而《真诰》卷十八中，论及道门存斗修炼之法为："暮卧，先存斗星在所卧席上。"在"存星之时，皆先阴咒星名，然后存耳。祝毕，乃存星，安卧其中也。然后密叩齿，祝九星之精"⑤。可见，道门视北斗为修炼之宫，存想身卧斗魁，便可返老还童，转化升仙。

约出于东晋的早期上清派重要经典《洞真太上紫度炎光神元变经》的"运度天关披神洞观秘文"提到："帝君曰：子欲飞腾上造金阙，当修洞观，运度天关……每以夜半，露出中庭，仰存北斗七星朗然，思见我身在斗中央，随斗运转，历度天关"⑥，修道之人每天夜半，存想自己进入斗魁之中，并随着斗柄的转动而一起转动，周历整个星空。便可运度天关，"飞腾上造金阙"。另一部东晋上清派重要经典《上清大洞真经》，在其传本之一《大洞玉经》⑦

① 《老子铭》原文见〔宋〕洪适《隶释》卷三。又见于南宋谢守灏《混元圣纪》卷七，及〔清〕严可均《全上古三代秦汉三国六朝文》卷六十二。这里按《混元圣纪》卷七对文字进行了校订，见《道藏》，第17册，第848页。
② 见胡孚琛主编：《中华道教大辞典》，中国社会科学出版社，1995年，第282页。
③ 《道藏》，第28册，第457页。
④ 《道藏》，第33册，第639页。
⑤ 《真诰》卷十八"握真辅第二"，《道藏》，第20册，第595页。
⑥ 《道藏》，第33册，第564页。
⑦ 按《大洞玉经》为东晋所出《大洞真经》传本之一。任继愈主编《道藏提要》，中国社会科学出版社，2005年第3次修订本，第5页。

卷上中绘有一幅身在斗中的示意图（图75）①。约出于东晋南朝的《洞真太上素灵洞元大有妙经》曰："又存北斗七星内，有一赤炁大如弦，径下直入玄丹宫，于是太一君及己俱乘日入行赤炁道中，直上诣北斗魁中，寝息良久。自因此寝也，亦即有真应。十四年行之，则与太一同游，俱到七元之纲也。十八年，诣上清宫，受书佩符后，役使玉童、玉女各十八人。一夕一存之，唯数而已，勿令脱夕。亦可专修此道，不必须守三一也。兼之益精，至感速耳。"② 指出在修炼神仙的过程中，存思己身偃卧斗魁之中，具有非常关键的作用。

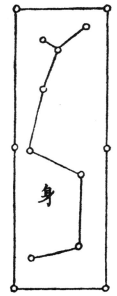

图75　《大洞玉经》中"身在斗中"示意图

① 《道藏》，第1册，第556页。
② 《道藏》，第33册，第407页。

　　早期上清派道书《上清天关三图经》① 中介绍的北斗存思道法有所不同，称为"七星移度之道"。"七星者，斗星也。移度者，历转也。日月回周其境，七星历转其关，上运九天明皇之气，下润流洒梵行诸天"②。修道之人要分别存思北斗七星中的诸位神君（图76）及第八九两颗辅星（帝尊二星）之神君（图77），依次"从玄斗中下入我身中"，之后"同升七星之中。"使修道者"在斗中央华盖之下，精光焕赫，冠匝一身，随斗运转，如车之轮。须臾之间，已开天关，七星九君，各授我豁落七元开关之符，以制北帝六宫，断塞死气之根"③。

图76　七星移度

（采自《道藏》，第33册，第808～811页）

---

① 《上清天关三图经》，《道藏》，第33册，第808～818页。按该经系由南北朝道人摘录东晋《洞真上清开天三关七星移度经》而成，插图出于宋代以后。
② 《云笈七签》卷8《释〈天关三图七星移度经〉》，《道藏》，第22册第51页。
③ 《道藏》，第33册，第810～811页。

图 77　存思帝尊二星及符图

（采自《道藏》，第 33 册，第 812 页）

　　六朝①道经《上清金阙帝君五斗三一图诀》② 中介绍了多种与北斗有关的道法。首先，要求修道者在春分、夏至、秋分、冬至这四天的夜半，瞑目存思三宫，三一、三卿及修道者自己合七人（修道者居中央），俱乘紫炁之烟，依次登北斗阳明星、丹元星、阴精星、北极星。并在六月一日或十五日夜半，存思七人乘绛、紫、青、黄、四炁之烟，共登北斗天关星的修仙之法（图 78）。

　　之后，又介绍了存三一之道："每至建日，或月一日平旦，存三一从己三宫中出，坐己前，乃心起再拜，若（如）见之，仿佛（在目）"（见图 79 左）③；"每至除日夜半时，密起向北，仰视北斗七星之内象，见三一从辅星中下，来入己三宫中。毕，还寝静，精思存之，仿佛似见（图 79 中）"④；"每至开日夜半时，

————————————————————————

① 朱越利：《道藏分类解题》，华夏出版社，1996 年，第 280 页。

② 《道藏》，第 17 册，第 218～224 页。

③ 《道藏》，第 17 册，第 220 页。

④ 《道藏》，第 17 册，第 221 页。

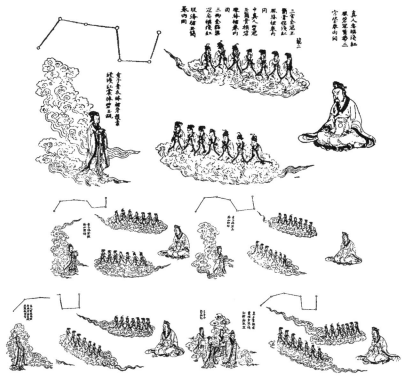

图 78　存三一、三卿及我图

（采自《道藏》，第 17 册，第 218～220 页）

起坐东向，免冠，亦可散发，更梳枊结之，良久，毕（图 79 右）。"①

　　接下来，是临盛馔前存一之道："凡临盛馔，皆正心存三一，因想一先饮食，然后兆乃食之也。常如此，则邪气远退，真气来前。饮食毕（图 80）。"及守一之道："存北斗覆头上，柄指前，如此百邪不敢干，凶厷自灭亡（图 81）。"②

---

① 《道藏》，第 17 册，第 221 页。
② 《道藏》，第 17 册，第 223 页。

图 79　存三一图

（采自《道藏》，第 17 册，第 220～221 页）

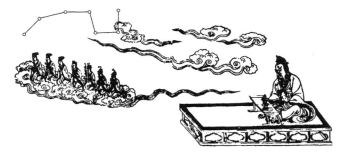

图 80　临馔前存一图

（采自《道藏》，第 17 册，第 222 页）

　　约出自唐宋间的道书《上清洞真九宫紫房图》①的中图也为存思北斗图（图 82），看似与后半部分《九宫紫房三丹田诀》无关。张鲁君②考证此图与《上清金阙帝君五斗三一图诀》中的存三一之道是同类存思术，很可能是《九宫紫房图》中"守三元真一之道"的配图③。

　　除以上所列道书外，其他道书中还有不少图文并茂的存斗道

---

① 《道藏》，第 3 册，第 128～130 页。

② 张鲁君曾总结了《道藏》中许多绘制精美的北斗修炼图像（张鲁君：《〈道藏〉人物图像研究》，博士学位论文，山东大学，2009 年），为本文的研究整理提供了必要的参考。

③ 张鲁君：《〈道藏〉人物图像研究》，博士学位论文，山东大学，2009 年，第 142～144 页。

图81 存北斗覆头图

（采自《道藏》，第17册，第223页）

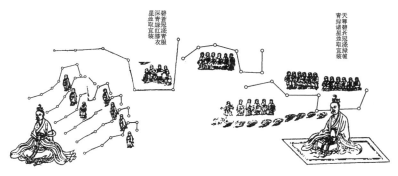

图82 《九宫紫房图》存思北斗图

（采自《道藏》，第3册，第130页）

法。如唐宋道书《上清丹天三气玉皇六辰飞纲司命大箓》① 有思六星法，其下有一幅存斗星覆身之图（图83）。再者，南宋初② 之道经《无上玄元三天玉堂大法》卷4最后一幅图绘一修炼者跪

① 《道藏》，第11册，第684~688页。
② 朱越利：《道藏分类解题》，华夏出版社，1996年，第109页。

緣冠紫服深青
緣白帶上星綱紅

图 83　存斗星覆身图

（采自《道藏》第 11 册，第 686 页）

坐于地，其上云气之中有一座桥并两位仙者，再上者为一倒扣的斗星，表现的应当是修炼者借仙桥上登斗星之意（图 85）①。在卷 11 中有存斗法的介绍："……存身坐斗口，五藏出本色，怎结成宝云，金桥上接中天。次同官吏操表升桥，于中途见绣衣使者，接奏而去。须臾，引兆登星宫，朝谒毕，良久，金光万丈，九皇自宫出，飞芒如朱丹，入兆顶中。但见光透百骸，觉身中熠熠和暖，上透顶门及面赤，是真阳育形，祈事必应"（图 84）。

　　在《玉堂大法》卷 26《出入斗罡品》中也记载了多种与北斗有关的法术，现简要述之（以下八种方法的配图依次如表 13 所示）。

---

① 张鲁君：《〈道藏〉人物图像研究》，博士学位论文，山东大学，2009 年，第 145 页。

图 84　《玉堂大法》卷 11 中图

（采自《道藏》第 4 册，第 37 页）

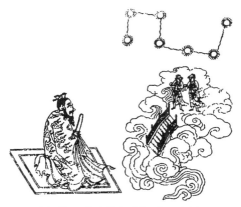

图 85　《玉堂大法》卷 4 中图

（采自《道藏》第 4 册，第 9 页）

表13 《玉堂大法》卷26《出入斗罡品》中北斗法术统计表

（采自《道藏》第4册，第105、106页）

戴履斗	朝真斗	召将斗	存真斗	卧斗	舍斗	升斗	制伏斗
凡戴履斗者，头上戴斗，足下踏斗，于驱邪用之。	凡朝真，戴而不履，存罡火向前，以遏魔试。	凡召将，履而不戴。存罡火向前，随步起。	当存七星常在己头上，使光映己身。	凡兆于睡卧之际，存七星在身，使魂魄不走，万炁归宫，则外邪不敢干试。	有图无文。	凡兆有事祈真，必先存斗，为升天梯，上接斗宫，入斗口，坐待报。	飞身出户，上叩帝尊。真炁合德，下塞鬼神，尸秽消散。

　　同是南宋道经《无上三天玉堂正宗高奔内景玉书》① 卷下也主要述存北斗诸星方法，但其斗星是九颗（具体名称在上文已介绍），且该书中的修炼方法与图式与其他道经亦不相同。存身入斗星中，"常以月三七日夜半入室，按手定炁，闭目内视，乃一身冉冉起上，飞升北斗魁中，背真人星坐。良久为之，觉我形如在斗中也（图86）"②。再者，卧斗时须"凡旦暮卧，先存九皇星在卧席上。身于床前立北向，两手捧心，闭炁瞑目，存天上北斗并帝尊九星，依当时所皆之位，乃见冉冉来下至席，列如图。令

① 《道藏》，第4册，第129～134页。
② 《道藏》，第4册，第130页。

图86　存身入斗星图

（采自《道藏》第4册，第130页）

天关作月建斗形，长九尺，广六尺，乃远于真星之外。若时朔日之夕，即并存晨盖之星俱下，亦列如图。乃从魁下至斗口，于尊星外入魁中，正偃卧，闭目存思其星作圆光之象，星紫色，刚赤色，连邅其星（图87）"①。

---

① 《道藏》，第4册，第132页。

图 87　卧斗图

（采自《道藏》第 4 册，第 132 页）

　　而在接下来介绍的存七星之术时，须在丁卯日夜半，于寝床平坐，北向，按手瞑目，叩齿七通，仰存七星，分别依次存思北斗九星中的每一星在人体内不同的器官（图 88），凡存哪一颗星便将其绘于各自器官内。第二、三星均在肺内，第三者可能是肝的误写，第四星可能入脾内。

　　2. 厌胜法

　　上文提到，在汉代就已经出现方士利用北斗图案厌劾注鬼的方术。后世道教中也常有使用北斗符号或图案来驱邪的道法。出现于北宋初期的新符箓道派——天心派，其主要道法"天心正法"便与北斗（北极）有关。天心派的法术称天心正法，关于天

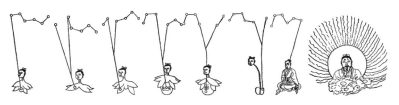

图 88　存北斗九星图

（采自《道藏》第 4 册，第 133～135 页）

心正法，北宋道经《太上助国救民总真秘要》如是记载：

> 臣闻天心之法，北极中斗之法也。北极者天之中极万象
> 之所会。北斗者天之中斗，万炁之所禀。故为天之心，则其
> 法本之于此也，同出乎正一之宗，为劾治之枢辖①。

据刘莉总结，驱除邪魔是天心正法最为重要的职能。同时，天心正法的内炼之术认为，天心法师要吸收北斗天罡星的驱邪之炁，从而将其作为天心正法驱邪的法力来源。天心正法的符所招役的神灵也主要是与"北极"有关的神灵②。

在南北朝道经《正一法文修真旨要》中详细介绍了道士以黄神越章之印行禁治病的方法：

> 七行气法，先须喷水解秽，左手执水椀，右手执剑，剑
> 水相向，背建向破。存面前有一真官，朱衣，身长一丈九
> 尺，头戴录中九凤冠，口含水向前喷病人，室宇焕赫如朝
> 霞，了以剑水相向，存七星斗在我头上，罡在水椀中，咒
> 曰："谨请北斗七星之精降此水中，百痾之鬼速去万里，不

---

① 《道藏》，第 32 册，第 53 页。
② 刘莉：《道教天心派新探》，《河北北方学院学报（社会科学版）》2011 年第 4 期，第 19 页。

去斩死，付西方白童子，急急如律令。"五方各喷，次喷病人，行印，去病人一丈，左手捻都监目，右手执印，当心向王立，第一先存我神，头戴天，足拄地，五色云气，覆我身。第二思五星在头上，各在方位，去头一尺。第三存面前，左日右月，去面九寸。第四存头上朱雀，左青龙，右白虎，足下八卦神龟，行印，玉童玉女侍卫左右。第五存思五色真气，大如丝，从五藏中出口，去头高一丈八尺，回绕头三匝。次思肝中三人，青衣青帻，出立左，心中三人赤衣赤帻立前。肺中三人，白衣白帻立右。肾中三人，黑衣黑帻，立后。脾中三人，黄衣黄帻，在丙地立，并左手持剑镶，右手持钺斧；次存见我头上七星罡头指病人痛处；次存向来，头戴九凤冠，真官乘太阳赤气，禹步持印，印病人心一下，次印腹一下，次印痛处一下，想见毒气奔散而出了，然次存我身极闭气，禹步九迹，到病人所立，未印先口吸病人，三吸三呓三叱，次鸣天钟六下，叩天磬六下，召则用钟，伏则用磬，次咒印曰：……①

通过此段记载，使我们具体地了解了道士利用北斗厌胜驱邪的行法过程：首先存思北斗七星的斗魁罩在头上，斗杓在水碗中，其次念咒请北斗七星之精降此水中，将此水喷出便有驱邪之功。在治病时还要再存思北斗七星的斗杓指向病人痛处，然后足踏禹步，手持黄神越章之印念咒行印，即可"印山成湖，印石成涂，印树树枯，印地地裂，印木木折，印火火灭，印水水绝，印上彻下，印表彻里，印前彻后，印左彻右，印邪邪亡，印痛痛止，印病病散，印鬼鬼走，破除症结，流殃咎注。"②

---

① 《道藏》，第32册，第578页。
② 《道藏》，第32册，第578页。

3. 步罡踏斗

步罡踏斗又名步罡蹑纪、步罡履斗、步纲蹑纪、飞罡蹑纪、踏纲步斗等。又称为禹步。古人认为只要按北斗诸星的方位行走，便能够获得北斗的力量，借以行使方术。葛洪在《抱朴子内篇·登涉》中指出："凡作天下百术，皆宜知禹步。"因此禹步便成为各种方术的基础。

道教形成后，禹步被纳入道教方术体系。经过道士的总结和整理，禹步步法愈趋规范。现存最早的对禹步法作明确描述的资料是葛洪《抱朴子内篇》里《仙药》和《登涉》两篇。《仙药》篇云："禹步法：前举左，右过左，左就右。次举右，左过右，右就左。次举左，右过左，左就右。如此三步，当满二丈一，后有九迹。"[①] 禹步法的特点是三步九迹，每步都要并步，这就是"步不相过"。其步先举左足，迹成离坎卦。此法在道教的科书中，称之为三步九迹星纲。同样是三步九迹。禹步经道教行法者的推演，便成九十余种，举足不同，咒诵各异。

据熊永翔等归纳，道经中所见的禹步斗罡有：七星禹步、三步九迹法、三五迹禹步法、十二迹禹步法、天地交泰禹步法、交干禹步法。七星罡、七星斗罡、北斗七元罡、禹步九迹罡、禹步九灵斗罡、九凤破秽罡、九凤雷火破秽斗罡、三步丁罡、三五飞步罡、火轮罡、火铃罡、禹步罡、三台罡、三宝罡、遣将罡、神虎罡、交泰罡、交干步斗罡、既济斗罡、未济斗罡、八卦斗罡、五行相杀罡、五行相生罡、金光范围罡、召出仙灵官将罡、禹王三步九迹罡、朝天奏谒罡、制魔伏怪罡、二十八宿罡、蹑地纪飞天罡法等。不同的禹步罡法用于不同的法术[②]。

---

① 王明：《抱朴子内篇校释》，中华书局，1985 年，第 209 页。
② 详见熊永翔、王进、谭超：《道教禹步论》，《湖北社会科学》2010 年第 4 期，第109 页。

　　同时，步罡踏斗还是斋醮时礼拜星斗、召请神灵的法术。在道教斋醮科仪中，道士在醮坛上占方丈之地，铺设罡单，罡单以四灵（青龙、白虎、朱雀、玄武）、二十八宿和九宫八卦组成，象征九重之天，高功脚穿云鞋，在罡单上随着道曲，沉思九天，按星辰斗宿之方位，九宫八卦之图，以步踏之，即可神驰九霄，启奏上天。不同的科仪有不同的罡法，各罡步履路线不同。如水火炼度科仪，高功要步北斗玄枢罡。当代道教常行的铁罐施食科仪，高功的步罡有三宝罡、九凤罡、五常罡、八卦罡等。

　　在道教中，北斗信仰占有重要地位，因此相关北斗修炼道法的经书非常丰富。《云笈七签》云："万法皆从斗中出，万神皆从斗役。是知一切法，一切行持，非斗真莫能通真应也。故圣师必以升斗度辰者，以冀学士通仙，致真，存元，守有。"① 唐宋之时，北斗的地位在道教体系中几乎被推崇到了极致，北斗图案也成为道教的重要标志。

---

① 《道藏》，第 4 册，第 10 页。

结　语

　　通过对中国古代北斗遗存及相关文献的梳理和归纳，我们对中国古代北斗信仰应该有了一个较为清晰的认识。在人类诞生之初，原始社会的人们逐渐产生万物有灵的原始信仰，而高悬在空中的日月星辰无疑是最为神秘、最为崇高的神明。由于北斗极有可能就是当时的极星，同时拥有指方向、定季候等诸多与生产、生活息息相关的实用性功能，因而受到华夏先民的尊崇，进而逐渐产生了原始的北斗崇拜。

　　北斗最初被认为是司掌时间之神明。先民由此推衍出北斗主死亡的宗教观念，并依照阴阳五行观念，将北斗运转配合天干地支以了解宇宙间阴阳消长情况，推测万物生灭之法则。进而发明出与之相关的星占仪器——式盘。

　　由于北斗主死，因此古人认为北斗所圈定的中央天区即为天上之仙国。如果能够魂归斗极便可成仙，获得永生。然而，天国的入口很窄，并非所有的人都能够升入斗极仙境，仅天子及修道之人有资格入斗升仙。于是，某些古代王室墓葬及道人墓葬中施以北斗图案以引导死者升仙之路径。

　　死于非命之亡魂只能变成厉鬼，归于鬼宿。由于"北斗帝车"压在"天尸鬼宿"之上，先民相信北斗可以压制厉鬼，分隔生死。为防止厉鬼出来注害生人，汉晋道士在凶死者之葬仪上普遍使用绘有"北斗压鬼"道符的解注瓶等法器来行厌胜之法。

在夜空中，北斗运于天心，众星拱之，被视为至上神天帝，统辖天空日月星辰等众神。在汉代的天人感应神学观念中，天之帝王（北斗）与人间帝王之间有着神秘的感应，地上的君王统治的合法性来源于天上的北斗，若能法斗而治，便可顺应天意，国泰民安。故君王重视对北斗祭祀与崇拜，并且垄断墓葬天象图中对北斗的使用权。而在汉代纬书中，人神之始祖黄帝亦被附会成北斗之精。

表14 北斗遗存分类信息表

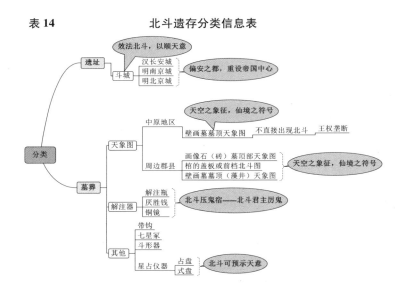

究其根本，北斗信仰源于华夏先民"尊天"和"尚中"的思想，在汉唐思想领域，中土被赋型为神圣的天下中心，并且形成了一种强烈的中国中心论的自豪心态。而作为天之中心的北斗也被认为是天上"中国"的坐标。居于周边夷狄之国的汉人，为了死后也能得道成仙，便在墓葬中绘出象征天心的北斗，以引导墓主之灵魂升往中央天国。

表 15　　　　　　　　　　北斗信仰历史沿革表

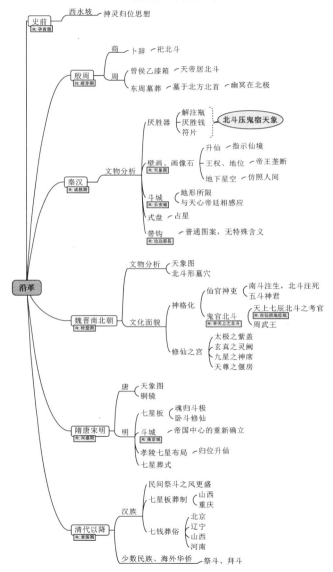

道教在吸收了北斗信仰之后，使之与传统修道思想相结合，发展出如占卜、厌胜法、炼丹术、步罡踏斗、卧斗术等诸多与北斗信仰相关的道法方术。北斗信仰在道教的信仰体系中亦占有极其重要地位，相关的道经也极其丰富。唐宋之时，北斗的地位在道教信仰体系中几乎被推崇到了极致，最终形成了完备的"斗姆—九皇"信仰。以至于佛教在其巨大的影响，也诞生出了自己的北斗信仰。直到今天，世界各地拥有道教信仰的华人仍在对斗姆、九皇祈禳祭拜，而北斗图案也成为道教最具标志性的符号。

表16　　　　　　　　北斗职能统计表

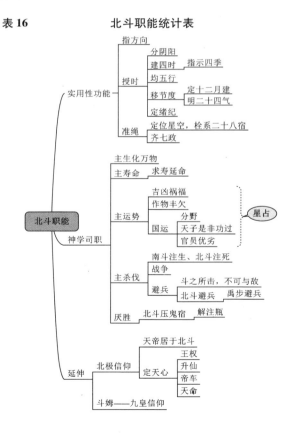

表 17　　　　　　　北斗信仰专题研究列表

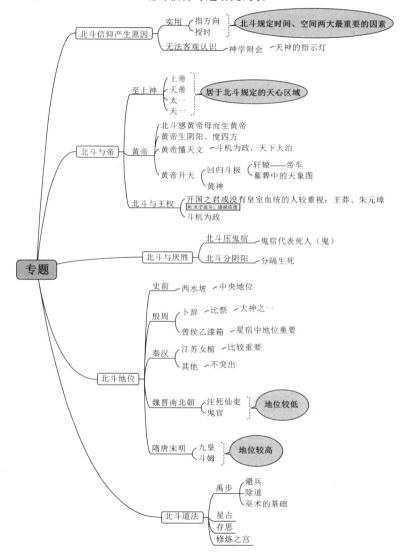

中国古代北斗信仰的历史发展脉络，经历了孕育、萌芽、成熟、转型、兴盛及衰落六大阶段。几乎贯穿整个中国历史，并对中国古代社会的政治、军事、文化、宗教及日常生活等方方面面产生了重大的影响。鉴于北斗信仰的诸多信息较为琐碎，为了更加清晰地表述本文的内容，笔者将北斗信仰的有关信息制作成若干树状导图，以供对照参考。

参考文献

古籍：

（北齐）魏收：《魏书》，中华书局，1974年。

（北齐）颜之推撰，王利器集解：《颜氏家训集解（增补本）》，中华书局，1993年。

（春秋）左丘明著，上海师范大学古籍整理研究所整理：《国语》，上海古籍出版社，1978年。

（汉）班固：《汉书》，中华书局，1962年。

（汉）孔安国传，［唐］孔颖达正义，黄怀信整理：《尚书正义》，上海古籍出版社，2008年。

（汉）刘安编，刘文典集解：《淮南鸿烈集解》，中华书局，1989年。

（汉）刘歆：《西京杂记校注》，上海古籍出版社，1991年。

（汉）毛亨传，郑玄笺，［唐］孔颖达正义：《毛诗正义》，［清］阮元校刻：《十三经注疏》（清嘉庆刊本），中华书局，2009年。

（汉）司马迁：《史记》，中华书局，1959年。

（汉）宋衷注，秦嘉谟等辑：《世本八种》，中华书局，2008年。

（汉）赵君卿注，［周］甄鸾重述，［唐］李淳风注释：《周髀算经》，文物出版社，1980 年。

（汉）郑玄注，［唐］孔颖达正义，吕友仁整理：《礼记正义》，上海古籍出版社，2008 年。

（后晋）刘昫：《旧唐书》，中华书局，1975 年。

（晋）陈寿：《三国志》，中华书局，1971 年。

（晋）干宝撰，汪绍楹校注：《搜神记》，中华书局，1979 年。

（梁）沈约：《宋书》，中华书局，1974 年。

（梁）萧子显：《南齐书》，中华书局，1972 年。

（明）罗贯中、冯梦龙：《三遂平妖传》，北京大学出版社，1985 年。

（明）宋濂：《元史》，中华书局，1976 年。

（南朝）范晔：《后汉书》，中华书局，1965 年。

（清）查继佐：《罪惟录》，浙江古籍出版社，1986 年。

（清）孙星衍：《尚书今古文注疏》，中华书局，1986 年。

（清）孙诒让：《周礼正义》，中华书局，1987 年。

（清）孙诒让编撰，孙启治点校：《墨子间诂》，中华书局，2001 年。

（清）王夫之著，中华书局上海编辑所编辑：《楚辞通释》，中华书局，1959 年。

（清）王筠：《夏小正正义》，丛书集成初编本，第 1336 册，中华书局，1983 年。

（清）吴大澂：《古玉图考》，上海同文书局石印本，1889 年。

（清）严可均：《全上古三代秦汉三国六朝文》，中华书局，1965 年。

（清）张廷玉等：《明史》中华书局，1974 年。

（清）朱右曾辑录，王国维校补：《今本竹书纪年疏证》，世界书局，1957 年。

（宋）洪迈：《夷坚志》，中华书局，1981 年。

（宋）欧阳修：《新五代史》，中华书局，1974 年

（宋）薛居正等：《旧五代史》，中华书局，1976 年。

（唐）房玄龄等：《晋书》中华书局，1974 年。

（唐）李百药：《北齐书》，中华书局，1972 年。

（唐）李延寿：《北史》，中华书局，1974 年。

（唐）李延寿：《南史》，中华书局，1975年。

（唐）令狐德棻等：《周书》，中华书局，1971年。

（唐）魏征等：《隋书》中华书局，1973年。

（唐）姚思廉：《陈书》，中华书局，1972年3月。

（唐）姚思廉：《梁书》，中华书局，1973年5月。

（唐）郑处海、裴庭裕撰，田廷柱点校：《明皇杂录》，中华书局，1994年。

（魏）王弼、（晋）韩康伯注，（唐）孔颖达等正义：《周易正义》，（清）阮元校刻：《十三经注疏》（清嘉庆刊本），中华书局，2009年。

（元）脱脱等：《金史》中华书局，1975年。

（元）脱脱等：《辽史》中华书局，1974年。

（元）脱脱等：《宋史》，中华书局，1977年。

（战国）韩非著，陈奇猷校释：《韩非子新校注》，上海古籍出版社，2000年。

（战国）吕不韦著，陈奇猷释：《吕氏春秋新校释》，上海古籍出版社，2002年。

（战国）荀况著，王天海校释：《荀子校释》，上海古籍出版社，2005年。

《道藏》，文物出版社、上海书店、天津古籍出版社，1988年。

程树德编撰，程俊英、蒋见元点校：《论语集释》，中华书局，2006年。

大正一切经刊行会：《大正新修大藏经》，新文丰出版有限公司，1983年。

黄怀信编撰：《鹖冠子汇校集注》，中华书局，2004年。

王叔岷编撰：《庄子校诠》，中华书局，2007年。

杨伯峻编撰：《春秋左传注》，中华书局，1990年。

袁珂编撰：《山海经校注》，上海古籍出版社，1980年。

张耘点校：《山海经·穆天子传》，岳麓书社，2006年。

赵尔巽等：《清史稿》，中华书局，1976年。

考古资料：

安徽省文物工作队：《潜山薛家岗新石器时代遗址》，《考古学报》1982 年第 3 期。

安徽省文物工作队等：《阜阳双古堆西汉汝阴侯墓发掘简报》，《文物》1978 年第 8 期。

安徽省文物考古研究所：《安徽含山凌家滩新石器时代墓地发掘简报》，《文物》1989 年第 4 期。

宝鸡市博物馆、千阳县文化馆：《陕西省千阳县汉墓发掘简报》，《考古》1975 年第 3 期。

宝鸡市考古研究所：《五代李茂贞夫妇墓》，科学出版社，2008 年。

戴春阳、张珑：《敦煌祁家湾西晋十六国墓葬发掘报告》，文物出版社，1994 年。

董作宾：《殷墟文字乙编》，商务印书馆，1949 年。

甘肃省博物馆：《武威磨咀子三座汉墓发掘简报》，《文物》1972 年第 12 期。

甘肃省文物考古研究所：《甘肃酒泉孙家石滩魏晋墓发掘简报》，《考古与文物》2005 年第 5 期。

广州市文物管理委员会等：《西汉南越王墓》，文物出版社，1991 年。

国家文物局：《中国文物地图集·陕西分册·下》，西安地图出版社，1998 年。

郝本性、魏兴涛：《三门峡南交口东汉墓镇墓瓶朱书文考略》，《文物》2009 年第 3 期。

何驽：《山西襄汾县陶寺中期城址大型建筑 ⅡFJT1 基址 2004～2005 年发掘简报》，《考古》2007 年第 4 期。

河北省文物管理处等：《河北宣化辽壁画墓发掘简报》，《文物》1975 年第 8 期。

河北省文物管理处等：《辽代彩绘星图是我国天文史上的重要发现》，《文物》1975 年第 8 期。

河北省文物研究所：《宣化辽墓》，文物出版社，2001 年。

河姆渡遗址考古队：《浙江河姆渡遗址第二期发掘的主要收获》，《文物》1980 年第 5 期。

河南省商丘市文物管理委员会等：《芒砀山西汉梁王墓地》，文物出版社，2001 年。

河南省文化局文物队：《洛阳西汉壁画墓发掘报告》，《考古学报》1964 年第 2 期。

河南省文物考古研究所编：《北宋皇陵》，中州古籍出版社，1997 年。

河南省文物考古研究所等：《三门峡虢国墓》，文物出版社，1999 年。

河南省文物考古研究所：《河南三门峡南交口汉墓（M17）发掘简报》，《文物》2009 年第 3 期。

后晓荣、陈晓飞：《关中地区两汉壁画墓初探》，《中国历史文物》，2006 年第 4 期。

湖北省博物馆：《曾侯乙墓》，文物出版社，1989 年。

湖南省博物馆、中国科学院考古研究所：《长沙马王堆二，三号墓发掘简报》，《文物》1974 年第 7 期。

湖南省博物馆、中国科学院考古研究所：《长沙马王堆一号墓》，文物出版社，1973 年。

湖南省博物馆：《长沙两晋南朝隋墓发掘报告》，《考古学报》1959 年第 3 期。

湖南省博物馆：《长沙马王堆二、三号汉墓（第一卷）田野考古发掘报告》，文物出版社，2004 年。

湖南省博物馆：《湖南资兴晋南朝墓》，《考古学报》1984 年第 3 期。

姬乃军：《延安市发现的古代玉器》，《文物》1984 年第 2 期。

东北考古与历史编辑委员会编：《东北考古与历史》第 1 辑，文物出版社，1982 年。

济南市博物馆：《济南市马家庄北齐墓》，《文物》1985 年第 10 期。

焦南峰等：《陕西秦汉考古五十年综述》，《考古与文物》2008 年第 6 期。

江苏省文物管理委员会：《江苏高邮邵家沟汉代遗址的清理》，《考古》1960 年第 10 期。

寇小石等：《西安理工大学西汉壁画墓发掘简报》，《文物》2006 年第 5 期。

李洪甫：《将军崖岩画遗迹的初步探索》，《文物》1981 年第 1 期。

李学勤：《论新出口大汶口文化陶器符号》，《文物》1987 年第 12 期。

刘卫鹏、李朝阳：《咸阳窑店出土的东汉朱书陶瓶》，《文物》2004 年第 2 期。

吕劲松：《洛阳浅井头西汉壁画墓发掘简报》，《文物》1993 年第 5 期。

吕智荣、张鹏程：《陕西定边县郝滩发现东汉壁画墓》，《考古与文物》2004 年第 5 期。

罗哲文：《孝堂山郭氏墓石祠》，《文物》1961 年第 4 期。

洛阳博物馆：《河南洛阳元乂墓调查》，《文物》1974 年第 12 期。

马王堆汉墓帛书整理小组：《马王堆汉墓出土帛书〈春秋事语〉释文》，《文物》1977 年第 1 期。

南京博物院：《北阴阳营——新石器时代及商周时期遗址发掘报告》，文物出版社，1993 年。

南京博物院：《江苏盱眙东阳汉墓》，《考古》1979 年第 5 期。

南京博物院：《江苏仪征石碑村汉代木椁墓》，《考古》1966 年第 1 期。

南京博物院：《江苏仪征烟袋山汉墓》，《考古学报》1987 年第 4 期。

南京博物院:《南唐二陵发掘报告》,文物出版社,1957 年。

南京博物院考古研究所:《龙虬庄》,科学出版社,1999 年。

南京市博物馆:《南京大光路孙吴薛秋墓发掘简报》,《文物》2008 年第 3 期。

南阳汉代画像石编委会:《南阳汉代画像石》,文物出版社,1985 年 10 月。

濮阳市文物管理委员会等:《河南濮阳西水坡遗址发掘简报》,《文物》1988 年第 3 期。

秦简整理小组:《天水放马滩秦简甲种〈日书〉释文》,《秦汉简牍论文集》,甘肃人民出版社,1989 年。

任世龙:《浙江上虞县发现唐代天象镜》,《考古》1976 年第 4 期。

山东省博物馆:《山东汉画像石选集》,齐鲁书社,1984 年。

山东省文物考古所等:《莒县大朱家村大汶口文化墓葬》,《考古学报》1991 年第 2 期。

山西省考古研究所:《上马墓地》,文物出版社,1994 年。

山西省考古研究所:《太原市南郊唐代壁画墓清理简报》,《文物》1988 年第 12 期。

山西省临汾行署文化局:《山西吉县柿子滩中石器文化遗址》,《考古学报》1989 年第 3 期。

山西省文管会:《山西平陆枣园村壁画汉墓》,《考古》1959 年第 9 期。

山西省文物管理委员会:《太原市金胜村第六号唐代壁画墓》,《文物》1959 年第 8 期。

山西省文物管理委员会等:《山西长治分水岭战国墓第二次发掘》,《考古》1964 年第 3 期。

陕西省博物馆:《陕北东汉画像石刻选集》,文物出版社,1959 年。

陕西省博物馆等唐墓发掘组:《唐懿德太子墓发掘简报》,《文物》1972 年第 7 期。

陕西省博物馆等唐墓发掘组：《唐章怀太子墓发掘简报》，《文物》1972 年第 7 期。

陕西省考古所泾水队：《邠县雅店村清理一座东汉墓》，《文物》1961 年第 1 期。

陕西省考古研究所：《陕西配合基建考古主要收获》，三秦出版社，1992 年。

陕西省考古研究所：《陕西旬邑发现东汉壁画墓》，《考古与文物》2003 年第 3 期。

陕西省考古研究所：《西安东郊田王晋墓清理简报》，《考古与文物》1990 年第 5 期。

陕西省考古研究所等：《西安交通大学西汉壁画墓》，西安交通大学出版社，1991 年。

陕西省考古研究所配合基建考古队：《西安东郊田王西晋墓清理简报》，《考古与文物》1990 年第 5 期。

陕西省文物管理委员会：《唐永泰公主墓发掘简报》，《文物》1964 年第 1 期。

陕西省文物管理委员会：《潼关吊桥汉代杨氏墓群发掘简记》，《文物》1961 年第 1 期。

司马俊堂、岳梅、乔栋：《洛阳伊川后晋孙璠墓发掘简报》，《文物》2007 年第 6 期。

随县擂鼓墩一号墓考古发掘队：《湖北省随县曾侯乙墓发掘简报》，《文物》1979 年第 7 期。

孙德润、贺雅宜：《咸阳龚家湾一号墓葬清理简报》，《考古与文物》1987 年第 1 期。

孙德萱、丁清贤、赵连生、张相梅：《濮阳西水坡遗址发掘简报》，《华夏考古》1988 年第 1 期。

孙德萱、丁清贤、赵连生、张相梅：《濮阳西水坡遗址试掘简报》，《中原文物》1988 年第 1 期。

孙福喜、王自力：《西安东郊元代壁画墓》，《文物》2004 年第 1 期。

吐鲁番地区文物局：《新疆吐鲁番地区阿斯塔那古墓群西区408、409号墓》，《考古》2006年第12期。

王车、陈徐：《洛阳北魏元乂墓的星象图》，《文物》1974年第12期。

王建中等：《南阳两汉画像石》，文物出版社，1990年。

王健民、梁柱、王胜利：《曾侯乙墓出土的二十八宿青龙白虎图象》，《文物》1979年第7期。

王玉清：《陕西韩城芝川镇东汉墓》，《考古》1961年第8期。

西安市文物保护考古所：《西安理工大学西汉壁画墓发掘简报》，《文物》2006年第5期。

西安市文物保护考古所：《西安曲江翠竹园西汉壁画墓发掘简报》，《文物》2010年第1期。

夏鼐：《洛阳西汉壁画墓中的星象图》，《考古》1965年第2期。

新疆社会科学院考古研究所：《吐鲁番阿斯塔那古墓区65TAM39墓》，《考古与文物》1983年第4期。

徐海峰等：《河北涿州元代壁画墓》，《文物》2004年第3期。

徐进、张蕴：《西安南郊曲江池汉唐墓葬清理简报》，《考古与文物》1987年第6期。

徐孝忠：《北斗七星铜带钩与北斗星》，《文物天地》1998年第2期。

徐州博物馆：《徐州汉画像石》，江苏美术出版社，1985年。

许淑珍：《山东淄博市临淄宋金壁画墓》，《华夏考古》2003年第1期。

偃师县文化馆：《二里头遗址出土的铜器和玉器》，《考古》1987年第4期。

殷涤非：《西汉汝阴侯墓出土的占盘和天文仪器》，《考古》1978年第5期。

于宏伟等：《登封高村壁画墓清理简报》，《中原文物》2004年第5期。

浙江省文物管理委员会：《杭州、临安五代墓中的天文图和秘色瓷》，《考古》1975 年第 3 期。

郑绍宗：《宣化辽壁画墓彩绘星图之研究》，《辽海文物学刊》1996 年第 2 期。

中国科学院考古研究所：《沣西发掘报告》，文物出版社，1962 年。

中国社会科学院考古研究所：《中国考古学中碳十四年代数据集（1965—1991）》，文物出版社，1991 年。

中国社会科学院考古研究所编：《中国古代天文文物图集》，文物出版社，1980 年。

中国社会科学院考古研究所山西工作队、山西省考古研究所、临汾市文物局《山西襄汾县陶寺城址发现陶寺文化大型建筑基址》，《考古》2004 年第 2 期。

周到、李京华：《唐河针织厂汉画像石墓的发掘》，《文物》1973 年第 6 期。

周晓陆：《盱眙汉墓木刻星象图考》，《南京大学学报》1985 年哲社增刊。

朱锡禄：《武氏祠汉画像石》，山东美术出版社，1986 年。

专著：

《中国大百科全书·考古学卷》，中国大百科全书出版社，1986 年。

《中国古钱币图谱考释丛编》，书目文献出版社，1992 年。

蔡运章等：《洛阳钱币发现与研究》，中华书局，1998 年。

常秉义：《周易与历法》，中央编译出版社，2009 年。

晁福林：《先秦民俗史》，上海人民出版社，2001 年。

陈江风：《天文与社会》，河南大学出版社，2002 年。

陈久金：《泄露天机——中西星空对话》，群言出版社，2005 年。

陈久金主编：《中国少数民族科技史丛书·天文历法卷》，广西科学技术出版社，1996年。

陈来：《古代宗教与伦理》，生活·读书·新知三联书店，2009年。

陈荣富：《马克思主义宗教观研究》，四川人民出版社，2008年。

陈遵妫：《中国天文学史》，台湾明文书局，1987年。

丁山：《中国古代宗教与神话考》，上海文艺出版社，1988年影印本。

范恩君：《道教神仙》，宗教文化出版社，2007年。

冯时：《星汉流年——中国天文考古录》，四川教育出版社，1996年。

冯时：《中国古代的天文与人文》，中国社会科学出版社，2006年。

冯时：《中国天文考古学》，社会科学出版社，2001年。

傅亚庶：《中国上古祭祀文化》，东北师范大学出版社，1999年。

高梓梅：《河南民俗与地方曲艺》，郑州大学出版社，2007年。

龚鹏程：《儒学新思》，北京大学出版社，2009年。

郭若愚、曾毅公、李学勤：《殷虚文字缀合》，科学出版社，1955年。

韩国河：《秦汉魏晋丧葬制度研究》，陕西人民出版社，1999年。

贺灵宝主编：《东于村志》，山西人民出版社，2008年。

胡孚琛主编：《中华道教大辞典》，中国社会科学出版社，1995年。

胡厚宣：《战后南北所见甲骨录》，来薰阁书店，1951年。

江晓原：《天学外史》，上海人民出版社，1999年。

江晓原：《天学真原》，辽宁教育出版社，1995年。

姜生、汤伟侠：《中国道教科学技术史（汉魏两晋卷）》，科学出版社，2002年。

姜生、汤伟侠：《中国道教科学技术史（南北朝隋唐五代卷）》，科学出版社，2010年。

蒋英炬、杨爱国：《汉代画像石与画像砖》，文物出版社，2001年。

赖亚生著：《神秘的鬼魂世界——中国鬼文化探秘》，人民中国出版社，1993年。

李建民：《生命史学：从医疗看中国历史》，复旦大学出版社，2008年。

李零：《中国方术考（修订本）》，东方出版社，2001年。

李民、岳红琴、张兴照：《郑州古代都城》，河南人民出版社，2008年。

李跃忠、曹冠英：《道士》，中国社会出版社，2009年。

刘长林：《中国系统思维》，社会科学文献出版社，2008年。

刘克：《南阳汉画像与生态民俗》，学苑出版社，2008年。

刘屹：《敬天与崇道——中古经教道教形成的思想史背景》，中华书局，2005年。

卢央：《易学与天文学》，中国书店，2003年。

卢央：《中国古代星占学》，中国科学技术出版社，2007年。

陆思贤、李迪：《天文考古通论》，紫禁城出版社，2000年。

栾保群：《中国神谱》，天津人民出版社，2009年。

马书田：《中国道教诸神》，团结出版社，1996年。

南京大学文化与自然遗产研究所、孝陵博物馆编：《世界遗产论坛：明清皇家陵寝专辑》，科学出版社，2004年。

南阳汉代画像石学术讨论会办公室编：《汉代画像石研究》，文物出版社，1987年。

潘鼐：《中国古天文图录》，上海科技教育出版社，2009年。

潘鼐：《中国恒星观测史》，学林出版社，1989年。

蒲慕州：《追寻一己之福——中国古代的信仰世界》，上海古籍出版社，2007年。

卿希泰主编：《中国道教思想史》第3卷，人民出版社，2009年。

饶宗颐：《老子想尔注校证》，上海古籍出版社，1991年。

荣新江主编：《唐代宗教信仰与社会》，上海辞书出版社，2003年。

陕西历史博物馆编：《唐墓壁画研究文集》，三秦出版社，2006年。

陕西省博物馆陕西省文物管理委员会：《唐李贤墓壁画》，文物出版社，1974年。

沈建华编：《饶宗颐新出土文献论证》，世纪出版集团、上海古籍出版社，2005年。

王昆吾：《中国早期艺术与宗教》，东方出版中心，1998年。

王明：《抱朴子内篇校释》，中华书局，1985年。

王明：《太平经合校》，中华书局，1960年。

温少峰、袁庭栋：《殷墟卜辞研究——科学技术篇》，四川省社会科学院出版社，1983年。

巫鸿：《中国古代艺术与建筑中的"纪念碑性"》，上海人民出版社，2009年。

夏广兴：《密教传持与唐代社会》，上海人民出版社，2008年。

萧登福：《道教星斗符印与佛教密宗》，新文丰出版公司，1993年4月。

邢莉：《天神之谜》，学苑出版社，1994年。

熊坤新主编：《宗教理论与宗教政策》，中央民族大学出版社，2008年。

杨国庆：《南京明代城墙》，南京出版社，2002年。

杨海廷：《世界文化地理》，长春出版社，2008年。

叶贵良：《敦煌道经写本与词汇研究》，巴蜀书社，2007年。

叶明生：《莆仙戏剧文化生态研究》，厦门大学出版社，2007年。

叶舒宪：《中国神话哲学》，中国社会科学出版社，1992年。

尹锋：《斗转星移·解开奇门遁甲之谜》，中国商业出版社，2009年。

印群：《黄河中下游地区的东周墓葬制度》，社会科学出版社，2001年。

于省吾：《甲骨文字释林·释冗》，中华书局，1979年。

余英时：《东汉生死观》，上海古籍出版社，2005年。

余英时：《中国思想传统及其现代变迁》，广西师范大学出版社，

2004 年。

张勋燎、白彬：《中国道教考古》，线装书局，2006 年。

张志刚：《宗教学是什么》，北京大学出版社，2002 年。

章鸿钊：《中国古历析疑》，科学出版社，1958 年。

中国美术全集编辑委员会：《中国美术全集（绘画编）》，人民美术出版社，1986 年。

中国社会科学院考古研究所：《中国古代天文文物论集》，文物出版社，1989 年。

中国社会科学院考古研究所编：《新世纪的中国考古学》，科学出版社，2005 年。

中国天文学史整理研究小组编著：《中国天文学史》，科学出版社，1981 年。

周晓陆：《步天歌研究》，中国书店，2004 年。

朱文鑫：《史记天官书恒星图考》，商务印书馆，1927 年。

邹厚本主编：《江苏考古五十年》，南京出版社，2000 年。

期刊论文：

蔡凤书：《关于盱眙东阳西汉木椁墓天文图》，《东南文化》1994 年第 5 期。

蔡家麒：《论"原始至上神"》，《世界宗教研究》1995 年第 2 期。

蔡运章：《屈家岭文化的天体崇拜——兼谈纺轮向玉璧的演变》，《中原文物》1996 年第 2 期。

曹海东：《古代南斗星名辨》，《语文教学与研究》1997 年第 6 期。

曹胜高：《"太一"考》，《洛阳大学学报》2002 年第 3 期。

曾德雄：《谶纬的起源》，《学术研究》2006 年第 7 期。

常生：《"参横斗转欲三更"也是指南斗》，《徐州师范大学学报

（哲学社会科学版）》1984 年第 1 期。

晁福林：《作册般鼋与商代厌胜》，《中国历史文物》2007 年第 6 期。

陈江风：《从濮阳西水坡 45 号墓看"骑龙升天"神话母题》，《中原文物》1996 年第 1 期。

陈江风：《汉画像天文星图与民族传统观念》，《寻根》1995 年第 5 期。

陈梦家：《汉简年历表叙》，《考古学报》1965 年第 2 期。

陈松长：《马王堆汉墓帛画"神祇图"辨正》，《江汉考古》1993 年第 1 期。

陈喜波、韩光辉：《汉长安"斗城"规划探析》，《考古与文物》2007 年第 1 期。

陈直：《关于"江陵丞"告"地下丞"》，《文物》1977 年第 12 期。

陈志勇：《道教"九皇神"与民间戏神信仰考》，《宗教学研究》2009 年第 3 期。

程林泉、张翔宇：《关中地区汉代壁画墓浅析》，《考古与文物》2006 年第 3 期。

程治洪：《武当山道教的拜斗》，《武当》2006 年第 9 期。

岱烨：《魁星点斗杂议》，《河北企业》2003 年第 10 期。

戴念祖：《释司南为"北斗"、"官职"之拙见》，《自然科学史研究》2006 年第 3 期。

丁常云：《道教与四灵崇拜》，《中国道教》1994 年第 4 期。

丁培仁：《太一信仰与张角的中黄太一道》，《宗教学研究》1984 年第 S1 期。

丁清贤、宋峰：《中国美术史上的新发现——濮阳西水坡仰韶墓内摆塑龙虎图案艺术》，《美术》1988 年第 4 期。

丁清贤、赵连生、张相梅：《关于濮阳西水坡蚌壳龙虎陪葬墓及仰韶文化的社会性质——兼答言明提出的几个问题》，《华夏考古》1991 年第 4 期。

东尔：《天人合一的神秘家园》，《科学之友：A 版》2006 年第 4 期。

董立章：《虎天族及濮阳西水坡大墓》，《中山大学学报（社会科学版）》2002 年第 2 期。

董家宁：《史前北斗信仰与猪神崇拜之关系初探——从红山文化礼器中的猪母题说起》，《社会科学论坛》2013 年第 8 期。

段邦宁：《濮阳西水坡第 45 号墓星象年代考》，《中华易学》1993 年第 7～10 期。

樊英峰：《干陵唐墓壁画的历史价值》，《文博》2003 年第 1 期。

方酉生：《濮阳西水坡 M45 蚌壳摆塑龙虎图的发现及重大学术意义》，《中原文物》1996 年第 1 期。

方酉生：《濮阳西水坡 M45 与第三组蚌塑图关系的讨论》，《中原文物》1997 年第 1 期。

冯时：《河南濮阳西水坡 45 号墓的天文学研究》，《文物》1990 年第 3 期。

冯时：《洛阳尹屯西汉壁画墓星象图研究》，《考古》2005 年第 1 期。

冯时：《濮阳西水坡 45 号墓的天文学研究》，《文物》1990 年第 3 期。

冯时：《中国早期星象图研究》，《自然科学史研究》1990 年第 2 期。

高勇：《关于〈张衡传〉中的"璇玑"》，《四川师院学报（社会科学版）》1984 年第 1 期。

葛宏宇、王学良：《"北斗七星"祭坛遗址》，《黑龙江档案》2001 年第 5 期。

葛友高：《"斗"字正解》，《淮阴师范学院学报（哲学社会科学版）》1997 年第 1 期。

葛兆光：《死后世界——中国古代宗教与文学的一个共同主题》，《扬州师院学报（社会科学版）》1994 年第 3 期。

顾问、张松林：《花地嘴遗址所出"新砦期"朱砂绘陶瓮研究》,《中国历史文物》2006 年第 1 期。

郭德维:《曾侯乙墓中漆箱上日月和伏羲、女娲图象试释》,《江汉考古》1981 年第 1 期。

郭建洪:《西安近郊出土星辰"五铢"钱》,《西安金融》1998 年第 1 期。

韩国河:《汉长安城规划思想辨析》,《郑州大学学报(哲学社会科学版)》2001 年第 5 期。

韩湖初:《论我国古代的"北斗崇拜"和太阳神崇拜》,《复旦学报(社会科学版)》1999 年第 3 期。

韩钊:《中国唐壁画墓和日本古代壁画墓的比较研究》,《考古与文物》1999 年第 6 期。

何方:《从天文到人文:汉唐长安城规划思想的演变》,《文史知识》2000 年第 8 期。

何彤锋:《儒道两家的天人观及其在古建筑中的体现》,《华南理工大学学报(社会科学版)》2002 年第 1 期。

贺世哲:《莫高窟第 285 窟窟顶天象图考论》,《敦煌研究》1987 年第 2 期。

后晓荣、陈晓飞:《关中地区两汉壁画墓初探》,《中国历史文物》2006 年第 4 期。

胡隽秋:《略论吐鲁番墓葬中出土的天象图》,《西域研究》1998 年第 4 期。

胡新生:《禹步探源》,《文史哲》1996 年第 1 期。

黄吉军:《洛阳两汉壁画墓简说》,《中原文物》1996 年第 2 期。

黄苗子:《唐宋壁画》,《美术研究》1980 年第 1 期。

黄佩贤:《汉代壁画墓的分区与分期研究》,《考古与文物》2010 年第 1 期。

黄朴民:《两汉谶纬简论》,《清华大学学报(哲学社会科学版)》2008 年第 3 期。

贾光:《汉画像中"鱼"的解读》,《商丘师范学院学报》2008 年第 4 期。

贾立霞：《谶书和纬书的产生》，《管子学刊》2003 年第 1 期。

江晓原：《〈周髀算经〉盖天宇宙结构》，《自然科学史研究》第 15 卷第 3 期，1996 年。

江晓原：《中国天学的起源：西来还是自生?》，《自然辩证法通讯》1992 年第 2 期。

姜生：《曹操与原始道教》，《历史研究》2011 年第 1 期。

姜生：《汉画孔子见老子与汉代道教仪式》，《文史哲》2011 年第 2 期。

姜生：《论宗教源于人类自我意识》，《世界宗教研究》2011 年第 3 期。

姜生：《长沙金盆岭晋墓与太阴炼形——以及墓葬器物群的分布逻辑》，《宗教学研究》2011 年第 1 期。

蒋南华：《河南濮阳西水坡 45 号墓天文图像及墓主身份考释》，《黔南民族师范学院学报》2002 年第 5 期。

焦海燕：《两汉北斗星的文化考察》，《咸阳师范学院学报》2009 年第 5 期。

具圣姬：《略论汉代人的死后"地下世界"形象》，《延边大学学报（社会科学版）》2005 年第 1 期。

李虹：《从"制器尚象"看汉代墓葬形制的变化》，《求索》2010 年第 4 期。

李剑国、张玉莲：《"禹步"考论》，《求是学刊》2006 年第 5 期。

李京华等：《濮阳西水坡遗址发掘现场会发言摘要》，《华夏考古》1988 年第 4 期。

李久昌：《20 世纪 50 年代以来的洛阳古都研究》，《河南大学学报（社会科学版）》2007 年第 4 期。

李俊涛：《道教符图之星辰符号探秘》，《中华文化论坛》2008 年第 1 期。

李零：《禹步探原——从"大禹治水"想起的》，《书城》2005 年第 3 期。

李强：《司南的出现、流传及其消逝》，《中国历史博物馆馆刊》1993 年第 2 期。

李姗姗：《汉画"鱼拉车"象征意义阐释》，《山东理工大学学报（社会科学版）》2009 年第 6 期。

李小波、陈喜波：《汉长安城"斗城说"的再思考》，《考古与文物》2001 年第 4 期。

李小波、李强：《从天文到人文——汉唐长安城规划思想的演变》，《城市规划》2000 年第 9 期。

李星明：《北朝唐代壁画墓与墓志的形制和宇宙图像之比较》，《美术观察》2003 年第 6 期。

李学勤：《西水坡"龙虎墓"与四象的起源》，《中国社会科学院研究生院学报》1988 年第 5 期。

李学勤：《再论帛书十二神》，《湖南考古辑刊》第四集，岳麓书社，1987 年。

李智：《汉画像石中鸟鱼组合的图像学意义》，《大连大学学报》2009 年第 1 期。

连劭名：《式盘中的四门与八卦》，《文物》1987 年第 9 期。

梁子：《法门寺唐代地宫北斗七星护摩坛场浅释》，《文博》1993 年第 4 期。

林圣智：《中国中古时期墓葬中的天界表象——东亚的比较视野》，中国古代墓葬美术研究国际学术讨论会论文集，2009 年。

林文照：《关于司南的形制与发明年代》，《自然科学史研究》1986 年第 4 期。

刘秉正：《司南新释》，《东北师大学报（自然科学版）》1986 年第 1 期。

刘秉正：《再论司南是磁勺吗？——兼答戴念祖先生》，《自然科学史研究》2006 年第 3 期。

刘秉正：《指南车传说的由来》，《东北师大学报（自然科学版）》1985 年第 4 期。

刘凤彦、刘秉正：《关于司南本质问题的讨论——答林文照同志》,《东北师大学报（自然科学版）》1995 年第 1 期。

刘莉：《道教天心派新探》,《河北北方学院学报（社会科学版）》2011 年第 4 期。

刘莉：《道教文化中"北帝"的信仰及发展》,《贵州文史丛刊》2011 年第 3 期。

刘莉：《道教文化中的北辰与北帝》,《河北学刊》2010 年第 3 期。

刘路、陈晓华：《传播学视野下的宗教仪式与媒介利用》,《宗教学研究》2009 年第 2 期。

刘明：《略论先秦道家的死亡本质观》,《河南科技大学学报（社会科学版）》2010 年第 2 期。

刘未：《辽阳汉魏晋壁画墓研究》,《边疆考古研究》第 2 辑,2004 年。

刘学生、刘移江：《唐宋遗韵——永乐宫三清殿〈朝元图〉壁画艺术美学渊源探析》,《荣宝斋》2009 年第 4 期。

刘亦丰、刘亦未、刘秉正：《司南指南文献新考》,《自然辩证法通讯》2010 年第 5 期。

刘仲宇：《众星拱伏的斗姥神》,《世界宗教文化》1999 年第 3 期。

刘宗迪：《禹步·商羊舞·焚巫尪——兼论大禹治水神话的文化原形》,《民族艺术》1997 年第 4 期。

龙异腾、罗松乔：《〈周易〉"帝出乎震"之"帝"考释——兼论与北辰、北斗的关系》,《贵州师范大学学报（社会科学版）》2003 年第 1 期。

鲁子健：《璇玑玉衡考》,《社会科学研究》1994 年第 5 期。

陆思贤：《濮阳西水坡 45 号墓主人的人格与神格》,《华夏考古》1999 年第 3 期。

陆锡兴：《"黄君法行"朱字刻铭砖的探索》,《考古》2002 年第 4 期。

鹿羊：《天文学的起源》,《中国科技史杂志》1980 年第 2 期。

罗福颐：《汉栻盘小考》，《古文字研究》11 辑，中华书局，1985 年。

罗惠翾：《从人类学视野看宗教仪式的社会功能》，《新疆师范大学学报（哲学社会科学版）》2009 年第 1 期。

罗树元：《璇玑玉衡探源》，《湖南师范大学自然科学学报》1990 年第 4 期。

雒启坤：《西安交通大学西汉墓葬壁画二十八宿星图考释》，《自然科学史研究》1991 年第 3 期。

吕亚虎：《出土简帛文献注释商兑》，《文博》2009 年第 4 期。

吕亚虎：《出土简帛资料所见出行巫术浅析》，《江汉论坛》2007 年第 11 期。

马金花：《山西唐代墓葬壁画艺术》，《文物春秋》2005 年第 2 期。

马世之：《龙与黄帝部族的图腾崇拜——兼析濮阳西水坡仰韶文化遗址出土的"中华第一龙"》，《中州学刊》1988 年第 2 期。

麦谷邦夫：《道教与日本古代的北辰北斗信仰》，《宗教学研究》2000 年第 3 期。

孟华平：《西水坡虎图案的文字学观察——兼论 M45 主人身份》，《江汉考古》1993 年第 4 期。

牟海芳：《中国古代北斗信仰与猪神崇拜之关系论考》，《西南民族大学学报（人文社科版）》2005 年第 2 期。

那木吉拉：《蒙古族北斗七星神话比较研究》，《中央民族大学学报》2001 年第 6 期。

庞瑾：《灵魂的包装——曾侯乙墓内棺漆画图像的解读》，《南京艺术学院学报（美术与设计版）》2008 年第 2 期。

庞永臣：《蚕丛自有华章在——红山文化与濮阳西水坡遗址三星堆文明之关联》，《文史杂志》2003 年第 2 期。

沈兼士：《"鬼"字原始意义之试探》，《沈兼士学术论文集》，中华书局，1986 年。

史道祥、陆翔云：《西水坡三组摆塑综考——兼论原始天人关系》,《郑州大学学报（哲学社会科学版）》1992 年第 1 期。

束有春:《南京明孝陵》,《寻根》2000 年第 5 期。

水生:《南斗与北斗》,《徐州师范大学学报（哲学社会科学版）》1981 年第 4 期。

苏健:《美国波士顿美术馆藏洛阳汉墓壁画考略》,《中原文物》1984 年第 2 期。

苏鲁格:《汉、回鹘、蒙古三种文字〈北斗七星经〉之考释》,《蒙古学信息》2004 年第 4 期。

苏宁:《宗教仪式与生命超越》,《中华文化论坛》2009 年第 1 期。

孙德萱、李中义:《中华第一龙——濮阳西水坡蚌壳龙虎图案的发现与研究》,《寻根》2000 年第 1 期。

孙福喜、程林泉、张翔宇:《西安理工大学西汉壁画墓初探》,《西北大学学报（哲学社会科学版）》2005 年第 3 期。

孙机:《简论"司南"兼及"司南佩"》,《中国文物科学研究》2006 年第 2 期。

孙其刚:《对濮阳蚌塑龙虎墓的几点看法》,《中国历史博物馆馆刊》2000 年第 1 期。

唐朝晖:《千古画谜——再探曾侯乙墓漆画》,《艺术评论》2008 年第 11 期。

田诚阳:《道教的法器》,《中国道教》1994 年第 3 期。

王大有:《颛顼时代与濮阳西水坡蚌塑龙的划时代意义》,《中原文物》1996 年第 1 期。

王晖:《从曾侯乙墓箱盖漆文的星象释作为农历岁首标志的"农祥晨正"》,《考古与文物》1994 年第 2 期。

王红梅:《元代畏兀儿北斗信仰探析——以回鹘文〈佛说北斗七星延命经〉为例》,《民族论坛》2013 年第 5 期。

王社教:《汉长安城斗城来由再探》,《考古与文物》2001 年第 4 期。

王秀玲:《试论明定陵墓主人的葬式》,"世界遗产论坛——中国明清皇家陵寝学术研讨会"论文，2004年3月5～7日，南京。

王玉民：《将军崖岩画古天象图新探——兼论岳阳君山岩画的星象意义》，《自然科学史研究》2007年第1期。

王育成：《曾侯乙漆箱图案与史前宗教文化研究》，《中国历史博物馆馆刊》1994年第1期。

王育成：《东汉道符释例》，《考古学报》1991年第1期。

王育成：《洛阳延光元年朱书陶罐考释》，《中原文物》1993年第1期。

王育成：《南李王陶瓶朱书与相关宗教文化问题研究》，《考古与文物》1996年第2期。

王育成：《徐副地券中天师道史料考释》，《考古》1993年第6期。

王振铎：《司南、指南针与罗经盘》，《中国考古学报》1984年第3册。

韦兵：《道教与北斗生杀观念》，《宗教学研究》2005年第2期。

温玉成：《集安长川高句丽一号墓的佛教壁画》，《敦煌研究》2001年第1期。

吴慧：《"北斗八女"考——另附汉译密教佛经中南斗北斗之汉化分析》，《世界宗教研究》2008年第2期。

吴甲才：《内蒙古翁牛特旗白庙子山发现新石器时代早期北斗七星岩画》，《北方文物》2007年第4期。

吴其昌：《汉以前恒星发现次第考》，《真理杂志》第一卷第三期，1944年。

席奇峰、杨鑫：《浅析两京地区汉墓壁画出现和发展的条件》，《安阳师范学院学报》2009年第3期。

夏超雄：《汉墓壁画、画象石题材内容试探》，《北京大学学报（哲学社会科学版）》1984年第1期。

夏鼐：《洛阳西汉壁画墓中的星象图》，《考古》1965年第2期。

夏鼐：《所谓玉璇玑不会是天文仪器》，《考古学报》1984年第

4 期。

　　萧登福：《〈太上玄灵北斗本命延生真经〉探述》，《宗教学研究》1997 年第 3 期。

　　萧登福：《〈太上玄灵北斗本命延生真经〉探述（下）》，《宗教学研究》1997 年第 4 期。

　　萧登福：《试论北斗九皇、斗姆与摩利支天之关系》，《台中技术学院人文社会学报》第 3 期，2004 年。

　　熊永翔、王进、谭超：《道教禹步论》，《湖北社会科学》2010 年第 4 期。

　　宿白：《西安地区唐墓壁画的布局和内容》，《考古学报》1982 年第 2 期。

　　徐凤先：《从大汶口符号文字和陶寺观象台探寻中国天文学起源的传说时代》，《中国科技史杂志》2010 年第 4 期。

　　徐士友：《当阳赵家湖楚墓头向的两点启示》，《江汉考古》1999 年第 2 期。

　　徐卫民：《汉长安城形状形成原因新探》，《福建论坛（人文社会科学版）》2008 年第 2 期。

　　徐祖祥：《瑶族挂灯与道教北斗七星信仰》，《云南民族大学学报（哲学社会科学版）》2006 年第 2 期。

　　许富宏：《汉初上帝信仰的演变及其原因》，《青海民族学院学报（社会科学版）》2008 年第 3 期。

　　严敦杰：《跋六壬式盘》，《文物参考资料》1958 年第 7 期。

　　严敦杰：《关于西汉初期的式盘和占盘》，《考古》1978 年第 5 期。

　　严敦杰：《式盘综述》，《考古学报》1985 年第 4 期。

　　言明：《关于濮阳西水坡遗址发掘简报及其有关的两篇文章中若干问题的商榷》，《华夏考古》1988 年第 4 期。

　　杨国庆：《明南京城墙设计思想探微》，《东南文化》1999 年第 3 期。

　　杨金平：《东汉铜镜和画像石的图像比较》，《东南文化》2005

年第 5 期。

杨宽：《楚帛书的四季神像及其创世神话》，《文学遗产》1997 年第 4 期。

杨英：《〈史记·封禅书〉所记秦雍州杂祀考》，《人文杂志》2004 年第 4 期。

杨肇清：《濮阳西水坡 M45 号墓的初步探索》，《濮阳教育学院学报》2002 年第 1 期。

叶蕾、婉慧：《朱元璋魂归明考陵"北斗"》，《中国地名》2004 年第 2 期。

叶林生：《濮阳西水坡 M45 号墓的释读问题》，《苏州大学学报》2004 年第 2 期。

叶小燕：《秦墓初探》，《考古》1982 年第 1 期。

伊世同：《北斗祭——对濮阳西水坡 45 号墓贝塑天文图的再思考》，《中原文物》1996 年第 2 期。

伊世同：《最古的石刻星图——杭州吴越墓石刻星图评介》，《考古》1975 年第 3 期。

易晴：《天道左旋，地道右旋——河南登封黑山沟北宋砖雕壁画墓图像构成》，《中原文物》2009 年第 4 期。

余健：《卍及禹步考》，《东南大学学报（哲学社会科学版）》2002 年第 1 期。

张道一：《〈汉画天象图研究集〉序》，《艺苑（美术版）》1995 年第 1 期。

张德全：《新都七星墩汉墓与汉代天文》，《四川文物》1989 年第 3 期。

张德全：《新都县发现汉代纪年砖画像砖墓》，《四川文物》1988 年第 4 期。

张德水：《祭坛与文明》，《中原文物》1997 年第 1 期。

张光直：《濮阳三蹻与中国古代美术上的人兽母题》，《文物》1988 年第 11 期。

张合荣：《汉墓壁画的布局、内容和风格》，《华夏考古》1995

年第 2 期。

张家口市文物管理所等：《河北宣化下八里辽金壁画墓》，《文物》1990 年第 10 期。

张金星：《浅析佛教对装饰艺术的影响——两宋时期佛教对壁画艺术的影响》，《科技信息》2010 年第 1 期。

张凯：《秦始皇陵内人鱼膏之谜新解》，《文史杂志》2005 年第 1 期。

张黎明：《汉代的北斗信仰考》，《北京科技大学学报（社会科学版）》2009 年第 2 期。

张维华、张方、李爱民：《濮阳西水坡 M45 号墓与伏羲》，《濮阳教育学院学报》2001 年第 1 期。

张闻玉：《曾侯乙墓天文图象"甲寅三日"之解释》，《江汉考古》1993 年第 3 期。

张闻玉：《曾侯乙墓天文图象研究》，《贵州文史丛刊》1989 年第 2 期。

张辛：《郑州地区的周秦研究》，《考古学研究》（二），北京大学出版社，1994 年。

张幼辉、史芸、刘善沂：《济南市司里街元代砖雕壁画墓》，《文物》2004 年第 3 期。

张泽洪：《论道教的步罡踏斗》，《中国道教》2000 年第 4 期。

张占民：《秦始皇陵地宫探秘》，《文博》1999 年第 2 期。

赵东艳：《试论集安高句丽壁画墓的分期》，《北方文物》1995 年第 3 期。

赵瑞民、郎保利：《观象授时与中国文明起源———从陶寺观象祭祀遗迹谈国家起源时期公共权力的形成》，《晋阳学刊》2005 年第 1 期。

赵永恒、李勇：《二十八宿的形成与演变》，《中国科技史杂志》2009 年第 1 期。

赵贞：《敦煌文书中的"七星人命属法"释证——以 P. 2675 bis 为中心》，《敦煌研究》2006 年第 2 期。

郑抗生、胡翼鹏：《天道左旋：社会运行的溯源和依据——若干考古发现成果的社会学开发》，《文史知识》2008年第3期。

郑清森：《初论河南永城芒砀山出土的西汉早期画像石》，《四川文物》2003年第6期。

郑绍宗：《宣化辽壁画墓彩绘星图之研究》，《辽海文物学刊》1996年第2期。

钟守华：《曾侯乙墓漆箱"武王伐殷"星象图考》，《江汉考古》2002年第2期。

钟守华：《曾侯乙墓漆箱铭辞星象与方祀考》，《中国历史文物》2008年第1期。

钟守华：《曾侯乙墓漆箱岁星纹符和年代考》，《考古与文物》2005年第6期。

周春茂：《西水坡45号墓·古天球·大荔人》，《文博》1999年第1期。

周解冰：《西水坡墓主非伏羲氏——与马连城先生商榷》，《前进论坛》1998年第3期。

周靖：《甲骨文"月比斗"的历日推算》，《史学月刊》1999年第3期。

周玫：《汉画像石鸟鱼组合图像解析》，《大连大学学报》2007年第4期。

周学鹰：《四出羡道与"天圆地方"说》，《同济大学学报（社会科学版）》2001年第3期。

朱磊：《谈汉代解注瓶上的北斗与鬼宿》，《文物》2011年第4期。

朱英荣：《试析库车石窟壁画中的天象图》，《敦煌学辑刊》1985年第2期。

祝秀丽：《北斗七星信仰探微》，《辽宁大学学报（哲学社会科学版）》1999年第1期。

邹昌林：《中国古代至上神——天帝的起源》，《世界宗教研究》2004年第4期。

邹秀火：《古天文仪器——璇玑玉衡》，《南方文物》2001 年第
1 期。

学位论文：

陈勇：《道教北斗九皇信仰研究》，硕士学位论文，四川省社会
科学院，2009 年。

梁晨：《两汉谶纬之学的源流与兴盛》，硕士学位论文，安徽师
范大学，2007 年。

刘祥辉：《洛阳地区汉代墓葬壁画研究》，硕士学位论文，山东
大学，2009 年。

罗亚琳：《南阳唐河针织厂汉墓画像石研究》，硕士学位论文，
中央美术学院，2007 年。

王伟：《夏商周的上帝神话与文化变迁》，硕士学位论文，首都
师范大学，2007 年。

王曦：《长清孝堂山石祠汉画像石考释与文化艺术价值探析》，
硕士学位论文，山东大学，2008 年。

韦兵：《斗极观与晚周秦汉的黄老之学——兼论楚简"天心"》，
硕士学位论文，四川大学，2003 年。

吴智江：《图像的意义——北齐徐显秀墓壁画的艺术语言及相关
文化探索》，硕士学位论文，太原理工大学，2010 年。

杨远：《河南北宋壁画墓析论》，硕士学位论文，郑州大学，
2004 年。

于娟娟：《浅析道教壁画的审美思想》，硕士学位论文，陕西师
范大学，2010 年。

朱磊：《洛阳地区东周墓葬的相关问题研究》，硕士学位论文，
郑州大学，2008 年。

罗二虎：《西南汉代画像与画像墓研究》，博士学位论文，四川
大学，2002 年。

张鲁君：《〈道藏〉人物图像研究》，博士学位论文，山东大学，2009年。

张鹏：《辽墓壁画研究》，博士学位论文，中央美术学院，2004年。

张文安：《周秦两汉神仙信仰研究》，博士学位论文，郑州大学，2005年。

朱玉周：《汉代谶纬天论研究》，博士学位论文，山东大学，2007年。

译著：

［大马］王琛发：《从北斗真君到九皇大帝——永不没落的民族意向》，马来西亚道教组织联合总会宗教文化研究中心，2002年。

［德］恩斯特·卡西尔著、甘阳译：《人论》，上海译文出版社，1985年。

［法］爱弥尔·涂尔干：《宗教生活的基本形式》，上海人民出版社，1999年。

［法］列维·布留尔著，丁由译：《原始思维》，商务印书馆，1981年。

［韩］金一权著，何古来译：《高句丽古坟壁画天文观念体系之研究》，《历史与考古信息·东北亚》1999年第1期。

［美］班大为：《中国上古史实揭秘·天文考古学研究》，上海古籍出版社，2008年。

［日］安居香山、中村璋八：《纬书集成》，河北人民出版社，1994年。

［日］福井康顺等监修，朱越利等译：《道教》第2卷，上海古籍出版社，1992年。

［日］吉野裕子著，汪平译：《易经与祭祀——对神道的一个观点》，辽宁教育出版社，1990年。

〔日〕林巳奈夫著，蔡凤书译：《关于盱眙东阳西汉木椁墓天文图》，《东南文化》1994 年第 5 期。

〔日〕麦谷邦夫：《道教与日本古代的北辰北斗信仰》，《宗教学研究》2000 年第 3 期。

〔日〕能田忠亮：《夏小正星象论》，《东方学报》1949 年第 12 册。

〔日〕秋月观暎著，丁培仁译：《中国近世道教的形成：净明道的基础研究》，中国社会科学出版社，2005 年。

〔日〕森修：《营城子》，东亚考古学会，1934 年。

〔日〕石诚彦：《鬼神考》，《东洋学报》，第 22 卷，第 2 期，1935 年 2 月。

〔日〕佐原康夫、张宏彦：《汉长安城再考》，《考古与文物》2001 年第 4 期。

〔苏〕C. A. 托卡列夫著，汤正方译：《外国民族学史》，中国社会科学出版社，1983 年。

〔英〕李约瑟编著，韩北忠译：《中国科学技术史》，上海古籍出版社，1990 年。

〔英〕马林诺夫斯基著，李安宅译：《巫术·科学·宗教与神话》，中国民间文艺出版社，1986 年。

〔英〕麦克斯·缪勒著，金泽译：《宗教的起源与发展》，上海人民出版社，1989 年。

〔英〕韦罗尼卡·艾恩斯著，孙士海、王镛译：《印度神话》，经济日报出版社，2001 年。

外文文献：

〔美〕Jacques Choron, "Death and Western Thought", New York, 1983.

〔美〕Donald J. Harper, "The Han Cosmic Board", Early China, no 4 (1978 – 1979).

〔美〕Frank H. Chalfant and Rosewell S. Britton，Seven collections of Inscribed Oracle Bone（甲骨卜辞七集），美国纽约影印本，1938，

〔美〕Frank H. Chalfant and Rosewell S. Britton，The Couling – Chalfant Collection of Inscribed Oracle Bone，（库方二氏藏甲骨卜辞），商务印书馆石印本，1935.

〔英〕Michael Loeve：“Ways To Paradise—The Chinese Quest For Immortality”，SMC PUBLISHING INC. 1994.

〔英〕Christopher Cullen：“Some Further Point on SHIH”，Early China，6（1980 – 1981）.

〔法〕Kristofer Schipper and Franciscus Verellen，eds. “The Taoist Canon：a historical Companion to the Daozang”（道藏通考）. Chicago & London：The University of Chicago Press. 2004.

〔日〕山田庆儿：《九宫八风说と少师派の立场》，《东方学报》第 52 册，1980 年。

后 记

从小，我就对星空十分的着迷。

尤记得幼年之时，每天傍晚，爸爸都会用自行车载我回家。而我就会像张果老一样，倒骑在自行车后架上，背靠着爸爸的脊梁，仰头望着满天的星斗，浮想联翩……

古人一如儿时的我们。在漆黑的夜晚，望着璀璨的星空发呆。那美丽而又神秘的光点，一样令他们痴迷、敬畏、向往……

一页风云散，变幻了时空。

如今的夜晚，霓虹闪烁、歌舞升平。星星在文明的天空里，再也看不见踪影。而那个曾经影响了我们中华文明最深最广最久的北斗信仰，也已经随风消散。

今天，大部分的国人已经不再知道，在这片中华大地上还曾经风靡过北斗信仰这样独特的文化形态。他们更加无法想象，我们的祖先对于北斗的信奉与尊崇，有多么的敬虔与痴狂。

作为一个文物工作者，我希望今天的中国人能够了解北斗文化——我们中华民族最具标识性的 logo。而这些 logo，被烧在陶器上、铸在铜器上、刻在石头上、绘在棺板上、记录在故纸堆里……各式各样的文物遗存上都发现了它们的印迹。它们饱经沧桑、历尽磨难，穿越漫长的岁月，陪伴着中华文明走到今天。现在，它们重见天日，来到了我们的面前，为我们讲述那些我们已经遗忘了的过往。

至于我，今生能够与文物结缘，得以一窥心中所惑，幸甚至哉！

本书是在我的博士论文基础上修改编纂而成。看到本书出版，内心颇感欣慰，满满的都是感激。自答辩至今，刚好七年，恰与北斗之数暗合。写作期间，多方考察、几经增删。个中苦乐，如人饮水，冷暖自知。

首先要感谢的，是我的导师姜生先生。

姜先生是道教研究的专家，历来反对以现代世俗之眼光看待古代文化遗存，要求把考古材料放在古代宗教文化背景之下进行观察研究，以得古人之心。而姜先生自己致力于这方面的相关研究已十多年。在我有幸参与姜先生《汉鬼考》的课题后方才豁然开朗：原来考古研究竟还存在着这样一个空间！

在姜先生撰写《长沙金盆岭晋墓与太阴炼形——以及墓葬器物群的分布逻辑》的日子里。姜先生就墓葬呈现的文化现象与我进行反复探讨，互发电邮数百封，文章易稿十数次。此番研究经历，使我系统地学习了宗教学的研究方法，受益良多。

从宗教的角度研究考古材料是一种全新而艰难的跨学科途径。可以说，这条路上充满了机遇与挑战，自然也少不了辛酸与绝望。研究的过程是艰苦而又新奇的。发现新问题的兴奋与碰壁后的沮丧总是交替出现，令人欲罢不能。由于本文的研究方法涉及诸多学科的交叉运用，我不得不去自学天文学、古代天学、星占学、易学、宗教学、古文字学、民俗学等不同学科的背景知识，这对于我来说实在是有些难以驾驭。幸运的是，姜生先生几乎对以上各学科均有涉猎，且颇为精深，在诸多方面都能给予我专业性的指导，令人钦佩之至！

姜先生是很忙碌的，身兼数个重大科研项目。然而在我读博期间却时时对我耳提面命，谆谆教诲。并对我的科研和论文出版提供经费支持。师母李书文博士对学生关爱有加，经常邀请我们到家中改善生活。师恩似海，难以尽言！

接下来，我要感谢冯时先生。虽然我与冯先生素未谋面，但是，冯先生却是我这篇论文的启蒙者和领路人。

冯时先生是天文考古学的奠基人和先驱者。其在考古学与天文学方面学养之深厚，我辈后学难以望其项背。其对文物的解读，想象力之丰富、视角之独特，令人脑洞大开、叹为观止。我正是因为阅读了冯先生的著作之后，才决定从事对星斗信仰的系统研究，并最终决定以北斗信仰作为我博士论文的研究对象。虽然，冯先生的某些学术见解我并不能够完全接受，在本文中也有所商榷。但这仅仅是学者之间正常的学术探讨，丝毫不影响我对冯先生的欣赏与崇敬。

由于资料的缺乏，无论是考古工作者，还是历史研究者，纵使穷尽毕生的精力，也难以洞悉历史的真相。这是历史研究者的宿命。我们所能做的，只是尽可能统合所有可以找到的蛛丝马迹，相互印证，形成证据链条。从而做出相对来讲更加合乎逻辑，更具大概率可能性的推测，仅此而已。谁也无从确定，历史的真相究竟会是怎样。

毕竟，历史是人创造的。而人做的事，未必都合逻辑。

在本文的写作过程中，我还有幸得到了许多无私的帮助：山东大学宗教所的许洁博士、韩吉绍教授、李森教授、谭景玉副教授以及历史文化学院的栾丰实教授、方辉教授、于海广教授、王青教授、王育济教授、刘玉峰教授、徐畅教授、范学辉教授等众位老师在文章的构思和内容方面均提出了许多宝贵的建议；四川省社会科学院的李远国研究员、四川大学的王煜副教授、复旦大学的马孟龙副教授、中央美院的耿朔讲师；以及我的同门师姐李虹、张鲁君，同学章媛、刘海宇、张成福、胡孝忠、樊庆臣、查迪玛等都曾给我提供过相关的资料，师弟冯渝杰、魏磊也在文章后期帮忙校对。能得众师友鼎力相助，实三生有幸，在此谨表谢忱。

此外，还要感谢洛阳市文物考古研究院、洛阳古代艺术博物馆、西安市文物保护考古研究院、滕州汉画像石馆、广西上思县文物管理所、重庆市文化遗产研究院、湖南省博物馆和长沙市文物考古研究所等文博单位给予的大力协助，为本文提供了许多珍贵的文物资料。

我在初撰本文之时，学界对于北斗信仰的关注还相对较少，相关的研究也是寥寥无几。这里要感谢广州市道教协会和香港道教学院。自 2012 年 12 月至今，已经成功举办了三届"道教与星斗信仰学术研讨会"，让更多的学者开始关注到中国古代的星斗信仰。也要感谢上海礼斗文化传媒有限公司的汪柯先生，这些年来致力于北斗文化的推广，力图将北斗文化打造成中华民族优秀传统文化中最具特色的文化符号。汪先生所行，亦是我之所愿。衷心地祝愿汪先生能够捷报频传、得偿所愿。

最后，要感谢我慈祥的父母和贤惠的妻子。由于现实的困难，无法迁来济南。多年来只能与我两地分居、双城生活。为了给我提供充足的科研保障，你们无怨无悔地付出了大量的时间和精力，把家治理得井井有条，没有让我为家事分心。还有我懂事的儿子，虽然长年缺少爸爸的陪伴，依然茁壮成长，从不赌气抱怨。感谢你们对我的爱与宽容。就让我在这篇后记中，用文字记下这些艰辛而美好的回忆！

朱　磊

2018 年 6 月